Essener Beiträge

Reihe herausgegeben von
Bärbel Barzel, Essen, Deutschland
Andreas Büchter, Essen, Deutschland
Florian Schacht, Essen, Deutschland
Petra Scherer, Essen, Deutschland

In der Reihe werden ausgewählte exzellente Forschungsarbeiten publiziert, die das breite Spektrum der mathematikdidaktischen Forschung am Hochschulstandort Essen repräsentieren. Dieses umfasst qualitative und quantitative empirische Studien zum Lehren und Lernen von Mathematik vom Elementarbereich über die verschiedenen Schulstufen bis zur Hochschule sowie zur Lehrerbildung. Die publizierten Arbeiten sind Beiträge zur mathematikdidaktischen Grundlagen- und Entwicklungsforschung und zum Teil interdisziplinär angelegt. In der Reihe erscheinen neben Qualifikationsarbeiten auch Publikationen aus weiteren Essener Forschungsprojekten.

Weitere Bände in der Reihe http://www.springer.com/series/13887

Anna Vogtländer

Bilderbücher im Kontext früher mathematischer Bildung

Eine Untersuchung zum Einsatz von Bilderbüchern im Kindergarten

Mit einem Geleitwort von Prof. Dr. Petra Scherer

Springer Spektrum

Anna Vogtländer
München, Deutschland

Dissertation der Universität Duisburg-Essen, 2019

Dissertation zum Erwerb des Grades Dr. rer. nat.
Datum der Disputation: 09.07.2019
Erstgutachterin: Prof. Dr. Petra Scherer, Universität Duisburg-Essen
Zweitgutachterin: Prof. Dr. Dagmar Bönig, Universität Bremen

ISSN 2509-3169　　　　　　ISSN 2509-3177　(electronic)
Essener Beiträge zur Mathematikdidaktik
ISBN 978-3-658-29551-6　　　ISBN 978-3-658-29552-3　(eBook)
https://doi.org/10.1007/978-3-658-29552-3

Die Deutsche Nationalbibliothek verzeichnet diese Publikation in der Deutschen National-
bibliografie; detaillierte bibliografische Daten sind im Internet über http://dnb.d-nb.de abrufbar.

© Springer Fachmedien Wiesbaden GmbH, ein Teil von Springer Nature 2020
Das Werk einschließlich aller seiner Teile ist urheberrechtlich geschützt. Jede Verwertung, die
nicht ausdrücklich vom Urheberrechtsgesetz zugelassen ist, bedarf der vorherigen Zustimmung
des Verlags. Das gilt insbesondere für Vervielfältigungen, Bearbeitungen, Übersetzungen,
Mikroverfilmungen und die Einspeicherung und Verarbeitung in elektronischen Systemen.
Die Wiedergabe von allgemein beschreibenden Bezeichnungen, Marken, Unternehmensnamen
etc. in diesem Werk bedeutet nicht, dass diese frei durch jedermann benutzt werden dürfen. Die
Berechtigung zur Benutzung unterliegt, auch ohne gesonderten Hinweis hierzu, den Regeln des
Markenrechts. Die Rechte des jeweiligen Zeicheninhabers sind zu beachten.
Der Verlag, die Autoren und die Herausgeber gehen davon aus, dass die Angaben und Informationen in diesem Werk zum Zeitpunkt der Veröffentlichung vollständig und korrekt sind.
Weder der Verlag, noch die Autoren oder die Herausgeber übernehmen, ausdrücklich oder
implizit, Gewähr für den Inhalt des Werkes, etwaige Fehler oder Äußerungen. Der Verlag bleibt
im Hinblick auf geografische Zuordnungen und Gebietsbezeichnungen in veröffentlichten Karten
und Institutionsadressen neutral.

Springer Spektrum ist ein Imprint der eingetragenen Gesellschaft Springer Fachmedien Wiesbaden
GmbH und ist ein Teil von Springer Nature.
Die Anschrift der Gesellschaft ist: Abraham-Lincoln-Str. 46, 65189 Wiesbaden, Germany

Für Friedhelm

Geleitwort

Die frühe mathematische Bildung steht seit geraumer Zeit im Zentrum von Forschung verschiedener Disziplinen, stellt aber immer noch ein junges Forschungsfeld der Mathematikdidaktik mit weiterem Forschungsbedarf dar. Noch nicht umfassend erforscht sind die mathematischen Kompetenzen von Vorschulkindern, aber auch die Fragen, wie diese Kompetenzen gefördert werden können. Neben gezielten Programmen zur Frühförderung stellt sich insbesondere die Frage der Gestaltung alltagsnaher Situationen und geeigneter Settings in Kindergarten oder auch Familie.

Insofern stößt Anna Vogtländer mit der vorliegenden Arbeit in eine Forschungslücke, indem sie sich damit beschäftigt, wie Bilderbücher im Kindergartenalltag eingesetzt werden können und welches Potenzial ausgewählte Bücher zur Anregung des mathematischen Denkens bieten können. Spezifisch für die Bilderbücher ist dabei, dass sie nicht mit einer mathematikdidaktischen Intention geschrieben bzw. gestaltet wurden, gleichwohl aber in vielfältiger Weise Mathematik repräsentieren. Ob und in welcher Weise die inhärente Mathematik von den Kindergartenkindern aufgegriffen wird, ist Gegenstand der Untersuchung.

Ausgehend vom aktuellen Forschungsstand zur frühen mathematischen Bildung und der Beleuchtung u. a. alltagsintegrierter Ansätze oder auch der Professionalisierungsforschung, wird in der vorliegenden Arbeit die Bedeutung von Bilderbüchern genauer in den Blick genommen. Aufbauend auf existierenden Forschungserkenntnissen zu verschiedenen Einsatzmöglichkeiten, wie bspw. reinen Vorleseaktivitäten oder der Einbindung weiterer mathematischer Aktivitäten, wird die Bedeutung des dialogischen Bilderbuchlesens herausgearbeitet. Dieser Ansatz, der aus der Sprachdidaktik stammt, bietet Potenzial, das mathematische Verständnis von Kindergartenkindern zu fördern und eignet sich darüber hinaus auch für heterogene Gruppen und bildet den methodischen Rahmen für die vorliegende Studie.

Für die Untersuchung wurden vier ausgewählte Bilderbücher einerseits theoretisch hinsichtlich ihres mathematischen Potenzials analysiert, andererseits mit Kindergartenkindern im Alter von 3 bis 6 Jahren in Gruppenlesesitzungen untersucht. Diese Sitzungen wurden dann hinsichtlich der Forschungsfrage analysiert, welche Facetten mathematischen Denkens sich in dialogischen Lesesitzungen zeigen.

Die Ergebnisse zeigen insgesamt vielfältiges mathematisches Denken und dies vorrangig bei Inhalten, die im jeweiligen Buch bereits angelegt waren. Es finden sich aber durchaus auch Facetten des mathematischen Denkens, die über die explizite Repräsentation hinausgehen. Die Auswahl eines Buches legt also in entscheidendem Maße das Spektrum der möglichen Facetten des mathematischen Denkens fest: In der vorliegenden Studie konnte das Denken der Kinder auf der Grundlage ihrer Äußerungen rekonstruiert und differenziert hinsichtlich der Leitideen „Zahlen und Operationen", „Raum und Form" und „Größen und Messen" analysiert werden. Stochastisches Denken konnte in den Daten nicht ausgemacht werden, was vermutlich daran liegt, dass dieser Inhaltsbereich nicht in den ausgewählten Büchern angelegt war. Zukünftige Forschung müsste daher überprüfen, ob beim Einsatz eines entsprechenden Bilderbuchs auch stochastisches Denken angeregt werden kann. Die rekonstruierten Facetten des inhaltsbezogenen mathematischen Denkens konnten sowohl auf die mathematischen Aspekte der jeweiligen Bücher als auch auf die dialogische Interaktion zwischen der interviewenden Person und den Kindergartenkindern der Interviewgruppe bzw. teilweise auch zwischen den Kindern untereinander zurückgeführt werden. Die Ergebnisse der vorliegenden Studie geben Hinweise darauf, dass das vorgestellte Konzept auch auf weitere Bilderbücher übertragbar ist, und deuten weitere mögliche Forschungsvorhaben an, wie etwa auch der Fokus auf weitere Leitideen. Die Erkenntnisse lassen insgesamt den Schluss zu, dass das dialogische Lesen von Bilderbüchern im Kontext der frühen mathematischen Bildung eine geeignete Aktivität im Rahmen eines integrativen Ansatzes darstellt. Das dialogische Lesen könnte dabei durch weitere Aktivitäten ergänzt werden, um den Kindern auch eine konkret handelnde Auseinandersetzung mit Mathematik zu ermöglichen.

Neben den Perspektiven für die Gestaltung der Kindergartenpraxis ergeben sich weitere Erkenntnisse bzw. auch weitere Forschungskontexte. Die Folgerungen betreffen neben der Auswahl und Bewertung eines bestimmten Buchs auch die Frage der Umsetzung und Begleitung derartiger Angebote durch die pädagogische Fachkraft. Die vorliegende Arbeit könnte bspw. als Grundlage für die Konzeption einer Handreichung zur Aus- und Weiterbildung pädagogischer Fachkräfte dienen. Hier bedarf es jedoch noch weiterer Forschung, um die organisatorischen und insbesondere die personellen Bedingungen und Bedarfe für einen Einsatz in der Praxis zu evaluieren.

Petra Scherer, Fakultät für Mathematik, Universität Duisburg-Essen

Zusammenfassung

Mathematisches Denken von Heranwachsenden entfaltet sich beginnend in der frühen Kindheit bis weit über die Grundschule hinaus. Für die Anregung mathematischen Denkens können Bilderbücher einen wichtigen Kontext bieten. Sie geben Kindern die Möglichkeit, mathematische Inhalte zu entdecken und zu erforschen, und können zu einer aktiven Auseinandersetzung mit mathematischen Fragestellungen motivieren.

In einer explorativen Studie mit 117 Kindergartenkindern wurde in Gruppenlesesitzungen untersucht, welche Facetten des inhaltsbezogenen mathematischen Denkens durch ausgewählte Bilderbücher angesprochen werden können.

Abstract

Mathematical thinking of adolescents unfolds far beyond primary school, beginning in early childhood. For the stimulation of mathematical thinking, picture books can offer an important context. They give children the opportunity to discover and explore mathematical contents and can motivate them to actively engage with mathematical issues.

In an exploratory study with 117 kindergarten children, group-reading sessions examined which facets of content-related mathematical thinking can be addressed through selected picture books.

Inhaltsverzeichnis

Einleitung 1

1 **Frühe mathematische Bildung – Aktueller Forschungsstand** 9
 1.1 Erforschung von Alltagspraxen 10
 1.2 Professionalisierungsforschung von pädagogischen Fachkräften 11
 1.3 Kompetenzerhebung und Diagnose bei Kindern 12
 1.4 Entwicklungsforschung und deren empirische Evaluation 17

2 **Bilderbücher als didaktisches Material** 21
 2.1 Das Bilderbuch – Eine Definition 21
 2.2 Bilderbücher in der Didaktik 22
 2.3 Der Einsatz von Bilderbüchern im Kontext früher mathematischer Bildung 23
  2.3.1 Gründe für den Einsatz von Bilderbüchern zur Unterstützung des Mathematiklernens 23
  2.3.2 Verschiedene Settings des Bilderbuchlesens und deren Wirkung .. 25
   2.3.2.1 Bilderbuchlesen ohne Impulse der Vorlesenden 25
   2.3.2.2 Dialogisches Bilderbuchlesen 27
   2.3.2.3 Bilderbuchlesen mit eingebundenen mathematischen Aktivitäten 29
  2.3.3 Frühes mathematisches Denken während des Bilderbuchlesens 31
   2.3.3.1 (Frühes) Mathematisches Denken – Ein Modell 31
   2.3.3.2 Gestaltung kognitiv anregender Lehr-Lernsettings 38

3 **Analyse und Bewertung der ausgewählten Bilderbücher** 43
 3.1 Mathematikdidaktische Charakteristika zur Analyse von Bilderbüchern 43
 3.2 Kurzüberblick über die ausgewählten Bilderbücher 48
  3.2.1 Das kleine Krokodil und die große Liebe 48
  3.2.2 Der kleine Bär und sein kleines Boot 49
  3.2.3 Fünfter sein 49
  3.2.4 Oma Emma Mama 49
 3.3 Analyse und Bewertung der ausgewählten Bilderbücher im Hinblick auf den mathematischen Inhalt und seine Präsentation 50
  3.3.1 Mathematischer Inhalt 51

3.3.2 Präsentation des mathematischen Inhalts ... 56
4 Methodik ... **61**
4.1 Design der Untersuchung ... 61
  4.1.1 Pilotstudie ... 62
  4.1.2 Designelement 1: Dialogisches Bilderbuchlesen ... 62
  4.1.3 Designelement 2: Klinische Methode ... 65
  4.1.4 Designelement 3: Gruppeninterview ... 67
  4.1.5 Leitfaden für dialogische Lesesitzungen in gruppenförmigen Settings ... 70
4.2 Durchführung der Untersuchung ... 77
  4.2.1 Stichprobe ... 77
  4.2.2 Datenerhebung ... 80
  4.2.3 Datenaufbereitung ... 81
  4.2.4 Datenanalyse ... 81
    4.2.4.1 Inhaltlich strukturierende qualitative Inhaltsanalyse ... 81
    4.2.4.2 Analyseleitfaden ... 85
5 Ergebnisse der Untersuchung ... **91**
5.1 Facetten des inhaltsbezogenen mathematischen Denkens ... 91
  5.1.1 Numerisches Denken im Inhaltsbereich „Zahlen und Operationen" ... 91
    5.1.1.1 Lesen von Zahlen ... 92
    5.1.1.2 Kardinalzahlaspekt ... 96
      5.1.1.2.1 Unpräzise Menge von Objekten ... 97
      5.1.1.2.2 Präzise Menge von Objekten ... 99
      5.1.1.2.3 Mengenvergleich ... 101
    5.1.1.3 Ordinalzahlaspekt ... 104
      5.1.1.3.1 Ordnungszahl ... 104
      5.1.1.3.2 Zählzahl ... 108
    5.1.1.4 Maßzahlaspekt ... 110
    5.1.1.5 Fazit ... 111
  5.1.2 Geometrisches Denken im Inhaltsbereich „Raum und Form" ... 112
    5.1.2.1 Raumorientierung ... 112
      5.1.2.1.1 Raumrichtung ... 113
      5.1.2.1.2 Raumlage ... 116
    5.1.2.2 Geometrische Formen ... 119
      5.1.2.2.1 Erkennen von Formen ... 119

Inhaltsverzeichnis

    5.1.2.2.2   Operieren mit Formen (Drehung) 123
    5.1.2.3   Fazit 125
  5.1.3   Numerisches und geometrisches Denken im Inhaltsbereich
    „Größen und Messen" 125
    5.1.3.1   Größenbereiche: Länge, Volumen, Zeit 126
        5.1.3.1.1   Länge 128
        5.1.3.1.2   Volumen 130
        5.1.3.1.3   Zeit 132
    5.1.3.2   Größenvergleiche 134
        5.1.3.2.1   Direkter Größenvergleich 135
        5.1.3.2.2   Indirekter Größenvergleich 137
        5.1.3.2.3   Mentaler Größenvergleich 139
        5.1.3.2.4   Partieller Größenvergleich 141
    5.1.3.3   Fazit 143
5.2   Mögliche anregende Charakteristika von Bilderbüchern 143
  5.2.1   Charakteristika im Inhaltsbereich „Zahlen und Operationen" 144
  5.2.2   Charakteristika im Inhaltsbereich „Raum und Form" 145
  5.2.3   Charakteristika im Inhaltsbereich „Größen und Messen" 146
  5.2.4   Fazit 148

6   Fazit 149

Anhang 163

Literatur 165

Abbildungsverzeichnis

Abbildung 1:	Facetten mathematischer Bildung Abbildung aus Volker Ulm, Mathematische Begabungen fördern © 2010 Cornelsen Verlag Scriptor GmbH & Co. KG, Berlin	32
Abbildung 2:	Ablaufschema einer inhaltlich strukturierenden Inhaltsanalyse Abbildung aus Udo Kuckartz, Qualitative Inhaltsanalyse. Methoden, Praxis, Computerunterstützung © 2012, 2018 Beltz Juventa in der Verlagsgruppe Beltz ·Weinheim Basel	83
Abbildung 3:	Illustration aus Daniela Kulot: Das kleine Krokodil und die große Liebe. © 2003 von Thienemann in der Thienemann-Esslinger Verlag GmbH, Stuttgart	94
Abbildung 4:	Illustration aus Lorenz Pauli und Kathrin Schärer: OMA EMMA MAMA Atlantis, ein Imprint von Orell Füssli Verlag © 2010 Orell Füssli Sicherheitsdruck AG, Zürich	95
Abbildung 5:	Illustration aus Lorenz Pauli und Kathrin Schärer: OMA EMMA MAMA Atlantis, ein Imprint von Orell Füssli Verlag © 2010 Orell Füssli Sicherheitsdruck AG, Zürich	103
Abbildung 6:	Illustration aus Ernst Jandl und Norman Junge: Fünfter sein © 1997 Beltz & Gelberg Verlag in der Verlagsgruppe Beltz · Weinheim Basel	106
Abbildung 7:	Illustration aus Daniela Kulot: Das kleine Krokodil und die große Liebe. © 2003 von Thienemann in der Thienemann-Esslinger Verlag GmbH, Stuttgart	120
Abbildung 8:	Illustration aus Ernst Jandl und Norman Junge: Fünfter sein © 1997 Beltz & Gelberg Verlag in der Verlagsgruppe Beltz · Weinheim und Basel	121
Abbildung 9:	Illustration aus Lorenz Pauli und Kathrin Schärer: OMA EMMA MAMA Atlantis, ein Imprint von Orell Füssli Verlag © 2010 Orell Füssli Sicherheitsdruck AG, Zürich	122
Abbildung 10:	Illustration aus Eva Bunting und Nancy Carpenter: Der kleine Bär und sein kleines Boot © 2011 Gerstenberg Verlag, Hildesheim	124

Abbildung 11: Illustration aus Daniela Kulot: Das kleine Krokodil und die große Liebe. © 2003 von Thienemann in der Thienemann-Esslinger Verlag GmbH, Stuttgart 131

Abbildung 12: Illustration aus Eva Bunting und Nancy Carpenter: Der kleine Bär und sein kleines Boot © 2011 Gerstenberg Verlag, Hildesheim 137

Tabellenverzeichnis

Tabelle 1:	Vergleich zwischen den Facetten des inhaltsbezogenen Denkens (Ulm 2010) und den Inhaltsbereichen der Bildungsstandards (KMK 2005)	33
Tabelle 2:	Verbindung zwischen den Facetten des prozessbezogenen Denkens (Ulm 2010) und den mathematischen Prozessen der Bildungsstandards (KMK 2005)	34
Tabelle 3:	Raster zur mathematikdidaktischen Analyse von Bilderbüchern	45
Tabelle 4:	Mathematischer Inhalt der ausgewählten Bilderbücher I.1	51
Tabelle 5:	Mathematischer Inhalt der ausgewählten Bilderbücher I.2 & I.3	53
Tabelle 6:	Präsentation des mathematischen Inhalts der ausgewählten Bilderbücher II.1	56
Tabelle 7:	Präsentation des mathematischen Inhalts der ausgewählten Bilderbücher II.2	58
Tabelle 8:	Fragetechniken der vorliegenden Untersuchung	64
Tabelle 9:	Interviewleitfaden	72
Tabelle 10:	Stichprobe	79
Tabelle 11:	Analyseleitfaden	87
Tabelle 12:	Verwendete Begriffe der Raumrichtung	113
Tabelle 13:	Verwendete Begriffe der Raumlage	116
Tabelle 14:	Begriffscluster qualitativer Größenbegriffe	127
Tabelle 15:	Facetten numerischen Denkens im Bereich „Zahlen und Operationen"	151
Tabelle 16:	Facetten geometrischen Denkens im Bereich „Raum und Form"	152
Tabelle 17:	Facetten numerischen und geometrischen Denkens im Bereich „Größen und Messen"	154

Einleitung

Mathematisches Denken findet nicht erst in der Schule statt. Häufig ergeben sich bereits in der Lebenswelt von Kindergartenkindern mathematische Themen und Fragestellungen, z. B. in vielfältigen Alltags- und Spielkontexten.

Die Relevanz früher mathematischer Bildungsprozesse ist gerade in den vergangenen Jahren häufig diskutiert worden. Insbesondere die international vergleichende Schulleistungsstudie PISA („Programm for International Student Assessment", vgl. PISA-Konsortium Deutschland 2004) hat die Bedeutung des Elementarbereichs für den Kompetenzaufbau in Mathematik hervorgehoben: Schülerinnen und Schüler, die bei PISA 2003 über höhere mathematische Kompetenzen verfügten, hatten – laut Angabe ihrer Eltern – auch längere Zeit einen Kindergarten oder eine Vorschule besucht (vgl. Prenzel et al. 2004, S. 275). Daneben konnte auch die Längsschnittstudie SCHOLASTIK („Schulorganisierte Lernangebote und Sozialisation von Talenten, Interessen und Kompetenzen", vgl. Weinert & Helmke 1997; Stern 1998) zeigen, dass frühe mathematische Bildung von großer Bedeutung ist, denn ein zentraler Befund dieser Studie lautet, dass Kinder, die zu Beginn der Grundschulzeit eher schwache Leistungen zeigten, dies auch zum Ende der Grundschulzeit taten.

Insbesondere der Kindergarten rückte neben Familie und Grundschule als Ort früher mathematischer Lernprozesse in den Fokus. Durch den Beschluss der Jugendministerkonferenz und Kultusministerkonferenz (JMK & KMK 2004) wurde festgelegt, dass mathematische Bildung einen wichtigen Platz im vorschulischen Bereich einnehmen soll. Was genau Kinder im Kindergarten in Mathematik lernen können und sollen, zeigen in Nordrhein-Westfalen die Bildungsgrundsätze auf (vgl. MFKJKS & MSW 2016). Diese verstehen sich jedoch nicht als Richtlinie, sondern als Leitfaden zur „Anregung und Orientierung für pädagogisches Handeln" (vgl. ebd.).

Neben diesen bildungspolitischen Interessen und Vorgaben rückte frühe mathematische Bildung auch in den Fokus der Mathematikdidaktik. Es stellte sich die Frage, wie frühe mathematische Bildung konzipiert sein muss, um mathematisches Denken anzuregen und möglichst anschlussfähig zu sein, denn Bildungsprozesse sind stufenübergreifend anzulegen, wobei die frühe Bildung die Grundlagen für die späteren Bildungsmöglichkeiten legt und Anschlussfähigkeit das Ziel ist.

Anschlussfähigkeit ist nach dem aktuellen mathematikdidaktischen Verständnis dann gewährleistet, wenn die mathematischen Grundideen berücksichtigt werden (vgl. Gasteiger & Benz 2012, S. 105). Diese können dann im Sinne des Spiralprinzips immer wieder aufgegriffen, vertieft und in den folgenden Stufen weitergeführt werden (vgl. Wittmann & Müller 2012, S. 159). Die mathematischen Grundideen sind auch in den bundesweiten Bildungsstandards (KMK 2005) verankert. Benz et al. (2015, S. 115) halten aus Gründen der Kontinuität und Kohärenz eine Orientierung an den Bildungsstandards bereits für die frühe mathematische Bildung für sinnvoll, wobei die speziellen Kontextbedingungen, Prinzipien und Ziele des Elementarbereichs beachtet werden müssen. Die Kinder können so in der neuen Bildungsinstitution an bereits vorhandene mathematische Vorstellungen und Ideen anknüpfen, was einen individuell anschließenden und erfolgreichen mathematischen Bildungsprozess ermöglicht.

Der Kindergarten als vorangehende Bildungsinstitution der Grundschule spielt also eine wichtige Rolle in der Bildungsbiographie eines Kindes und soll daher im Mittelpunkt der vorliegenden Untersuchung stehen. Nach Gasteiger und Benz (2012, S. 105) sollte Kindern im Kindergarten die Möglichkeit geboten werden, sich aktiv mit mathematischen Themen auseinanderzusetzen und erste mathematische Vorstellungen und Ideen zu entwickeln. Um das zu realisieren, konzentriert sich die mathematikdidaktische Forschung auf folgende Forschungsfelder im Bereich der frühen mathematischen Bildung: (1) *Erforschung von Alltagspraxen*, (2) *Professionalisierungsforschung von pädagogischen Fachkräften*, (3) *Kompetenzerhebung und Diagnose bei Kindern* und (4) *Entwicklungsforschung und deren empirische Evaluation* (vgl. Kapitel 1.1).

Anknüpfend an den Bereich der Entwicklungsforschung, in dem sich diese Arbeit verortet, und die damit verbundene Frage, welche Konzepte und Lernsettings sich für die frühe mathematische Bildung im Kindergarten eignen, fordern Wissenschaftlerinnen und Wissenschaftler bei der Gestaltung und Begleitung von Lernprozessen, die bereits vorhandenen Kenntnisse und Erfahrungen der Kinder anzuregen und bewusst zu machen, um mathematische Denkweisen anzubahnen und so die kognitive Entwicklung der Kinder in dieser Hinsicht zu fördern (vgl. Ginsburg et al. 2009, S. 221; Hasemann 2006, S. 203). Wittmann (2006, S. 210) hält in diesem Zusammenhang fest, dass vieles darauf hindeutet, „dass Kinder vor der Schule in weit höherem Maße zu echten mathematischen Denkleistungen fähig sind, als man gegenwärtig für möglich hält." Van Oers (2004, S. 317) betont in diesem Kontext die Bedeutung der Sprache und der Interaktion:

> Das mathematische Denken der späteren Jahre basiert auf frühen Vorläufern, die auch entsprechend in frühen Jahren gefördert werden sollen, und die sich allmählich infolge von Interaktion (...) zu mathematischer Aktivität entwickelt. Folglich wird Mathematik in Interaktionen gelernt und zwar im Kontext bedeutsamer Aktivitäten.

Es gibt bereits einige Ansätze in der Mathematikdidaktik, die im Kontext früher mathematischer Bildung die Ebene des sprachlichen Ausdrucks fokussieren. Die sprachliche Ausdrucksfähigkeit wird nach diesem Verständnis dann gestärkt, wenn die Kinder angeregt werden, ihre Erfahrungen und Ideen sprachlich zu formulieren und auszutauschen (vgl. Fthenakis et al. 2009, S. 14f).

Bereits seit mehr als 25 Jahren kann in der internationalen Forschung ein starkes Interesse an der Thematik Mathematik und Sprache wahrgenommen werden, insbesondere hinsichtlich der Bedeutung von Kinderliteratur im Kontext früher mathematischer Bildung (z. B. Griffiths & Clyne 1991). So wird angenommen, dass Bilderbücher die Motivation fördern und zum mathematischen Denken anregen können (vgl. ebd., S. 42). Einige Studien konnten bereits Vorteile und Wirksamkeit von Bilderbüchern im Kontext mathematischer Bildung dokumentieren (vgl. z. B. Young-Loveridge 2004).

Young-Loveridge (2004) untersuchte im Rahmen einer Inventionsstudie in Neuseeland den Umgang mit Bilderbüchern und Spielen im vorschulischen Kontext. Die Materialien wurden so ausgewählt, dass sie mathematische Aspekte enthalten. Die Fachlehrpersonen, welche von der Forscherin angeleitet und unterstützt wurden, förderten den mathematischen Diskurs, indem sie nachfragten und die Aufmerksamkeit der Kinder auf mathematische Aspekte lenkten (vgl. ebd., S. 86). In der Studie konnte mit einem Prä- und Post-Test-Design gezeigt werden, dass die Kinder von dieser Intervention profitierten (vgl. ebd., S. 85ff).

Es gibt also Hinweise darauf, dass sich der Einsatz von Bilderbüchern positiv auf die mathematischen Leistungen von Kindergartenkindern auswirkt. Jedoch ist wenig über die kognitive Aktivierung, insbesondere das mathematische Denken, bekannt, welches hervorgerufen wird, wenn Kindergartenkinder ein Bilderbuch betrachten. Van den Heuvel-Panhuizen und van den Boogaard (2008) haben in einer kleinen Studie das Potenzial des Bilderbuchs „Fünfter sein" (Jandl & Junge 1997), welches auch in dieser Studie eingesetzt wird; zur kognitiven Aktivierung bei vier Fünfjährigen untersucht. Sie konnten zeigen, dass fast die Hälfte der Äußerungen der Kinder mathematischen Bezug hatten. Das lässt darauf schließen, dass das Lesen von Bilderbüchern ohne explizite Anweisungen oder Aufforderungen ein großes Potenzial zur Anregung mathematischen Denkens bei Kindergartenkindern hat. Im Rahmen des PICO-ma (PIcture books and COncept development in mathematics) Projekts haben van den Heuvel-Panhuizen, van den Boogaard und Doig (2009) zeigen können, dass beim Einsatz von Bilderbüchern mit unterschiedlichen mathematischen Schwerpunkten das mathematische Denken der Kinder in vielfältigen Inhaltsbereichen angeregt werden kann (vgl. van den Heuvel-Panhuizen et al. 2009, S. 37). Sie kamen außerdem zu der Erkenntnis, dass auch das Lesen in Kleingruppen aktivierend sein kann und die Gruppeninteraktionen, welche durch das Bilderbuch angeregt werden, eine zentrale Rolle bei der konzeptuellen und sprachlichen Entwicklung spielen können (vgl. ebd.). Van den Heuvel-Panhuizen, Elia und Robitzsch (2016) konnten darüber hinaus in einer Interventionsstudie, in welcher Bilderbücher auf eine dialogische Art mit Kindergartenkindern gelesen wurden, positive Effekte im Hinblick auf die Mathematikleistungen dieser Kinder nachweisen.

Ein Ableger des niederländischen PICO-ma Projekts ist das internationale Projekt PALM (Picture book Activated Learning of Mathematics). Im Rahmen dieses Projekts haben Forschende aus den Niederlanden, Deutschland, der Schweiz und Taiwan untersucht, inwieweit das Lesen von Bilderbüchern mathematische Vorstellungen und Ideen aktiviert (vgl. Scherer et al. 2007). So konnte bereits mit einer kleinen Gruppe von deutschen Kindergartenkindern zwischen vier und fünf Jahren dargestellt werden, dass das Bilderbuch „Fünfter sein" (Jandl & Junge 1997) durchaus im Hinblick auf mathematische Aspekte anregend sein kann.

In der deutschsprachigen Forschung gibt es erste Einzelstudien, die Bilderbücher im Kontext früher mathematischer Bildung einsetzen. Ein beispielhaftes Projekt ist „Entdecken und Erzählen" (Enter) von Bönig et al. (2014; vgl. auch Bönig & Thöne 2017). Dabei geht es um die Förderung sprachlicher und mathematischer Kompetenzen von Vorschulkindern aus sozial benachteiligten Familien. Die Forschenden wählten hier Bücher und Spiele so aus, dass sie zu gemeinsamen mathematischen Aktivitäten von Eltern und Kindern anregen. Untersuchungen zur sprachlichen Kompetenz (LiSe-DaZ; Schulz & Tracy 2011) und zur mathematischen Kompetenz (EMBI-KiGa, Peter-Koop & Grüßing 2018 und TEDI-Math, Kaufmann et al. 2009) konnten positive Effekte nachweisen.

Diese ausgewählten Studien deuten darauf hin, dass Bilderbücher durchaus das Potenzial haben, mathematisches Denken anzuregen. Auch gibt es bereits Ergebnisse, dass sich das dialogische Lesen eines Bilderbuchs, bei dem die Kinder und die vorlesende Person über das Bilderbuch ins Gespräch kommen, sich positiv auf die mathematischen Leistungen von Kindergartenkindern auswirken kann (vgl. van den Heuvel-Panhuizen et al. 2016). Jedoch besteht – insbesondere im deutschsprachigen Raum – noch Forschungsbedarf in der systematischen Überprüfung, welche Facetten mathematischen Denkens genau während des dialogischen Lesens angeregt werden und dann zu dem von van den Heuvel-Panhuizen et al. (2016) nachgewiesenen Lernzuwachs führen können. Zu dieser Forschungslücke möchte die vorliegende Arbeit einen Beitrag leisten und geht folgender Frage nach:

Inwieweit haben Bilderbücher beim Einsatz in dialogischen Lesesitzungen das Potenzial, frühes mathematisches Denken bei Kindergartenkindern anzuregen?

Dabei werden die Besonderheiten des Mediums Bilderbuch im Kontext früher mathematischer Bildung aufgezeigt und dargestellt, welche Facetten des inhaltsbezogenen mathematischen Denkens sich in dialogischen Lesesitzungen zeigen können.

Wenn in dieser Arbeit von der Anregung des mathematischen Denkens bei Kindergartenkindern gesprochen wird, ist es notwendig zu klären, was genau unter dem Konstrukt „mathematisches Denken" in diesem Kontext verstanden wird. Der Begriff wird nach Reyes-Santander und Soto-Andrade (2011, S. 684) folgendermaßen definiert (vgl. Kapitel 2.3.3.1):

Mathematisches Denken bezeichnet kognitive Prozesse (neurobiologische), die die Fähigkeiten und Kenntnisse verbindet; sie bilden sich heraus, wenn man in neuen, interessanten und herausfordernden Situationen ist, die mit mathematischen Inhalten verbunden sind.

Um die Forschungsfrage zu beantworten, werden in dieser Arbeit folgende vier Bilderbücher betrachtet: *Das kleine Krokodil und die große Liebe* (Kulot 2003), *Der kleine Bär und sein kleines Boot* (Bunting 2011), *Fünfter sein* (Jandl & Junge 1997) und *Oma Emma Mama* (Pauli 2010). Die ausgewählten Bilderbücher wurden nicht mit einem spezifischen mathematikdidaktischen Hintergrund geschrieben, sie sprechen also nicht explizit mathematische Themen an und zielen nicht auf deren Erarbeitung bzw. Auseinandersetzung mit diesen ab. Damit gleichwohl beim Lesen der Bücher mathematisches Denken angeregt werden kann, wurden Bilderbücher ausgesucht, welche implizit die Inhaltsbereiche der Bildungsstandards Mathematik für die Grundschule (KMK 2005) ansprechen. Das kann sowohl in den Bildern als auch in den Texten geschehen. Vorrangig sind in den ausgewählten Bilderbüchern die Bereiche „Zahlen und Operationen" sowie „Größen und Messen" thematisiert, aber auch „Raum und Form". Die ausgewählten Bilderbücher bieten also einen Kontext, in dem neben den Geschichten, die Themen unserer Lebenswelt behandeln, wie z. B. Liebe oder Familie, auch die Mathematik eine Rolle spielt, z. B. Größenunterschiede oder Festlegung einer Reihenfolge.

Wohlwissend, dass der Begriff „didaktisches Material" allgemein Materialien bezeichnet, welche mit der Intention entwickelt wurden, das Lehren und Lernen zu unterstützen, wird im Kontext dieser Arbeit das Medium Bilderbuch in Anlehnung an van den Heuvel-Panhuizen und Elia (2013) als didaktisches Material verstanden („Picture books as a didactical tool"; S. 227). Denn auch wenn die ausgewählten Bilderbücher der vorliegenden Studie nicht mit der Absicht geschrieben wurden, Mathematik zu lehren bzw. zu lernen, werden sie durch den Einsatz im didaktischen Setting gleichwohl zum didaktischen Material.

In einer qualitativen Studie wird untersucht, inwieweit die genannten Bilderbücher Kindergartenkinder zum mathematischen Denken anregen. Die Studie wurde mit 117 Kindergartenkindern zwischen 3 und 6 Jahren aus fünf Kindergärten im Raum Bochum durchgeführt. Für die Studie wurden sogenannte „dialogische Lesesitzungen" basierend auf dem Ansatz des „dialogic reading" (Whitehurst et al. 1988) konzipiert, welche mit jeweils drei Kindern einer Kindergartenstammgruppe stattfanden. Unter einer „dialogischen Lesesitzung" wird das Lesen eines Bilderbuchs in Form eines Gesprächs über das Bilderbuch zwischen einer erwachsenen vorlesenden Person und teilnehmenden Kindern verstanden. Die vorlesende Person ist im Dialog mit den Kindern eher zurückhaltend und stellt Fragen oder gibt Impulse, um die Kinder zum Weitererzählen, auch mit Blick auf mathematische Aspekte des Bilderbuchs, zu ermuntern und darüber in den Austausch zu treten. Auf zusätzliche mathematische Aktivitäten, welche über das dialogische Lesen hinausgehen, wird in diesem Setting verzichtet, da das immanente Potenzial des Bilderbuchs genutzt werden soll.

Im Rahmen dieser Arbeit werden die dialogischen Lesesitzungen im Hinblick auf die getätigten mathematischen Äußerungen der Kindergartenkinder analysiert, um so herauszufinden, inwiefern mathematisches Denken aktiviert wurde.

Um der Forschungsfrage nachzugehen, wird zunächst in Kapitel 1 die Arbeit im aktuellen Forschungsdiskurs der frühen mathematischen Bildung verortet. Das Kapitel 2 widmet sich dem Medium des Bilderbuchs und den aktuellen Ansätzen, welche Bilderbücher im Kontext früher mathematischer Bildung einsetzen, um ein Konzept für die Datenerhebung zu entwickeln. In diesem Zusammenhang wird auch das Theoriekonzept des mathematischen Denkens (Kapitel 2.3.3) näher erläutert, welches an späterer Stelle die Grundlage des Analyseleitfadens (Kapitel 4.2.4.2) darstellt. In Kapitel 3 werden die ausgewählten Bilderbücher hinsichtlich ihres mathematischen Gehalts analysiert, um das theoretische Potenzial zur kognitiven Aktivierung durch die Bücher beurteilen zu können. Kapitel 4 stellt die Methodik der Studie dar. Hierzu werden in Kapitel 4.1 das Design der Studie und in Kapitel 4.2 die Durchführung der Untersuchung dargestellt sowie die Auswertungsmethode hergeleitet. In Kapitel 5 werden die Analyseergebnisse anhand exemplarischer Szenen und Äußerungen aus den Lesesitzungen aufgezeigt. Im Fazit (Kapitel 6) werden dann die Ergebnisse der Arbeit im Hinblick auf ihre Reichweite und Einordnung in den Forschungsdiskurs diskutiert, und es wird ein Ausblick in Bezug auf die Integration der Forschungsergebnisse in die Praxis gegeben.

1 Frühe mathematische Bildung – Aktueller Forschungsstand

Der Kindergarten als vorangehende Bildungsinstitution der Grundschule spielt eine wichtige Rolle in der Bildungsbiographie eines Kindes und soll daher im Mittelpunkt der vorliegenden Forschungsarbeit stehen.

Innerhalb der mathematikdidaktischen Diskussion hat hinsichtlich des Verständnisses von Lernen und Lehren von Mathematik in den letzten 30 Jahren ein Paradigmenwechsel stattgefunden: Kinder werden nicht mehr als Objekte der Belehrung, sondern als lernende Subjekte gesehen, und Mathematiklernen wird heute als konstruktiver, entdeckender Prozess verstanden (vgl. MSW 2008, S. 55), in dem die Kinder ihr Wissen auf der Basis bisheriger Erfahrungen und in der Auseinandersetzung mit ihrer Umwelt konstruieren und in ihr bisheriges Wissensnetz einbinden (vgl. Terhart 1999, S. 635; Wittmann 2004, S. 6). Gasteiger und Benz (2012, S. 105) betonen, dass Kindern daher bereits im Kindergarten die Möglichkeit geboten werden sollte, sich aktiv mit mathematischen Themen auseinanderzusetzen und erste mathematische Vorstellungen und Ideen zu entwickeln. Ziel ist es also Lernsituationen anzubieten, die einen echten und sinnstiftenden Zugang zu mathematischen Inhalten anbieten (Wittmann & Müller 2009a, S. 59) und typische Denk- und Arbeitsweisen in altersgerechter Weise ermöglichen (van Oers 2004, S. 315).

Die mathematikdidaktische Forschung konzentriert sich aktuell auf folgende zentrale Forschungsfelder im Bereich der frühen mathematischen Bildung (vgl. Kucharz et al. 2014; Schuler & Wittmann 2009): *Erforschung von Alltagspraxen* (Kapitel 1.1.1), *Professionalisierungsforschung von pädagogischen Fachkräften* (Kapitel 1.1.2)*, Kompetenzerhebung und Diagnose bei Kindern* (Kapitel 1.1.3) sowie *Entwicklungsforschung und deren empirische Evaluation* (Kapitel 1.1.4). Diese Forschungsfelder werden im Folgenden vorgestellt, um die vorliegende Arbeit innerhalb dieser Felder des Forschungsdiskurses zu verorten.

1.1 Erforschung von Alltagspraxen

Die Erforschung der Alltagspraxen hat zum Ziel, den Status quo der verschiedenen Orte (z. B. Familie, Kindergarten und Grundschule) der frühen mathematischen Bildung zu erfassen, d.h. den Alltag und gängige Praxen zu beschreiben und genauer zu untersuchen. Eine beispielhafte Untersuchung in diesem Forschungsfeld hat Tiedemann (2012) vorgelegt, welche alltägliche Vorlese- und Spielsituationen in der Familie untersucht hat. Ziel dieser längsschnittlichen Untersuchung war es, „die Familie als den Lebensbereich [mit]einzubeziehen, aus dem heraus sich Bildungsprozesse maßgeblich entwickeln und speisen, [...] [denn es] ist davon auszugehen, dass schulisches Lernen dann begünstigt ist, wenn das Lernen im Unterricht und das Lernen in der Familie [...] zueinander passen" (Tiedemann 2017, S. 2). Dazu wurde untersucht, welche Unterstützungssysteme für das Mathematiklernen in alltäglichen Vorlese- und Spielsituationen von Kindergartenkindern sich in der Interaktion zwischen Mutter und Kind etablieren. Die Untersuchung zeigte, dass drei Typen von Unterstützungssystemen für das Mathematiklernen in der Familie von Bedeutung sind: Mitmachen, Entwicklungsfortschritt und Erkundung (vgl. ebd., S. 23). Für jede Familie gab es unabhängig vom Material oder Zeitpunkt der Erhebung ein für sie typisches Unterstützungssystem (vgl. ebd., S. 15). Perspektivisch können diese identifizierten Unterstützungssysteme genutzt werden, um das Mathematiklernen im Kindergarten oder in der Schule zu analysieren und zu planen (vgl. ebd., S. 24). Auf diese Weise können die Diskrepanzen zwischen den verschiedenen Lernorten geringgehalten bzw. produktiv genutzt werden (vgl. ebd.).

Mit Blick auf den Alltag im Kindergarten ist insbesondere die Forschung von Schmitt und Schwentesius (2017) zu nennen, welche die Gestaltung früher mathematischer Bildung im Kindergarten durch pädagogische Fachkräfte mit Hilfe von Praxisberichten untersucht haben. Ziel dieser explorativen Studie war es zu erforschen, „in welcher Weise ErzieherInnen die (häufig sehr offen formulierten) Vorgaben der Bildungspläne zur mathematischen Bildung aufgreifen und auf welche didaktischen Ansätze sie sich dabei beziehen" (ebd., S. 269). Dabei wurde insbesondere darauf geachtet, welche Inhaltsbereiche die pädagogischen Fachkräfte aufgreifen und ob sie sich auf ein (ko-)konstruktivistisches Verständnis von Lernen beziehen (vgl. ebd., S. 272). Dazu wurden Praxisberichte langjähriger pädagogischer Fachkräfte zur frühen mathematischen Bildung analysiert, welche als notwendiger Leistungsnachweis des berufsintegrierten Studiums entstanden sind.

Die Auswertung hat gezeigt, dass der Großteil der Berichte eine (ko-)konstruktivistische, thematisch breit aufgestellte und bildungsbereichsübergreifende frühe mathematische Bildung, sowohl hinsichtlich der thematisierten fachlichen Grundlagen als auch hinsichtlich der Praxisbeispiele, aufwies (vgl. ebd., S. 282). Die Ergebnisse sind jedoch vor dem Hintergrund des hohen Professionalisierungsstandes der Probanden und der Analyse von Selbstberichten im Rahmen einer Studienleistung zu sehen. Eine vorangegangene Studie von Schwentesius et al. (2014) konnte eine „verkürzte Auffassung des Gegenstandsbereichs der frühen mathematischen Bildung sowie Diskrepanzen zwischen deklarativ verfügbarem Wissen und Handlungsunsicherheit hinsichtlich geeigneter Umsetzungsweisen in der Praxis" (Schmitt & Schwentesius 2017, S. 282) bei pädagogischen Fachkräften aufzeigen.

Diese beiden Studien verdeutlichen, dass der Kindergarten als Lernort nicht isoliert gesehen werden kann, sondern auch die Familie Einflüsse auf die Bildungsbiographie eines Kindes hat und die Gestaltung von Bildungsprozessen im Kindergarten durch den Blick auf die Grundschule als nachfolgende Bildungsinstitution beeinflusst wird.

Auch wenn die vorliegende Arbeit sich nicht der Erforschung von Alltagspraxen widmet, ist es für die Einordnung der Ergebnisse dieser Untersuchung wichtig zu wissen, dass der Bildungsweg von Kindern unterschiedlichen Einflüssen ausgesetzt ist, welche nicht immer genau rekonstruiert werden können (vgl. Kapitel 6).

1.2 Professionalisierungsforschung von pädagogischen Fachkräften

Mit Blick auf die Begleitung des Kindes durch die pädagogische Fachkraft schließt sich das relativ neue Feld der Professionalisierungsforschung an (vgl. Kucharz et al. 2014, S. 28). Streit (2014, S. 665) formuliert die Hypothese, dass die Professionalisierung der pädagogischen Fachkräfte sich in entscheidendem Maße positiv auf den Lernprozess der Kinder auswirken kann. Deshalb konzentriert sich dieses Forschungsfeld auf professionelles Handeln im Elementarbereich insbesondere im Hinblick auf die Analyse und Anregung mathematischer Denk- und Lernprozesse im Kindergartenalltag. Dieser Forschungsbereich ist deshalb so wichtig, da die Auswahl und die Gestaltung mathematischer Lernangebote sowie die produktive Begleitung eines mathematischen Bildungsprozesses mathematikbezogene professionelle Kompetenzen voraussetzt (vgl. Schuler et al. 2017, S. 4). Dies stellt eine große Herausforderung für die pädagogischen Fachkräfte im

Kindergarten dar, denn zum einen ist frühe mathematische Bildung nur ein geringer Bestandteil ihrer Ausbildung (vgl. Janssen 2010), und zum anderen beeinflussen die eigenen Erfahrungen mit Mathematik und die persönliche Einstellung zum Fach die Gestaltung mathematischer Bildungsprozesse im Kindergarten (vgl. Baroody 2004, S. 156). Eine Untersuchung im Rahmen des Forschungsprojekts PRIMEL (Professionalisierung von Fachkräften im Elementarbereich) zur Begleitung mathematischer Angebote im Kindergarten zeigte zudem, dass Kinder bei diesen Angeboten auch eher selten kognitiv angeregt werden (vgl. Hüttel & Rathgeb-Schnierer 2014, S. 154). Die Analyse der im Rahmen der Studie erhobenen Videografien von mathematischen Bildungsangeboten zur Erfassung des didaktischen Handelns der Fachkräfte verdeutlicht, dass die pädagogischen Fachkräfte im Durchschnitt nur selten Impulse zur kognitiven Aktivierung der Kindergartenkinder einsetzten (vgl. ebd.). Auch Schuler (2013) stellt so die besondere Bedeutung der Begleitung durch Erwachsene in mathematischen Bildungsprozessen heraus. Wichtig bei der Begleitung sind demnach vor allem gezielte Impulse und Fragen zur Aktivierung mathematischer Vorstellungen und Ideen. Vor diesem Hintergrund der aktuellen Forschungslage sollte es ein langfristiges Ziel sein, pädagogische Fachkräfte zu befähigen, mathematische Bildung im Kindergarten professionell zu gestalten und zu begleiten. Dies wäre z. B. durch Weiterbildungen oder basale Handreichungen für konkrete Materialien und Konzepte zu realisieren (vgl. z. B. Grüßing & Peter-Koop 2007, S. 183; Benz et al. 2015, S. 20f). Auch wenn sich die vorliegende Arbeit nicht zentral mit der Professionalisierung von pädagogischen Fachkräften beschäftigt, so können die Ergebnisse dieser Arbeit dennoch bei der Planung zukünftiger Professionalisierungsmaßnahmen berücksichtigt werden (vgl. Kapitel 6).

1.3 Kompetenzerhebung und Diagnose bei Kindern

Im Rahmen der international vergleichenden Schulleistungsstudie PISA hat eine Fokusverschiebung von dem, was *gelehrt* werden soll, hin zu dem, was *gelernt* werden soll, stattgefunden. Als Bezugspunkt für die PISA-Studie diente das Konzept der „Grundbildung" („Literacy", vgl. Prenzel et al. 2004, S. 17). Der Begriff „Literacy" wird seit geraumer Zeit in der internationalen fachdidaktischen Diskussion verwendet, um Ansprüche an eine Grundbildung für alle zu charakterisieren (z. B. AAAS 1993; Kirsch 1995; NCTM 2000). Ausgehend von diesem Konzept wurden mathematische Kompetenzen im Rahmen der nationalen Bildungsstandards für die Primarstufe (KMK 2005) konzeptualisiert. Die Bildungsstandards im

1.3 Kompetenzerhebung und Diagnose bei Kindern

Fach Mathematik der Grundschule umfassen sowohl allgemeine als auch inhaltsbezogene Kompetenzen. Als allgemeine mathematische, sogenannte prozessbezogene Kompetenzen werden Argumentieren, Kommunizieren, Darstellen, Problemlösen und Modellieren verstanden. Die inhaltsbezogenen mathematischen Kompetenzen beziehen sich auf folgende mathematische Leitideen: „Zahlen und Operationen", „Raum und Form", „Muster und Strukturen", „Größen und Messen" und „Daten, Häufigkeiten und Wahrscheinlichkeiten".

Diese beiden Konzeptualisierungen von Kompetenz (PISA und KMK) dienen als Grundlage für das Forschungsfeld der Kompetenzerhebung. Verschiedene Untersuchungen zur Erfassung mathematischer Kompetenzen von Schulanfängerinnen und Schulanfängern haben gezeigt, dass die meisten Kinder im Anfangsunterricht bereits über vielfältige arithmetische und geometrische Kompetenzen verfügen. Dabei darf jedoch nicht außer Acht gelassen werden, dass die Leistungsheterogenität zu Schulbeginn oft sehr groß ist (vgl. zur Arithmetik z. B. Caluori 2004; Grassmann et al. 1995; Hengartner & Röthlisberger 1995; Schmidt 1982; Schmidt & Weiser 1982; Selter 1995; Senftleben 1996; Spiegel 1992; vgl. zur Geometrie z. B. Eichler 2004; Grassmann 1996; Höglinger & Senftleben 1997).

Im Elementarbereich gibt es jedoch im Unterschied zum Primarbereich national deutlich weniger Befunde zu mathematischen Kompetenzen von Kindergartenkindern. Die Forschung hat in diesem Feld insbesondere den Inhaltsbereich „Arithmetik" in den Blick genommen, denn hinsichtlich der Entwicklung des mathematischen Verständnisses kommt dem Erwerb und dem Aufbau des Zahlbegriffs eine zentrale Bedeutung zu. In der Entwicklungspsychologie konnte mit Hilfe von Langzeitstudien die Bedeutung der im Rahmen von bereichsspezifischen Entwicklungsmodellen beschriebenen frühen Mengen-Zahlen-Kompetenzen für spätere Mathematikleistungen belegt werden (vgl. z. B. Dornheim 2008; Krajewski & Schneider 2006). Auch in der Mathematikdidaktik wird die Leitidee „Zahlen und Operationen" als besonders wichtig für den Elementarbereich angesehen (vgl. z. B. Hasemann 2003; Wittmann 2006).

In der internationalen Forschung konnte gezeigt werden, dass auch Kinder im Vorschulalter bereits über beträchtliche Kenntnisse numerischer und nicht-numerischer Quantitäten verfügen (vgl. z. B. Fuson 1988; van de Rijt et al. 2000). Fuson (1988) hat die Entwicklung des verbalen Zählens untersucht und als Modell beschrieben. Beim Erwerb und beim Einsatz der Zahlwortreihe lassen sich fünf Niveaus unterscheiden (vgl. ebd., S. 45ff; dt. Übers. der Niveaus nach Moser Opitz 2002, S. 86f):

1. Zahlwortreihe als Ganzheit (*string level*)
2. Unflexible Zahlwortreihe (*unbreakable list level*)
3. Teilweise flexible Zahlwortreihe (*breakable chain level*)
4. Flexible Zahlwortreihe (*numerable chain level*)
5. Vollständig reversible Zahlwortreihe (*bidirectional chain level*)

Nach den Untersuchungsergebnissen von Fuson (1988, S. 35) kann diese Entwicklung bereits bei Kindern im Alter von zwei Jahren beginnen. Van de Rijt et al. (2000) haben in einer Untersuchung Entwicklungsstufen des Zahlbegriffs ausgemacht und leiteten aus früheren Studien zur Zahlbegriffsentwicklung (van de Rit et al. 1994; van de Rijt 1996) acht Komponenten des frühen Zahlbegriffs ab: Vergleichen, Klassifizieren, Eins-zu-eins-Zuordnung, nach Reihenfolge ordnen, Zahlwörter gebrauchen, strukturiertes Zählen, resultatives Zählen und allgemeines Zahlenwissen. Auf dieser Grundlage erstellten sie ein Testinstrument (vgl. van de Rijt et al. 2000, S. 15f), dessen Ergebnisse zeigen, dass die Kinder der ersten Altersgruppe (4;7 – 4;12) bereits in der Lage sind, einige leichte Aufgaben zu den drei Komponenten Vergleichen, Klassifizieren und Eins-zu-eins-Zuordnung richtig zu beantworten (vgl. ebd., S. 19). In den darauffolgenden Altersgruppen können die Kinder immer mehr Aufgaben der einzelnen Komponenten richtig lösen. Die Kinder der fünften Altersgruppe (6;7 – 6;12) haben den regulären Anfangsunterricht bereits absolviert und beantworten im Durchschnitt alle Aufgaben zu den acht Komponenten richtig (vgl. ebd.). Van de Rijt et al. (2000, S. 16) konnten in ihrer Untersuchung zeigen, dass die multilineare Entwicklung der verschiedenen Komponenten des frühen Zahlbegriffs bereits im Alter von vier Jahren zu beobachten ist.

Über die Arithmetik hinaus gibt es einige wenige Studien über Kompetenzen von Kindergartenkindern in den Bereichen „Raum und Form" (vgl. z. B. Clements 2004) und „Größen und Messen" (z. B. Smith et al. 1985). Clements (2004) gibt hinsichtlich des Inhaltsbereichs „Raum und Form" in seinem Artikel einen Einblick in Studien, die Kompetenzen von Kindergartenkindern in den Bereichen Figuren und Abbildungen sowie räumliches Denken untersuchten: So konnten z. B. Fuson und Murray (1978) in einer Untersuchung zeigen, dass bereits 60 % der

Dreijährigen einen Kreis, ein Quadrat und ein Dreieck identifizieren können. Die Ergebnisse der Studie von Klein et al. (1999) belegen, dass in der Altersgruppe der Fünfjährigen bereits 85 % einen Kreis, 80 % ein Dreieck, 78 % ein Quadrat und 44 % ein Rechteck bestimmen können. Diese und andere Ergebnisse zeigen, dass bereits Kindergartenkinder Wissen über ebene geometrische Formen haben. Einige Studien belegen, dass auch Kindergartenkinder schon über Kompetenzen im Bereich der geometrischen Abbildungen verfügen (z. B. Clements et al. 1997). Die Studie von Rosser et al. (1984) zeigt, dass bereits Vier- bis Fünfjährige einfache Drehungen mit Orientierungshinweisen durchführen können. Die Studie von Sophian und Crosby (1998) zeigt, dass diese Altersgruppe unter bestimmten Umständen auch kongruente Figuren identifizieren kann.

Ein weiterer wichtiger Bereich ist das räumliche Denken, da räumliche Fähigkeiten eng mit mathematischen Leistungen verbunden sind (vgl. z. B. Lean & Clements 1981). Wie Blaut und Stea (1974) in ihrer Studie nachweisen, besitzen bereits Dreijährige Kompetenzen im Bereich der räumlichen Orientierung. Im Rahmen der Studie erstellten sie einfache, aber sinnvolle Pläne mit Hilfe von Spielzeugen, führen Wege mit einem Spielzeugauto von einem vorgegebenen Startpunkt zu einem vorgegebenen Ziel und beschrieben Beziehungen zwischen den Objekten (vgl. Blaut & Stea 1974, S. 6f). Die Studie zeigt, dass bereits Kindergartenkinder in der Lage sind, eine mentale Repräsentation ihrer räumlichen Umgebung aufzubauen.

Im Bereich „Größen und Messen" haben Smith et al. (1985) bei Kindern zwischen 3 und 9 Jahren die Entwicklung des Längen-, Gewichts- und Dichtekonzepts untersucht. Die Auswertung der Untersuchung legt dar, dass z. B. Dreijährige Aufgaben zu Längen von Objekten lösen können, jedoch Schwierigkeiten bei der Einschätzung des Gewichts eines Objektes haben (vgl. ebd., S. 189ff). Die Autoren kommen zu dem Ergebnis, dass die Kinder noch getrennte Konzepte von Gewicht und Länge besitzen (vgl. ebd., S. 227).

Seit Anfang des 21. Jahrhunderts hat sich im deutschsprachigen Raum das Forschungsinteresse im Bereich der Kompetenzforschung von der Kompetenzerhebung hin zur „Kompetenzdiagnostik als Ansatzpunkt für die Weiterentwicklung mathematischer Fähigkeiten" (Gasteiger 2010, S. 106) verschoben. Zur Diagnose von frühen mathematischen Kompetenzen wurden sowohl standardisierte als auch qualitativ orientierte Testinstrumente entwickelt bzw. aus anderen europäischen

Ländern adaptiert. Derzeit gibt es im deutschsprachigen Raum verschiedene standardisierte Diagnoseinstrumente, welche für das Kindergartenalter konzipiert sind. Beispielhaft sind der Osnabrücker Test zur Zahlentwicklung (OTZ, van Luit et al. 2001), die neurologische Testbatterie für Zahlverarbeitung und Rechnen bei Kindern (ZAREKI-K, von Aster et al. 2009) oder der TEDI-MATH (Kaufmann et al. 2009) zu nennen. Der OTZ besteht aus 40 Aufgaben, welche folgenden acht Inhaltsbereichen zugeordnet werden können: Vergleichen, Klassifizieren, Eins-zu-Eins-Zuordnen, nach Reihenfolge ordnen, Zahlwörter benutzen, synchrones und verkürztes Zählen, resultatives Zählen und Anwenden von Zahlwissen (vgl. van Luit et al. 2001). Der ZAREKI-K besteht aus 18 Aufgabentypen, die sich zusammenfassend den drei Bereichen Zählen und Zahlenwissen, numerisches Bedeutungswissen und Rechnen sowie Arbeitsgedächtnis zuordnen lassen (vgl. von Aster et al. 2009). Der TEDI-MATH umfasst insgesamt 28 Untertests, welche sich auf unterschiedliche Leistungsbereiche der Zahlenverarbeitung und des Rechnens beziehen (vgl. Kaufmann et al. 2009). Die genannten Verfahren fokussieren alle die Kompetenzen von Kindern im Bereich „Zahlen und Operationen" und berücksichtigen kaum andere Inhaltsbereiche.

Im Bereich der qualitativ orientierten Verfahren ist insbesondere das „Elementar-Mathematische BasisInterview Kindergarten" (EMBI-KiGa, Peter-Koop & Grüßing 2018) zu nennen, welches im Verbund mit dem „EMBI Zahlen und Operationen" (Peter-Koop et al. 2007) sowie dem „EMBI Größen und Messen, Raum und Form" (Wollring et al. 2011) eines der wenigen diagnostischen Verfahren ist, das verschiedene Inhaltsbereiche thematisiert (vgl. Benz et al. 2015, S. 147). Da Kindergartenkinder neben arithmetischen bereits auch über geometrische Kompetenzen verfügen, gilt es auch diese zu erfassen (vgl. Benz et al. 2015, S. 94, 108). Im EMBI-ZO (Peter-Koop et al. 2007), welches sowohl für den vorschulischen als auch schulischen Einsatz geeignet ist, werden arithmetische Kompetenzen in den Teilbereichen Zählen, Stellenwerte, Strategien bei Addition und Subtraktion sowie Strategien bei Multiplikation und Division differenziert erfasst. Das EMBI-GMRF (Wollring et al. 2011), welches schwerpunktmäßig im Anfangsunterricht einzusetzen ist, erhebt im Inhaltsbereich „Größen und Messen" Kompetenzen der Teilbereiche Zeit und Länge sowie im Inhaltsbereich „Raum und Form" Kompetenzen folgender Teilbereiche: sich im Raum orientieren, geometrische Figuren erkennen, benennen und darstellen, geometrische Abbildungen erkennen, benennen und darstellen, Flächen- und Rauminhalte vergleichen und messen sowie Gesetzmäßigkeiten in Mustern erkennen, beschreiben und darstellen.

Die Verschiebung des Forschungsinteresses in diesem Bereich von der Kompetenzerhebung zur Kompetenzdiagnostik zeigt eine gewisse Veränderung im Bildungsdiskurs: Vor PISA ging es um das Aufgreifen der heterogenen Kompetenzen von Schulanfängerinnen und Schulanfängern, nun geht es um die Diagnose sowie um die Prävention und Förderung von Kindergartenkindern. Indem die vorliegende Arbeit versucht, über die Äußerungen der Kindergartenkinder mögliche Facetten mathematischen Denkens (bzw. Kompetenzen) zu rekonstruieren, verortet sie sich nicht im Bereich der Kompetenzforschung, sondern im Bereich der Entwicklungsforschung.

1.4 Entwicklungsforschung und deren empirische Evaluation

Entwicklungsforschung im Bereich der Mathematikdidaktik befasst sich insbesondere mit der Frage, wie frühe mathematische Bildung realisiert werden kann, um gut erforschte und reichhaltige mathematische Angebote für Kindergartenkinder bereitstellen zu können. Diese Frage ist nicht neu und wurde in Bezug auf den Kindergarten bereits im 19. Jahrhundert durch Friedrich Fröbel, den Begründer des ersten Kindergartens, verfolgt: Er stellte mit seinen Spielgaben Elemente der mathematischen Bildung in den Mittelpunkt seines Konzepts (vgl. Gasteiger 2010, S. 66). Nach PISA ist ein bildungspolitisches Verständnis dafür entstanden, dass frühe mathematische Bildung notwendig und sinnvoll ist und konkreter Handlungsbedarf besteht (vgl. Gasteiger 2010, S. 65ff).

Als Reaktion auf die aktuellen bildungspolitischen Diskussionen um PISA sind in den einzelnen Bundesländern Bildungs- und Orientierungspläne für den Kindergarten entstanden. An diesen wird jedoch kritisiert, dass konkrete Handlungskonzepte fehlen, welche für viele pädagogische Fachkräfte aufgrund der zuvor geschilderten Problematik (vgl. Kapitel 1.1.2) hilfreich und sinnvoll wären, um diese neue Herausforderung zu bewältigen (vgl. z. B. Benz et al. 2015, S. 96; Fthenakis et al. 2009, S. 6; Gasteiger 2010, S. 78).

Infolge dieser Kritik wurde in der Mathematikdidaktik eine Vielzahl von unterschiedlichen Materialien und Konzepten entwickelt, wobei sich sowohl die theoretische als auch die praktische Anbindung sehr unterschiedlich gestaltet. Im Wesentlichen lassen sich jedoch zwei Ansätze unterscheiden: einerseits gezielte (individuelle) Förderung bestimmter mathematischer Inhalte, andererseits mathematische Bildung in reichhaltigen Alltags- und Spielsituationen (vgl. z. B. Krajewski et al. 2009, S. 28).

Die Konzepte und Programme zur gezielten Förderung lassen sich weiter in lehrgangsorientierte Förderprogramme und punktuell einsetzbare Materialien unterscheiden (vgl. Schuler 2013, S. 79). Die lehrgangsorientierten Förderprogramme zeichnen sich i. d. R. durch ein sequenzielles, gestuftes Vorgehen aus, und die meisten dieser Programme empfehlen eine Durchführung in altershomogenen Kleingruppen. Viele Programme konzentrieren sich auf den Inhaltsbereich „Zahlen und Operationen" und die Förderung spezifischer Vorläuferfähigkeiten, um einen geeigneten Schulstart zu ermöglichen. Diese Konzeptionen basieren auf unterschiedlichen fachlichen Begründungen. Es gibt Konzeptionen, die sich an entwicklungspsychologischen Modellen zur Zahlbegriffsentwicklung orientieren und vorwiegend für leistungsschwächere Vorschulkinder konzipiert sind, um späteren schulischen Lernschwierigkeiten vorzubeugen. Beispielhaft seien hier die Programme „Mengen, zählen, Zahlen" (Krajewski et al. 2007), „Mina und der Maulwurf" (Gerlach & Fritz 2011) sowie „MAKRO-T" (Gerlach et al. 2013) genannt. Eine weitere fachliche Begründungslinie ist die „Neurodidaktik", welche von den Autoren der Trainingsprogramme „Entdeckungen im Zahlenland" (Preiß 2006, 2007) und „Komm mit ins Zahlenland" (Friedrich & de Galgóczy 2004) geprägt worden ist. Die Autoren des Zahlenlandes verstehen darunter eine Verbindung aus Mathematikdidaktik und Hirnforschung (vgl. Preiß 2006, S. 3) und grenzen sich damit deutlich von den vorher thematisierten Trainingsprogrammen ab. Kritisch ist hierbei zu betrachten, dass keine Einbindung in die aktuellen Ansätze der Lehr-Lern-Forschung stattfindet (vgl. Gasteiger 2010, S. 83). Darüber hinaus ist es aus mathematikdidaktischer Perspektive bedenklich, dass die Autoren auf Grundlage eines negativen Bildes von Mathematik Programme entwickelt haben, welche auf künstliche Verpackung mathematischer Inhalte (vgl. Wittmann & Müller 2009b, S. 101) und Personifizierung von Zahlen setzen (vgl. Gasteiger 2010, S. 83). Das kann dazu führen, dass der Aufbau tragfähiger Zahlvorstellungen behindert wird und Schwierigkeiten beim Mathematiklernen eher verstärkt werden (vgl. Benz et al. 2015, S. 99).

Kritisch ist bei lehrgangsorientierten Förderprogrammen darüber hinaus zu betrachten, dass sie häufig einer separaten Organisation bedürfen, welche an schulische Settings erinnert (vgl. Schuler 2013, S. 82). Eine Abgrenzung zum schulischen Bildungsauftrag ist aber dem aktuellen Verständnis von Bildung im Kindergarten nach zwingend notwendig. Wittmann (2004) fordert diesbezüglich: „Gezieltes, systematisches Lernen muss der Grundschule vorbehalten bleiben"

(S. 52). Jedoch sollte festgehalten werden, dass lehrgangsorientierte Förderprogramme häufig einfacher für die pädagogischen Fachkräfte einzusetzen sind, da es meist detaillierte Anleitungen gibt, welche eins zu eins umgesetzt werden können bzw. sogar umgesetzt werden sollen (vgl. Kapitel 1.2.2).

Die punktuell einsetzbaren Materialien zur individuellen Förderung sind dagegen überwiegend mit mathematikdidaktischem Hintergrund konzipiert und umfassen verschiedene Inhaltsbereiche. Sie können auf vielfältige Weise frei oder angeleitet eingesetzt werden und haben die Förderung aller Kinder in verschiedenen mathematischen Bereichen zum Ziel. Sie nehmen „nicht für sich in Anspruch, die gesamte oder einen Großteil der mathematischen Bildung im Kindergarten abzudecken" (Schuler 2013, S. 84). Beispielhaft sind die Förderbox „Elementar" (Kaufmann & Lorenz 2009) und das Frühförderprogramm aus dem Projekt „mathe 2000" (Wittmann & Müller 2009a) genannt. Beide Konzepte zeichnen sich durch eine umfassende fachliche Orientierung und das reichhaltige Materialangebot aus. Zudem werden Materialien genutzt, welche sich auch im Anfangsunterricht wiederfinden, um so anschlussfähiges Lernen zu ermöglichen.

Der Ansatz mathematischer Bildung in reichhaltigen Alltags- und Spielsituationen wird als integrativer Ansatz bezeichnet und hat zum Ziel, Möglichkeiten früher mathematischer Bildung innerhalb der bestehenden Organisationsformen und unter Berücksichtigung frühpädagogischer Prinzipien auszumachen (vgl. Schuler 2013, S. 12). Nach Gasteiger (2010, S. 93) ist es sinnvoller, Ansätze zu entwickeln, die sich, neben den mathematischen Grundideen des Fachs Mathematik, auf das natürliche Interesse des Kindes und auf das Lernen in sinnvollen Kontexten beziehen und keine geschlossenen Lern- und Förderprogramme einzusetzen. Diese Ausrichtung verfolgen Gasteiger (2010) in ihrer Forschung zur frühen mathematischen Bildung im Alltag des Kindergartens und auch Schuler (2013) in ihrer Untersuchung zur frühen mathematischen Bildung in Spielsituationen im Kindergarten. Dabei werden mathematische Aktivitäten in den Kindergartenalltag integriert und aus ihm heraus entwickelt, um so mathematische Bildungsprozesse anzuregen. Das kann sowohl im Freispiel als auch durch konkrete (Material-)Angebote realisiert werden. Mathematische Bildung im Freispiel wird dann möglich, wenn mathematisch substanzielle Aktivitäten des Kindes von der pädagogischen Fachkraft wahrgenommen und durch gezielte Impulse weitere Denk- und Handlungsprozesse angeregt werden. Eine systematischere und fokussiertere Anregung mathematischer Aktivitäten kann durch angeleitete Angebote ermöglicht werden.

Um dabei trotzdem inhaltlich offen und alltagsnah zu sein, bieten sich Materialien aus dem Kindergartenalltag an, welche das Potenzial haben, mathematische Lernprozesse zu initiieren. Diesen Ansatz verfolgen die „Mathe-Kings" (Hoenisch & Niggemeyer 2004) und auch Konzeptionen wie „Gleiches Material in großer Menge" (Lee 2010) oder „MATHElino" (Royar & Streit 2010). Dabei werden Materialien angeboten, welche einen hohen Aufforderungscharakter zum Explorieren und Experimentieren haben, insbesondere, wenn sie in großen Mengen oder verschiedenen Ausführungen vorhanden sind. Adäquate Materialien könnten z. B. Naturmaterialien, Perlen, Holzwürfel oder Bauklötze, Muggelsteine und vieles mehr sein.

Darüber hinaus können mathematische Lernprozesse auch beim Spielen von Regelspielen (vgl. z. B. Bussmann 2013; Rathgeb-Schnierer 2012; Schuler 2013) und beim Lesen von Bilderbüchern (vgl. z. B. van den Heuvel-Panhuizen & van den Boogaard 2008) angeregt werden. Spiele und Bücher können sich von den punktuell einsetzbaren Materialien abgrenzen lassen und im Bereich des integrativen Ansatzes verortet werden, wenn sie keinen expliziten mathematikdidaktischen Hintergrund haben und nicht gezielt für die mathematische Bildung im Kindergarten konzipiert worden sind.[1]

Diesem Verständnis nach verortet sich diese Arbeit im Bereich des integrativen Ansatzes der Entwicklungsforschung. Es wird davon ausgegangen, dass das Lesen von Bilderbüchern, welche ohne mathematikdidaktische Zielsetzung konzipiert worden sind, eine reichhaltige mathematische Aktivität darstellen kann und sich mit Hilfe von Bilderbüchern frühe mathematische Bildung in den Kindergartenalltag integrieren lässt. Dies wird in Kapitel 2 näher ausgeführt.

---

[1] Je nach Autor werden Regelspiele auch den punktuell einsetzbaren Materialien zugeordnet.

2 Bilderbücher als didaktisches Material

2.1 Das Bilderbuch – Eine Definition

Die folgende Definition eines Bilderbuchs greift die in der Literaturwissenschaft benutzten begrifflichen Klärungen und Kriterien auf und dient als Arbeitsgrundlage für die vorliegende Studie. Für eine historische Aufarbeitung sowie detaillierte Diskussionen dieses Genres sei auf Abraham und Knopf (2014) sowie Franz und Lange (2005) verwiesen. Die hier vorliegende Definition orientiert sich an der „Oxford encyclopedia of children's literature" (vgl. Nikolajeva 2006, S. 247ff).

Die Kinderliteraturforschung versteht unter einem Bilderbuch ein Buch, welches durch das Zusammenspiel von verbalen und visuellen Komponenten Bedeutung schafft und vermittelt. Bilderbücher werden somit nicht durch ihre intendierten Adressatinnen und Adressaten, sondern durch ihre ästhetischen Eigenschaften definiert (vgl. ebd., S. 247).

Die meisten Literaturwissenschaftlerinnen und Literaturwissenschaftler unterscheiden zwischen illustrierten Büchern und Bilderbüchern (vgl. ebd., S. 247f): Bei illustrierten Büchern wird ein bereits existierender Text mit Illustrationen versehen. Bilder sind den Worten in diesem Fall untergeordnet und erfüllen lediglich eine untermalende Funktion. Die Geschichte kann auch ohne die Bilder verstanden werden. In einem Bilderbuch stellen Texte und Bilder hingegen ein unteilbares Ganzes dar: Erst durch die Wechselbeziehung dieser beiden Komponenten wird die gesamte Wirkung der Geschichte erreicht.

Bei Bilderbüchern findet sich ein weites Spektrum der Umsetzung bezüglich der Beziehung zwischen Text und Bild (vgl. ebd., S. 248): Es gibt Bilderbücher, in denen die Bilder im Vordergrund stehen und ebenso gibt es Bilderbücher, bei denen der Text im Vordergrund steht. Darüber hinaus gibt es Bilderbücher, in denen das bedeutungstragende Verhältnis von Bildern und Texten ausgewogen ist und solche, in denen Bilder und Texte sich widersprechen. Durch diese unterschiedlichen Zusammenspiele von Bild und Text wird die Bedeutung einer Geschichte jeweils auf eine andere Art und Weise geschaffen.

© Springer Fachmedien Wiesbaden GmbH, ein Teil von Springer Nature 2020
A. Vogtländer, *Bilderbücher im Kontext früher mathematischer Bildung*, Essener Beiträge zur Mathematikdidaktik, https://doi.org/10.1007/978-3-658-29552-3_3

In dieser Arbeit wird daher, auf Nikolajeva (2006) aufbauend, unter einem Bilderbuch ein Buch aus Wort und Bild verstanden, in dem die Geschichte aus der Wechselbeziehung dieser beiden Mittel erzählt wird.

2.2 Bilderbücher in der Didaktik

In den letzten Jahren ist die genannte besondere Verbindung von Bild und Text in Bilderbüchern verstärkt in das Forschungsinteresse verschiedener didaktischer Disziplinen gerückt und hat darüber hinaus Einzug in Lehr-Lern-Settings gehalten.

Das Interesse der didaktischen Forschung an Bilderbüchern ist vermutlich auf den zum Dialog auffordernden Charakter von Bilderbüchern zurückzuführen. So betont Hurrelmann (2010, S. 7), dass Bilderbücher auf Interaktion ausgelegt sind und es bei ihrem unterrichtlichen Einsatz im Wesentlichen um kulturelles Lernen im Dialog geht. Außerdem hält Oetken (2007) fest, dass Bilderbücher eine wertvolle Schnittstelle sein können, „in der einerseits die Interessen der Erwachsenen an Vermittlung ihrer Weltsicht und andererseits die Neugier von Kindern an Erschließung ihrer originären Welt mit den zahlreichen Identifizierungsangeboten, die Bilderbücher bereithalten, zusammentreffen" (S. 19).

Das Interesse an Bilderbüchern als didaktischem Material zum Lehren und Lernen entstammt aus der Kunst-, Literatur- und Sprachdidaktik (vgl. Thiele 2003, S. 176). Es ist dabei das Ziel zahlreicher Forschungen in diesem Bereich, dass das didaktische Potenzial von Bilderbüchern entfaltet wird, um Bilderbücher für Vorschülerinnen und Vorschüler nicht nur als Vorlesemedium, zur Sprachförderung und Wortschatzerweiterung zu nutzen. Bilderbücher werden diesem Verständnis nach als Gegenstand literarischen Lernens verstanden, welcher Freiräume zur Entwicklung eigener Vorstellungen und Ideen bietet (vgl. Klenz & Jantzen 2014, S. 9). Dieser Ausrichtung nach eignen sich Bilderbücher insbesondere als didaktisches Material, da „Bilderbücher [...] die ersten Bücher [sind], zu denen Kinder eine intensive Beziehung entwickeln und durch die sie zur Literatur hingeführt werden" (Spinner 1992, S. 17).

Für die konkrete Arbeit mit Bilderbüchern im Unterricht gibt es vielfältige Konzepte und Unterrichtsmaterialen (vgl. hierzu Thiele 2003, S. 176ff) und auch für den Einsatz im Kindergarten gibt es konkrete Umsetzungsmöglichkeiten (vgl. Hering 2016). In vielen Fällen wird ein Bilderbuch jedoch nur als Impulsgeber für den Einstieg in einen Themenbereich genutzt.

In der Forschung liegt der Schwerpunkt zum Einsatz von Bilderbüchern in Lehr-Lern-Settings in der Sprachdidaktik, wobei auch andere Fachdidaktiken zunehmend den didaktischen Wert von Bilderbüchern erkennen. Auch die Mathematikdidaktik setzt sich seit einigen Jahren mit den Möglichkeiten des Einsatzes von Bilderbüchern für das mathematische Lernen auseinander. Diese Forschung wird im Folgenden rezipiert, um in Kapitel 4 auf den bestehenden Erkenntnissen zu einem ertragreichen Einsatz von Bilderbüchern beim mathematischen Lernen ein geeignetes Forschungsdesign für die vorliegende Studie konstruieren zu können.

2.3 Der Einsatz von Bilderbüchern im Kontext früher mathematischer Bildung

In der Mathematikdidaktik wird der Einsatz von Bilderbüchern aus zahlreichen Gründen für sinnvoll erachtet. Diese werden im Folgenden ausgeführt, bevor anschließend thematisiert wird, welchen empirisch belegten Einfluss der Einsatz von Bilderbüchern in verschiedenen Settings auf das Mathematiklernen von Kindergartenkindern haben kann. Abschließend wird das Modell mathematischen Denkens von Ulm (2010) dargestellt und in den Kontext früher mathematischer Bildung als Grundlage für die spätere empirische Forschung dieser Arbeit eingeordnet.

2.3.1 Gründe für den Einsatz von Bilderbüchern zur Unterstützung des Mathematiklernens

Zu der Frage, *warum* Bilderbücher ein geeignetes Material zum Lernen von Mathematik sein können, werden hier unter Bezug auf die einschlägige Fachliteratur drei zentrale Gründe genannt, die darauf hindeuten, dass Bilderbücher das Mathematiklernen unterstützen können.

Erstens können Bilderbücher durch ihre Geschichte einen vertrauten und bedeutungsvollen Kontext für Kinder bieten, der sie zum Mathematiklernen anregt (vgl. z. B. Columba et al. 2005; Griffiths & Clyne 1991; Moyer 2000; Whitin & Wilde 1992). Darüber hinaus gibt es Untersuchungen und Praxisbeispiele (z. B. Hughes

1986), die belegen, dass es Kindern leichter fällt, Mathematik in sinnvollen Kontexten zu betreiben als in abstrakten Kontexten oder in Kontexten, die für sie keinen Sinn ergeben. Bilderbücher können durch ihren bedeutungsvollen Kontext Kindern die Möglichkeit bieten, Problemen und Fragestellungen in inner- und außermathematischen Situationen zu begegnen und eigene Fragen zu formulieren oder Antworten und Lösungen zu finden (vgl. van den Heuvel-Panhuizen et al. 2016, S. 324).

Zweitens kann durch Bilderbücher ein Alltagsbezug zur Mathematik hergestellt werden. Mathematik ist ein integraler Bestandteil der menschlichen Erfahrungswelt und deshalb ebenso Bestandteil von Bilderbüchern (vgl. Griffiths & Clyne 1991, S. 42). So stellt Perkins (2001) fest, dass Mathematik überall in der Lebenswelt von Kindern vorkommt und sie entsprechend auch in der Kinderliteratur implizit vorhanden ist, unabhängig davon, ob die Bücher mit einem mathematischen Fokus geschrieben wurden oder nicht. Mit anderen Worten heißt dies, dass ungeachtet davon, ob die Mathematik implizit oder explizit in den Büchern vorhanden ist, ihr Vorhandensein nach Griffiths & Clyne (1991, S. 42) Kinder dabei unterstützen kann, mathematische Konzepte zu entwickeln, mathematische Probleme zu lösen und mathematische Beziehungen herzustellen. Dabei können die Kinder ihr vorhandenes Alltagswissen nutzen, um mathematische Ideen darzustellen und zu deuten und durch Mathematisierung neues Wissen über die Wirklichkeit zu entwickeln (vgl. Krauthausen & Scherer 2008, S. 78).

Drittens können Bilderbücher einen Anlass für mathematische Diskurse liefern. Geschichten werden als ein starkes Mittel zur Kommunikation von Ideen und Konzepten gesehen (vgl. Griffiths & Clyne 1991, S. 42). Die mathematischen Themen innerhalb der Geschichten bieten genügend Anlässe, um die Kommunikation zwischen den Kindern und der pädagogischen Fachkraft anzuregen. Diese soziale Komponente ist wichtig, denn „Erkenntnisse sind nicht allein das Resultat individueller Konstruktionsprozesse, sondern werden durch dialogische Auseinandersetzung und kollektives Aushandeln gewonnen" (Gasteiger 2010, S. 96). Auch van Oers (2004) betont die Bedeutung der Interaktion beim Lernen von Mathematik:

> Daraus folgt, dass das Individuum niemals selbst „Mathematik" erfindet. Statt dessen [sic] werden Handlungen, die sich aus bestimmten Situationen oder Aktivitäten ergeben, von Pädagoginnen oder Eltern als „mathema-

tisch" bezeichnet. Diese Handlungen erlangen dann wiederum im Verständnis des Individuums Bedeutung. Dieser Vorgang der Auslese, Bezeichnung und Einschätzung bestimmter Handlungen als „mathematisch" ist im Grunde ein soziokultureller Prozess. [...] Folglich wird Mathematik in Interaktionen gelernt und zwar im Kontext bedeutsamer Aktivitäten. (S. 317)

2.3.2 Verschiedene Settings des Bilderbuchlesens und deren Wirkung

Zu der Frage, *wie* das mathematische Denken durch Bilderbücher angeregt werden kann, gibt es dagegen schon einige Forschungsergebnisse. Aktuell lassen sich vier Ansätze der Verwendung von Bilderbüchern im Kontext früher mathematischer Bildung ausmachen:

1. Bilderbuchlesen ohne Impulse der Vorlesenden
2. Dialogisches Bilderbuchlesen
3. Bilderbuchlesen mit eingebundenen mathematischen Aktivitäten
4. Eigenständiges Bilderbuchlesen der Kinder im Freispiel

Die ersten drei Ansätze verfolgen eine zielgerichtete Art des Bilderbuchlesens, in der ein Erwachsener das Buch vorliest. Der vierte Ansatz zielt darauf ab, dass die Kinder das Bilderbuch während des Freispiels selbst lesen bzw. betrachten (vgl. van den Heuvel-Panhuizen & Elia 2013, S. 248). Dabei ist jedoch noch nicht erforscht, ob dieser Ansatz die Kinder auch zum mathematischen Denken anregt. Im Folgenden werden deshalb nur ausgewählte Studien der ersten drei Ansätze dargestellt.

2.3.2.1 Bilderbuchlesen ohne Impulse der Vorlesenden

Forschungen des ersten Ansatzes untersuchen Äußerungen von Kindern, die sich beim Vorlesen eines Bilderbuchs ohne weiterführende Impulse der Vorlesenden ergeben.

Um Einblicke in das mathematische Denken von Kindergartenkindern zu bekommen, welches beim Lesen eines Bilderbuchs aktiviert werden kann, haben van den Heuvel-Panhuizen und van den Boogaard (2008) sowie Elia et al. (2010) Untersuchungen durchgeführt, in denen die spontanen Äußerungen der Kinder während einer Lesesitzung untersucht wurden. Die Autorinnen und Autoren betrachten diese freien spontanen Äußerungen als Zeichen kognitiver Aktivierung der Kinder, welche durch den Inhalt des Bilderbuchs ausgelöst wird. Im Zentrum der Untersuchungen standen die mathematischen Äußerungen der Probandinnen und Probanden, die direkt durch die Interaktion mit dem Bilderbuch hervorgerufen wurden. Um den Einfluss der Bilderbücher selbst von dem Einfluss der Vorlesenden zu isolieren und außerdem den Einfluss der Vorlesenden konstant zu halten, wurden explizite Leserichtlinien vorgegeben (z. B. Verbalisierung des Textes, jedoch keine weiteren Aufforderungen oder Fragen).

In der Studie von van den Heuvel-Panhuizen und van den Boogaard (2008) wurden fünfjährige Kindergartenkinder ohne Unterrichtsvorerfahrungen in ihrer Interaktion mit dem Bilderbuch „Vijfde zijn" [Fünfter sein] (Jandl & Junge 2000), welches auch in dieser Studie genutzt wird, untersucht. Dieses Bilderbuch wurde ohne mathematikdidaktische Intention verfasst, zeichnet sich nichtsdestotrotz aber dadurch aus, dass Zahlaspekte indirekt thematisiert werden. Innerhalb der Lesesitzungen wurden die Kinder gebeten, sich zu jeder Seite des Bilderbuchs zu äußern. In der Auswertung zeigt sich, dass etwa die Hälfte der Äußerungen der Kinder in den Lesesitzungen mathematikbezogen waren und sich gleichmäßig über die Seiten des Bilderbuchs verteilten. Van den Heuvel-Panhuizen und van den Boogaard (2008) konnten damit zeigen, dass durch das genutzte Bilderbuch ein sinnvoller Kontext für die Kinder gegeben war, in dem sie mathematische Kompetenzen über Anzahlen und räumliche Orientierung aktivieren konnten. Die Studie belegt damit, dass auch Bilderbücher ohne dezidiert mathematikdidaktische Intention einen sinnvollen Kontext für Kindergartenkinder schaffen können und die Kinder auch ohne Impulse der Vorlesenden, allein durch das Vorlesen und Betrachten des Bilderbuchs zu mathematischen Äußerungen angeregt werden können.

Die Studie von Elia et al. (2010) untersuchte mit Hilfe des Bilderbuchs „Watch out in the jungle" (O'Leary 2005) die Rolle von Bildern in Bilderbüchern für das mathematische Lernen bei fünfjährigen Kindern auf Zypern. Dieses Bilderbuch wurde im Gegensatz zu dem von van den Heuvel-Panhuizen und van den Boogaard genutzten Buch mit der Intention geschrieben, mathematische Kompetenzen anzuregen (vgl. Elia et al. 2010, S. 131). Im Fokus des Buchs steht die mathematische Kompetenz des Rückwärtszählens. Auch in der Auswertung dieser Studie zeigte sich, dass das Bilderbuch als Ganzes das Potential hat, die Kinder kognitiv zu aktivieren und es dazu keiner Impulse der vorlesenden Person bedarf.

2.3 Der Einsatz von Bilderbüchern im Kontext früher mathematischer Bildung   27

Jedoch waren in dieser Studie im Vergleich zur Studie von van den Heuvel-Panhuizen und van den Boogaard (2008) nur etwa ein Drittel der Äußerungen der Kinder in den Lesesitzungen mathematikbezogen, obwohl das Bilderbuch in dieser Studie explizit zum Lernen von Mathematik verfasst wurde.

Für die vorliegende Arbeit lässt sich hieraus schlussfolgern, dass sich sowohl Bilderbücher, die mit einer didaktischen Intention verfasst wurden, als auch Bilderbücher ohne didaktische Absicht, für eine Auseinandersetzung mit mathematischen Themen eignen. Vorab sollten sie jedoch kriteriengeleitet auf ihren didaktischen Nutzen untersucht werden (vgl. Kapitel 3.1). Außerdem können Kinder allein durch das Vorlesen und Betrachten des Bilderbuchs kognitiv aktiviert werden und ohne gezielte Impulse der Vorlesenden zu mathematischen Äußerungen angeregt werden.

2.3.2.2   Dialogisches Bilderbuchlesen

Forschungen des zweiten Ansatzes untersuchen Äußerungen von Kindern, die sich beim dialogischen Vorlesen eines Bilderbuchs ergeben.

Neben dem Bilderbuchlesen, bei dem die Kinder der vorlesenden Person zuhören und ihre Äußerungen nicht weiter aufgegriffen werden, kann ein Bilderbuch auch in einer dialogischen Weise gelesen werden, bei der die Kinder und die vorlesende Person in ein Gespräch über das Bilderbuch kommen. Dieser dialogische Stil des Bilderbuchlesens geht auf Whitehurst et al. (1988) zurück, und die Technik des dialogischen Lesens („dialogic reading") wurde vor allem als eine Methode der Sprachförderung entwickelt (vgl. Whitehurst et al. 1988): „Unter dialogischem Lesen versteht man eine bestimmte Art der Kommunikation zwischen einem Erwachsenen und einem oder mehreren Kindern über ein Buch" (Kraus 2008, S. 9). Whitehurst et al. (1988) haben Fragetechniken für die erwachsenen (vor-)lesende Person zur Durchführung des dialogischen Lesens entwickelt, welche zum Ziel haben, das Kind zum Erzähler oder zur Erzählerin der Geschichte zu machen und den Erwachsenen zum aktiven Zuhörer, welcher Fragen stellt, Impulse gibt und zum Weitererzählen ermuntert (vgl. Kraus 2008, S. 11). Einzelne Studien belegen die Wirksamkeit des dialogischen Lesens bereits für die Sprachentwicklung von Vorschulkindern (Hargrave & Sénéchal 2000) und die Wortschatzerweiterung von Kindern in der 2. Klasse (Whitehurst et al. 1999). Innerhalb ihres Projekts PICOma haben van den Heuvel-Panhuizen und Elia (2013) das dialogische Bilderbuchlesen im Rahmen der frühen mathematischen Bildung adaptiert. Ihnen war zum einen wichtig, dass die vorlesende Person nach wie vor zurückhaltend blieb und nur ausgewählte mathematische Aspekte des Bilderbuchs thematisierte, um ansonsten das eigene Potenzial des Bilderbuchs zu nutzen (vgl. ebd., S. 239). Zum anderen wollten sie aber auch die kognitive Aktivierung der Kinder erhöhen, indem die vorlesende Person als Vorbild zur kognitiven Aktivierung und als Diskussionspartner agiert (vgl. ebd.). Dazu formulierten sie drei Reaktionsweisen der Vorlesenden, welche den Dialog anregen sollten: „(1) asking oneself a question out loud about the mathematics, (2) playing dumb, and (3) just showing an inquiring expression" (van den Heuvel-Panhuizen & Elia 2013, S. 245). Im Rahmen einer Interventionsstudie mit 384 teilnehmenden Kindergartenkindern (Experimental- und Kontrollgruppe) aus den Niederlanden haben van den Heuvel-Panhuizen et al. (2016) eine dialogische Art des Bilderbuchlesens zur Förderung mathematischer Kompetenzen eingesetzt, um zu untersuchen, ob eine Intervention die Entwicklung des mathematischen Verständnisses der Kinder unterstützen kann und ob es Zusammenhänge zwischen Interventionseffekten und charakteristischen Merkmalen der Kindergartenkinder gibt. Um den Effekt der Intervention zu untersuchen, haben van den Heuvel-Panhuizen et al. (2016) den sogenannten PICO-Test entwickelt. Dieser standardisierte Test umfasst 21 Multiple-Choice-Items in den Bereichen Zahlen, Größen & Messen sowie Raum & Form und wurde eingesetzt, um die Entwicklung der mathematischen Leistung der Kinder zu untersuchen. Die Datenanalyse ergab, dass das dreimonatige Bilderbuch-Leseprogramm einen positiven Effekt auf die mathematischen Leistungen der Kindergartenkinder der Experimentalgruppe hatte. Im Vergleich zur Kontrollgruppe war der Anstieg der Experimentalgruppe vom Pre- zum Posttest um 22 % höher. Es wurden keine signifikanten differenziellen Interventionseffekte zwischen Untergruppen basierend auf Kindergartenjahr, Alter, Muttersprache, sozioökonomischem Status sowie mathematischen und sprachlichen Fähigkeiten festgestellt. Jedoch konnte für Mädchen ein positiverer Interventionseffekt ausgemacht werden.

Für die vorliegende Arbeit lässt sich hieraus schlussfolgern, dass das dialogische Bilderbuchlesen das mathematische Verständnis von Kindergartenkindern fördern kann und darüber hinaus auch für heterogene Gruppen geeignet ist.

2.3.2.3 Bilderbuchlesen mit eingebundenen mathematischen Aktivitäten

Bei diesem Ansatz wird untersucht, welche mathematikbezogenen Effekte das Vorlesen eines Bilderbuchs mit eingebundenen mathematischen Aktivitäten hat.

In den meisten Studien, die sich dem Ansatz Bilderbuchlesen mit eingebundenen mathematischen Aktivitäten zuordnen lassen, folgen dem Bilderbuchlesen andere Aktivitäten wie z. B. das Spielen mit (mathematischen) Materialien, welche sich auf die Geschichte des Bilderbuchs beziehen (Jennings et al. 1992; Hong 1996; Young-Loveridge 2004) oder z. B. das Singen mathematischer Reime (Young-Loveridge 2004). Diese Studien des kombinierten Bilderbuchlesens und buchbezogenen mathematischen Aktivitäten fanden durchweg positive Effekte: bezüglich der allgemeinen Mathematikleistungen von Kindergartenkindern (Hong 1996; Jennings et al. 1992; Young-Loveridge 2004), ihrer Einstellung gegenüber Mathematik (Hong 1996; Jennings et al. 1992) und ihrer Verwendung mathematischen Vokabulars (Jennings et al. 1992). Allerdings wurden nicht immer Effekte in Bezug auf die Leistungen in standardisierten Mathematik-Tests gefunden (Hong 1996).

In der Studie von Jennings et al. (1992) wurde untersucht, ob der Einsatz von Bilderbüchern im Kindergarten das Interesse an Mathematik und den Gebrauch mathematischen Vokabulars im Freispiel erhöht. Ausgangspunkt für die Intervention waren 20 verschiedene Bilderbücher (vgl. Jennings et al. 1992, S. 274), welche sowohl in den Unterrichtsstunden als auch im Freispiel eingesetzt wurden. Die Ergebnisse des „Test of Early Mathematics Ability" (TEMA, Ginsburg & Baroody 1983) als Pre- und Posttest und des „Metropolitan Readiness Test" (MRT) als Pretest sowie Beobachtungen zur Nutzung mathematischen Vokabulars während des freien Spiels, zeigten Verbesserungen in allen drei Bereichen der Studie (Leistung, Interesse und mathematisches Vokabular).

Die Studie von Hong (1996) untersuchte die Effektivität der Verwendung von Kinderliteratur zur Förderung des Mathematiklernens in Bezug auf das Interesse der Kinder an Mathematik, ihr Streben nach mathematischen Aktivitäten und ihre mathematischen Leistungen. An der Studie nahmen 75 Kindergartenkinder zwischen vier und sechs Jahren aus Korea teil, welche nach dem Zufallsprinzip einer Experimental- und einer Kontrollgruppe zugeordnet wurden. Die Ergebnisse zeigten, dass mehr Kinder aus der Experimentalgruppe nach dem Lesen des Bilderbuchs die Mathematik-Ecke bevorzugten, mathematische Aufgaben wählten und mehr Zeit in der Mathematik-Ecke verbrachten. Außerdem waren die Teilnahmezahlen der Experimentalgruppe an vier optionalen mathematischen Aktivitäten höher als die der Kontrollgruppe. Die Studie gibt Hinweise darauf, dass die Haltung zum freiwilligen Mathematiktreiben durch den Einsatz von Bilderbüchern erhöht werden kann (vgl. ebd., S. 488). Jedoch zeigten die Ergebnisse des „Early Mathematic Achievement Test" (EMAT, Lee 1995) nach dem Experiment keine signifikanten Unterschiede zwischen Experimental- und Kontrollgruppe. Dieses Ergebnis wurde damit erklärt, dass 90 % der Kinder der Experimentalgruppe und 77 % der Kinder der Kontrollgruppe täglich mit ihren Eltern zu Hause Mathematikarbeitsblätter bearbeiteten, deren Aufgaben sehr ähnlich zu den Test-Items waren und somit der signifikante Leistungsunterschied der beiden Gruppen eliminiert wurde (vgl. ebd., S. 488f). Darüber hinaus können mathematische Prozesse, welche durch die Verwendung von Kinderliteratur angeregt werden, nicht ausschließlich durch standardisierte Tests gemessen werden (vgl. ebd., S. 489). Jedoch konnte eine höhere Qualität bei der Auswertung der Bearbeitung der freiwilligen mathematischen Aktivitäten zugunsten der Experimentalgruppe ausgemacht werden, was auf ein fortgeschrittenes Denken der Kinder hinweisen kann (vgl. ebd.). Die Ergebnisse der qualitativen Analyse unterstützen daher die Verwendung von Kinderliteratur im Mathematikunterricht, um qualitative Unterschiede im mathematischen Denken der Kinder zu induzieren (vgl. ebd.).

Die Studie von Young-Loveridge (2004) untersuchte ein Interventionsprogramm mit 106 Probandinnen und Probanden aus Neuseeland zur Verbesserung der arithmetischen Kompetenzen von Fünfjährigen durch das Lesen von Bilderbüchern in Kombination mit weiteren mathematischen Aktivitäten. Die Auswertung zeigte, dass die mathematische Interaktion mit Bilderbüchern im Rahmen der Intervention bei den Kindern der Experimentalgruppe zu einer deutlicheren Steigerung der arithmetischen Kompetenzen führte als bei den Kindern der Kontrollgruppe. Nach dem Ende des Programms verringerten sich die Effekte zwischen Experimental- und Kontrollgruppe, aber die Vorteile der Teilnahme an dem Programm für die Experimentalgruppe blieben für mehr als ein Jahr nach dem Ende des Programms statistisch signifikant.

Da es sich bei den Studien von Jennings et al. (1992), Hong (1996) und Young-Loveridge (2004) um quantitative Studien handelt, können für diese Arbeit Rückschlüsse für die Gestaltung des Untersuchungsdesigns gezogen werden, jedoch liefern diese Studien zu wenig Informationen über die konkreten Prozesse, inwieweit mathematisches Denken durch das Lesen von Bilderbücher angeregt wird. Abschließend lässt sich festhalten, dass sich alle drei Ansätze des Bilderbuchlesens positiv auf das Mathematiklernen von Kindergartenkindern auswirken können. Jedoch wurden die mathematischen Prozesse, welche sich während einer Lesesitzung ergeben, noch nicht ausreichend untersucht, um Informationen darüber zu haben, wie sich diese Ansätze auf das mathematische Denken der Kindergartenkinder auswirken.

2.3.3 Frühes mathematisches Denken während des Bilderbuchlesens

2.3.3.1 (Frühes) Mathematisches Denken – Ein Modell

Unter mathematischem Denken wird nach Reyes-Santander und Soto-Andrade (2011, S. 684) Folgendes verstanden: „Mathematisches Denken bezeichnet kognitive Prozesse (neurobiologische), die die Fähigkeiten und Kenntnisse verbindet; sie bilden sich heraus, wenn man in neuen, interessanten und herausfordernden Situationen ist, die mit mathematischen Inhalten verbunden sind." Um das mathematische Denken erforschbar zu machen, braucht es ein Modell, welches das Konstrukt des mathematischen Denkens in verschiedene Facetten zerlegt. Während es mindestens ein weiteres Modell des mathematischen Denkens gibt (z. B. Krebs 2008), erscheint das Modell von Ulm (2010) am tragfähigsten für die vorliegende Arbeit, da es aufgrund seiner Ausrichtung am Mathematikunterricht der Grundschule am geeignetsten für die Analyse des mathematischen Denkens bei Kindergartenkindern ist. Das mathematische Denken kann nach Ulm (2010, S. 3ff), wie in Abbildung 1 ersichtlich, durch drei Dimensionen charakterisiert werden: inhaltsbezogenes Denken, prozessbezogenes Denken und mathematikbezogene Informationsbearbeitung. Diese Dreiteilung hilft dabei, den Begriff des mathematischen Denkens aus einer fachlichen Perspektive zu differenzieren. Dabei wird sowohl die Mathematik als Fachdisziplin mit ihren Produkt- und Prozessaspekten (vgl. z. B. Davis & Hersh 1985; Fischer & Malle 1985) in den Blick genommen als auch die kognitionspsychologische Perspektive des mathematischen Denkens berücksichtigt (vgl. z. B. Krutetskii 1976). Der Vorteil dieser mehrdimensionalen Sicht auf mathematisches Denken liegt darin, dass jedes Kind individuell im Rahmen seines Potentials differenziert betrachtet werden kann. So kann stärkenorientiert dargestellt werden, dass ein Kind z. B. besonders stark im geometrischen Denken, aber eher schwach in der Nutzung von Sprache ist.

Prozessbezogenes Denken

Algorithmisches Denken
Formales Denken
Schlussfolgerndes Denken
Problemlösendes Denken
Modellierendes Denken
Begriffsbildendes Denken
Experimentelles Denken

Mathematische Sensibilität
Denken mit mathematischen Mustern
Bewältigung von Komplexität
Gedankliche Flexibilität
Mathematische Kreativität
Nutzung von Sprache
Mathematisches Gedächtnis

Numerisches Denken
Geometrisches Denken
Algebraisches Denken
Stochastisches Denken
Funktionales Denken

Inhaltsbezogenes Denken

Mathematikbezogene Informationsbearbeitung

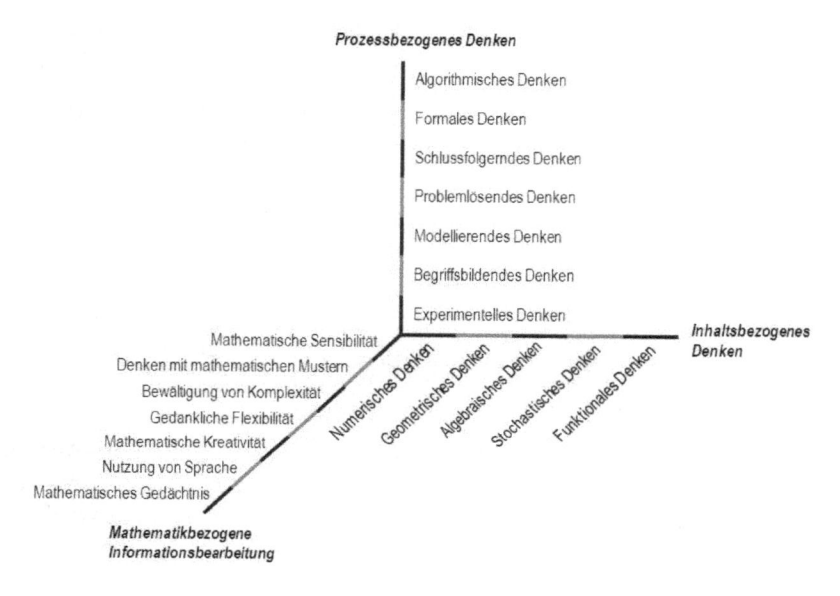

Abbildung 1: Facetten mathematischer Bildung
Abbildung aus Volker Ulm, Mathematische Begabungen fördern
© 2010 Cornelsen Verlag Scriptor GmbH & Co. KG, Berlin

Die Leitideen der Mathematik, wie sie in den Bildungsstandards (KMK 2005, S. 6ff) beschrieben sind, bilden ein übergreifendes Konzept, welches mathematisch zentral und kohärent ist, mit dem mathematischen Denken der Kinder übereinstimmt und das zukünftige Lernen bestimmt (vgl. Clements & Sarama 2007, S. 463). Bei der Entwicklung des mathematischen Denkens durchlaufen die Kinder diese Leitideen auf einer Reihe von Ebenen des Denkens (vgl. ebd.).

Aus diesem Grund soll im Folgenden versucht werden, das Modell von Ulm (2010) mit dem Konzept der Leitideen der Mathematik (KMK 2005, S. 6ff) abzugleichen. Es soll geprüft werden, in welcher Ausprägung sich die einzelnen Dimensionen und ihre Facetten in den Kompetenzformulierungen der Bildungsstandards wiederfinden lassen und inwiefern sich darüber hinaus ein fachdidaktischer Bezug zur frühen mathematischen Bildung herstellen lässt.

Die erste Dimension (inhaltsbezogenes Denken) verdeutlicht, dass sich mathematisches Denken an mathematischen Inhaltsbereichen realisiert und somit auch über diese klassifiziert werden kann (vgl. Ulm 2010, S. 3). Diese Dimension stellt den Produktaspekt der Mathematik in den Fokus: Mathematik wird als „ein fertig erscheinendes Gedankengebäude von starker innerer Kohärenz und hohem Abstraktionsgrad [gesehen]" (Leuders 2007, S. 207). Dieser Aspekt ist geprägt durch Formalismus, mathematische Strukturen und Gegenstände. Die mathematischen Inhalte des Modells (Ulm 2010, S. 4) sind auch Bestandteil der Inhaltsbereiche der schulischen mathematischen Bildung in der Primarstufe (KMK 2005, S. 8ff). Tabelle 1 zeigt die entsprechenden Zuordnungen.

Tabelle 1: Vergleich zwischen den Facetten des inhaltsbezogenen Denkens (Ulm 2010) und den Inhaltsbereichen der Bildungsstandards (KMK 2005)

Inhaltsbezogenes Denken	Inhaltsbereiche der Bildungsstandards
Numerisches Denken ➔	Zahlen und Operationen
Geometrisches Denken ➔	Raum und Form
Algebraisches Denken ➔	Zahlen und Operationen
Stochastisches Denken ➔	Daten, Häufigkeiten und Wahrscheinlichkeiten
Funktionales Denken ➔	Muster und Strukturen

Der Bereich „Größen und Messen" kann als Bindeglied zwischen den Inhaltsbereichen „Zahlen und Operationen" und „Raum und Form" verstanden werden und zeigt damit, dass die inhaltsbezogenen Facetten mathematischen Denkens nicht unabhängig voneinander sind.

Darüber hinaus treten diese Inhaltsbereiche der Bildungsstandards auch bereits in der Alltagswelt von Kindergartenkindern auf (vgl. Benz et al. 2015, S. VII). Somit lässt sich vermuten, dass sich auch das frühe mathematische Denken von Kindergartenkindern an diesen Bereichen vollzieht.

Die zweite Dimension mathematischen Denkens ist das prozessbezogene Denken (vgl. Ulm 2010, S. 3). Die mathematikbezogenen Prozesse werden in diesem Modell als eine eigene Dimension gesehen, da die mentale Auseinandersetzung mit Mathematik auch immer das Ausführen mathematiktypischer Prozesse beinhaltet. Auch Freudenthals (1982) Verständnis von Mathematik macht deutlich, dass im Kontext von mathematischer Bildung nicht nur Inhalte, sondern auch Prozesse bedeutsam sind: „Mathematik ist keine Menge von Wissen. Mathematik ist eine Tätigkeit, eine Verhaltensweise, eine Geistesverfassung" (S. 140). Die spezifischen Teilaspekte des prozessbezogenen mathematischen Denkens sind notwendige Voraussetzung für die Realisierung der in den Bildungsstandards der Primarstufe genannten mathematischen Prozesse Problemlösen, Kommunizieren, Argumentieren, Modellieren und Darstellen (vgl. KMK 2005, S. 7f). Da die Facetten des prozessbezogenen Denkens bei Ulm (2010) nicht abschließend definiert sind, werden in Tabelle 2 die im Modell verwendeten Begriffe in der mathematischen Fachliteratur verankert und so eine Verbindung zu den mathematischen Prozessen der Bildungsstandards hergestellt.

Tabelle 2: Verbindung zwischen den Facetten des prozessbezogenen Denkens (Ulm 2010) und den mathematischen Prozessen der Bildungsstandards (KMK 2005)

Prozessbezogenes Denken	Mathematische Prozesse der Bildungsstandards
Algorithmisches Denken ➔	Problemlösen

Algorithmisches Denken bedeutet, dass man einen Algorithmus als eine eindeutige Handlungsvorschrift zur Lösung eins Problems nutzt (vgl. Rogers 1967, S. 2). Aus diesem Grund kann algorithmisches Denken, wie z. B. im Kontext des Nutzens von Rechenalgorithmen oder des Anwendens von geometrischen Konstruktionsverfahren, eine notwendige Voraussetzung des Problemlösens sein.

Formales Denken ➔	Problemlösen

"Mathematics is the science of formal systems" (Curry 1970, S. 56). Da Mathematik als die Wissenschaft der formalen Systeme verstanden werden kann, kann formales Denken, wie z. B. im Kontext des Operierens mit formalen Symbolen, eine notwendige Voraussetzung des Problemlösens sein.

Schlussfolgerndes Denken ➔	Argumentieren, Problemlösen

„Schlussfolgerndes Denken bedeutet, dass man aus gegebenen Informationen neues Wissen ableiten kann" (Stangl 2018). Aus diesem Grund kann schlussfolgerndes Denken, wie z. B. im Kontext des Konstruierens oder Verfolgens von Kausalketten von Tatsachen oder Ereignissen, eine notwendige Voraussetzung des Argumentierens und Problemlösens sein.

2.3 Der Einsatz von Bilderbüchern im Kontext früher mathematischer Bildung

Prozessbezogenes Denken	Mathematische Prozesse der Bildungsstandards
Problemlösendes Denken ➔	Problemlösen

„Problemlösendes Denken erfolgt, um Lücken in einem Handlungsplan zu füllen, der nicht routinemäßig eingesetzt werden kann. Dazu wird eine gedankliche Repräsentation erstellt, die den Weg vom Ausgangs- zum Zielzustand überbrückt" (Funke 2003, S.25). Aus diesem Grund kann problemlösendes Denken, wie z. B. problemhaltige Situationen bearbeiten, eine notwendige Voraussetzung des Problemlösens sein.

Modellierendes Denken ➔	Modellieren, Problemlösen

Modellierendes Denken ist der Gebrauch von mathematischen Ausdrücken und Methoden, um ein offenes und unstrukturiertes Problem zu beschreiben, das auf einem realen Prozess oder System beruht (vgl. Greefrath et al. 2013). Aus diesem Grund kann modellierendes Denken, wie z. B. Sachsituationen unter mathematischen Gesichtspunkten analysieren, eine notwendige Voraussetzung des Modellierens und Problemlösens sein.

Begriffsbildendes Denken ➔	Kommunizieren, Problemlösen

Mathematik ist ein „Denken in Begriffen" (Wittenberg 1957) und Begriffe sind Gegenstände und Werkzeuge unseres Denkens (vgl. Otte & Steinbring 1977). In der Mathematik lösen Problemstellungen häufig Begriffsbildungen aus, umgekehrt erweisen sich Begriffsbildungen als Quelle neuer Problemstellungen (vgl. Vollrath 1984). Aus diesem Grund kann begriffsbildendes Denken, wie z. B. Begriffe definieren, Objekte klassifizieren oder Begriffe vernetzen, eine notwendige Voraussetzung oder Gegenstand des Kommunizierens und Problemlösens sein.

Experimentierendes Denken ➔	Problemlösen

Mathematik ist auch eine „experimentierende Wissenschaft" (Hasse 1953), innerhalb derer der Mathematiker „an Objekten der inneren Erfahrung, der eigenen Gedankenwelt" experimentiert. Aus diesem Grund kann experimentierendes Denken, wie z. B. mathematikhaltige Phänomene erkunden, eine notwendige Voraussetzung des Problemlösens sein.

Die Prozesse bei der Auseinandersetzung mit Mathematik sind nicht isoliert zu betrachten, sondern miteinander verflochten (vgl. Ulm 2010, S. 4).

In Bezug auf den Elementarbereich ist es nach Benz et al. (2015, S. 322) sinnvoll, bei der Betrachtung mathematischer Prozesse die Erfahrungswelt, den Entwicklungsstand und die alterstypischen Hilfsmittel der Kindergartenkinder zu berücksichtigen. Es ist also zu vermuten, dass nicht alle genannten mentalen mathematischen Prozesse bereits von Kindergartenkindern vollzogen werden können. Steinweg (2008, S. 144) formuliert folgende mathematische Prozesse für den Elementarbereich: Kreativ sein und Problemlösen, Ordnen und Muster nutzen, Kommunizieren und Argumentieren sowie Begründen und Prüfen. Diese Prozesse zeigen einige Gemeinsamkeiten zu den mathematischen Prozessen der Bildungsstandards der Primarstufe und durchaus auch zu den von Ulm (2010, S. 3f) genannten mentalen mathematischen Prozessen. Diese Übereinstimmungen und Unterschiede zeigen die Entwicklung des Denkens, welche von der Zunahme von Abstraktionsfähigkeit geprägt ist (vgl. z. B. Müller 2013). Nach Winter (1975), sind mathematische Prozesse die notwendige Grundlage für inhaltliches Verständnis: „[...] ohne sie ist Begegnung mit Mathematik überhaupt nicht denkbar, wirkliche Mathematik nicht lernbar" (S. 107).

Die dritte Dimension mathematischen Denkens ist die mathematikbezogene Informationsbearbeitung und fokussiert auf kognitive Prozesse der selbigen: Wahrnehmung, Verarbeitung, Speicherung und Abruf mathematikbezogener Informationen (vgl. Ulm 2010, S. 4). Bezogen auf diese Dimension lassen sich kaum direkte Anknüpfungspunkte zu den Bildungsstandards finden. Die Facette „Denken mit mathematischen Mustern" kann im weitesten Sinne im übergeordneten Inhaltsbereich „Muster und Strukturen" verortet werden, welchem die Auffassung von Mathematik als Wissenschaft von Mustern zugrunde liegt.

Die Facette „Nutzung von Sprache" spielt eine übergeordnete Rolle beim Lernen von Mathematik und lässt sich mit Blick auf die Bildungsstandards (KMK 2005) insbesondere im Bereich der prozessbezogenen Kompetenzen „Kommunizieren" verorten. Die Bedeutsamkeit der Sprache betont Vygotskij (1964), da er annimmt, dass mathematisches Denken erst durch Sprache möglich ist:

2.3 Der Einsatz von Bilderbüchern im Kontext früher mathematischer Bildung

> Der sprachliche Aufbau ist keine einfache Widerspiegelung des Gedankenaufbaus. Die Sprache ist nicht Ausdruck eines fertigen Gedankens. Wenn sich das Denken in Sprechen verwandelt, strukturiert es sich um und verändert sich. Das Denken wird im Wort nicht ausgedrückt, sondern erfolgt im Wort. (S. 303)

Die von Ulm (2010) genannten Facetten der mathematischen Informationsbearbeitung lassen sich auch zum Teil in der Strukturierung mathematischer Fähigkeiten des russischen Psychologen Krutetskii (1976, S. 350f) wiederfinden: Ein Bereich ist die Verarbeitung mathematischer Informationen, wobei unter anderem das Denken in mathematischen Mustern, die Bewältigung von Komplexität und die gedankliche Flexibilität herausgestellt wird. Ein weiterer Aspekt ist das Behalten mathematischer Informationen, wobei das mathematische Gedächtnis zentral ist. Auch bei Käpnick (1998, S. 57ff) lassen sich Übereinstimmungen finden: Im Kontext mathematischen Tätigseins steht bei ihm eine besondere Kreativität im Umgang mit der und in der Entwicklung von Mathematik im Fokus, und er spricht von einer besonderen Sensibilität für mathematische Zusammenhänge und einem darauf basierenden Hervorbringen origineller Ideen.

Nach Fritzlar (2013, S. 5) haben Untersuchungen in Bezug auf Grundschulkinder gezeigt, dass z. B. ein mathematisches Gedächtnis im Grundschulalter noch nicht und Flexibilität des Denkens lediglich im Ansatz zu beobachten sind (vgl. ebd.). Es ist also zu vermuten, dass bei Kindergartenkindern weitaus mehr Facetten der mathematikbezogenen Informationsverarbeitung noch nicht oder nur in ihren Anfängen vorhanden sind. Dabei ist jedoch zu bedenken, dass diese hier beschriebenen Fähigkeiten spezifische Fähigkeiten sind und nie losgelöst von bestimmten Inhalten existieren (vgl. Krutetskii 1976, S. 360). Es ist also durchaus möglich, dass bestimmte Fähigkeiten an bestimmten Inhalten bereits ausgebildet sind, während sie an anderen Inhalten noch nicht zum Tragen kommen.

Diese differenzierte Konzeptualisierung des mathematischen Denkens im Modell von Ulm (2010) kann dabei helfen, kognitive Prozesse von Kindern in Lehr-Lernsituationen genauer zu analysieren. Im Rahmen dieser Arbeit wird das Modell von Ulm (2010) genutzt, um die Äußerungen der Kindergartenkinder während einer Lesesitzung bezüglich des mathematischen Denkens zu analysieren. Gleichzeitig kann durch den Abgleich mit den Bildungsstandards eine Aussage darüber getroffen werden, ob die durch das Bilderbuch ausgelösten mathematischen Prozesse im Sinne der Bildungsstandards relevant und somit anschlussfähig für den weiteren

Bildungsweg des Kindes sind. Im Fokus der Analyse wird das inhaltsbezogene mathematische Denken stehen. Die anderen beiden Dimensionen werden jedoch implizit mitberücksichtigt, da sie nie losgelöst voneinander existieren (vgl. ebd., S. 5).

2.3.3.2 Gestaltung kognitiv anregender Lehr-Lernsettings

Bereits im Kindergartenalter können Kinder mathematisch denken (vgl. Fthenakis et al. 2009, S. 12). Sie sind insbesondere dann in der Lage, mathematisch zu denken, wenn ihnen das Material bekannt, die Aufgabenstellung für sie verständlich und motivierend und der Kontext vertraut ist (vgl. Alexander et al. 1997, S. 124). Nunes und Bryant (1996) formulieren im Hinblick auf mathematisches Denken folgendes Ziel der frühen mathematischen Bildung:

> We should help children to recognize the power of their reasoning and we must help them to form a new view, a new social representation, of mathematics that will make it easy for them to bring their understanding from everyday life into the classroom. (S. 248)

Um den Kindern die Stärke ihres mathematischen Denkens bewusst zu machen und sie zum mathematischen Denken anzuregen, bedarf es einiger didaktischer Gestaltungsprinzipien.

Für die Gestaltung kognitiv anregender Lernsituationen allgemein in der Schule haben McLaughlin et al. (2005) vier Bedingungen ausgemacht, welche das Lernen der Kinder unterstützen können:

(1) *Subject Matter Content Level* – instruction subject matter should be part of the curriculum and should be at an appropriate level given the student's prior knowledge;

(2) *Occasion for Processing* – instruction should foster the kinds of mental processing required by the subject matter and students for effective learning;

(3) *Physiological Readiness* – instruction should be presented in an environment that supports the basic physiological needs of the student; and

2.3 Der Einsatz von Bilderbüchern im Kontext früher mathematischer Bildung

(4) *Motivation* – instruction should support the willingness of the student to participate in learning activities. (S. 3f)

Diesen vier Bedingungen ist ein Konzept übergeordnet, welches McLaughlin et al. (2005, S. 4) „*student content engagement*" (Auseinandersetzung des Lernenden mit den Lerninhalten) nennen. Dabei werden die Lernenden, die Lerninhalte und die Interaktionen zwischen beiden betrachtet (vgl. ebd.). Dieses Konzept definieren McLaughlin et al. (2005, S. 4f) folgendermaßen:

Der Inhalt („*Content*") umfasst das zu erlernende Fachwissen sowie alles andere über den Unterricht Herausgehende, das in das Fachwissen eingebettet ist – einschließlich der Aktivität des Unterrichts und der Eingabe von Lehrenden und Gleichaltrigen in den Unterricht. Es umfasst die Reize von Lehrenden, Mitschülerinnen und Mitschülern, Unterrichtsaktivitäten und die Unterrichtsinstrumente, die die Motivation der Schülerinnen und Schüler und andere Aspekte der Bereitschaft der Schülerin bzw. des Schülers beeinflussen, erfolgreich mit dem Fachwissen umzugehen. Die Auseinandersetzung *(„Engagement")* beschreibt die kognitive Interaktion zwischen dem Lernenden und dem Lerninhalt. Der Begriff „*student content engagement*" umfasst also drei Elemente, welche Einfluss auf das Lernen haben: Der Lernende, der Lerninhalt und die Interaktion zwischen den beiden.

McLaughlin et al. (2005, S. 5) betonen weiterhin, dass die kognitiven Prozesse des Lernenden zum Lernen führen können, jedoch nicht mit Lernen gleichzusetzen sind. Mit anderen Worten heißt dies im Kontext mathematischen Lernens, dass nicht zwangsläufig Lernen stattfindet, wenn Indikatoren für mathematisches Denken ausgemacht werden können.

Diese kognitive Auseinandersetzung des Lernenden mit dem Lerninhalt greifen Leuders und Holzäpfel (2011) in dem Konzept der „kognitiven Aktivierung" im schulischen Kontext auf. Dabei beziehen sie den Aktivierungsbegriff auf den Kompetenzbegriff, um einen Zusammenhang zwischen Lernprozessen und Lernergebnissen darzustellen, denn die Entwicklung mathematischer Kompetenzen ist ein wesentliches Ziel des Lernens in institutionellen Settings. Dabei erachten sie es als grundlegend, die Lernvoraussetzungen der Kinder zu beachten und Möglichkeiten auszumachen, welche die Entwicklung unterstützen (vgl. ebd., S. 216). Ähnlich wie McLaughlin et al. (2005) sehen Leuders und Holzäpfel (2011) kognitive Aktivierung bzw. kognitive Auseinandersetzung als ein Qualitätsmerkmal von Lehr-Lernsituationen: Erst wenn die Kinder kognitiv aktiviert sind bzw. wenn kognitive Prozesse stattfinden, ist Lernen möglich.

Überträgt man dieses Konzept auf Lehr-Lernsettings im Elementarbereich mit Bilderbüchern, dann kann unter kognitiven Prozessen die individuelle Auseinandersetzung der Kindergartenkinder mit mathematischen Aspekten des Bilderbuchs verstanden werden, welche durch das gemeinsame Lesen angeregt wird. Van den Heuvel-Panhuizen und van den Boogaard (2008, S. 358ff) haben diesbezüglich bereits Anzeichen für kognitive Aktivierung in Hinblick auf mathematisches Denken beim Lesen von Bilderbüchern gefunden. Bilderbücher scheinen durchaus das Potential zu haben, Kinder zum mathematischen Denken anzuregen. Es gibt jedoch neben diesen Hinweisen keine weiteren Untersuchungen über die spezifischen mathematischen Denkprozesse (vgl. van den Heuvel-Panhuizen & van den Boogaard 2008, S. 364).

Um Wissen darüber zu erlangen, inwieweit Bilderbücher das Potenzial haben, mathematisches Denken von Kindergartenkindern anzuregen, erscheint es daher sinnvoll, den Blick auf die kognitiven mathematischen Prozesse während einer Lesesitzung zu lenken. Die kognitiven Prozesse der Kinder durch systematische Beobachtungen und Beschreibungen ihrer Reaktionen, welche eine Auseinandersetzung mit mathematischen Aspekten des Bilderbuchs vermuten lassen, herauszuarbeiten, kann Aufschluss darüber geben, wie Lehr-Lernsituationen mit Bilderbüchern gestaltet sein müssen, um kognitiv anregend und damit förderlich für die Entwicklung des mathematischen Denkens zu sein.

Neben diesen allgemeinen didaktischen Gestaltungsprinzipien, soll hier vertiefend das Gestaltungsprinzip der verbalen Lernbegleitung betrachtet werden, da es auch Teil des Untersuchungsdesigns dieser Arbeit ist.

Nach der soziokulturellen Theorie der „Zone der nächsten Entwicklung" von Vygotskij (1987) bedarf es eines Erwachsenen, der die Kinder im Lernprozess begleitet und unterstützt, um von der Zone der aktuellen Entwicklung in die Zone der nächsten Entwicklung zu gelangen. Da auch bei Kindergartenkindern die mathematischen Vorerfahrungen und Kompetenzen sehr heterogen sind (vgl. z. B. Bruns 2014), kommt der individuell angepassten Lernbegleitung durch einen Erwachsenen eine große Bedeutung zu (vgl. Krammer 2017, S. 110). Diese Lernbegleitung kann von unterschiedlicher Art sein. Ein Beispiel für eine individuell angepasste Lernbegleitung kann die verbale Lernbegleitung sein (vgl. z. B. Leuchter

& Saalbach 2014; Schuler 2013). Schuler (2013) konnte bereits zeigen, dass Vorschulkinder in Spielsituationen durch verbale Begleitung unterstützt werden konnten, während ohne Begleitung das Potenzial des Materials nicht voll ausgeschöpft werden konnte. Daraus lässt sich folgern, dass durch Lernbegleitung „im Sinne des Setzens von Impulsen und des Aufgreifens und Kommentierens spontaner Äußerungen" (Schuler 2013, S. 139) die Lerngelegenheiten für alle Kinder erweitert werden können.

Im Bereich der frühen Bildung wird im Zusammenhang mit der verbalen Lernbegleitung häufig auf das Konstrukt des „Sustained Shared Thinking" verwiesen, welches das Ausmaß an kognitiv anregenden Interaktionen bezeichnet. Sustained Shared Thinking wird dabei definiert als „effective pedagogic interaction, where two or more individuals "work together" in an intellectual way to solve a problem, clarify a concept, evaluate activities, or extend a narrative" (Siraj-Blatchford et al. 2002, S. 8). Durch diese ko-konstruktive Art der Interaktion, zu der pädagogische Fachkraft und Kind beitragen und welche meistens vom Kind ausgeht (vgl. Hardy & Steffensky 2014, S. 105f), kann das Potential der kognitiven Aktivierung entfaltet werden. Somit können tiefere Verarbeitungsprozesse bei den Lernenden angeregt werden (vgl. Zucker & Leuchter 2016, S. 30).

Leuchter und Saalbach (2014, S. 120) nennen verschiedene Möglichkeiten der verbalen Unterstützung. Fachlich und fachdidaktisch anspruchsvolle Maßnahmen sind dabei das Einfordern von Begründungen, das Anregen von Vergleichen oder von kognitiven Konflikten (vgl. Leuchter & Saalbach 2014, S. 128).

In Bezug auf das Lesen von Bilderbüchern können Kinder durch diese Art der verbalen Lernbegleitung dabei unterstützt werden, ihre Aufmerksamkeit auf bedeutsame mathematische Aspekte des Bilderbuchs zu richten. Durch die verbalen Unterstützungsmaßnahmen der Vorlesenden können die Kinder zur aktiven Auseinandersetzung mit der Mathematik im Bilderbuch angeregt und dabei individuell unterstützt werden. Eine konkrete Ausgestaltung verbaler Unterstützungsmaßnahmen im Rahmen einer Lesesitzung wird in Kapitel 4.1.5 dargestellt.

3 Analyse und Bewertung der ausgewählten Bilderbücher

Damit sich in der Auseinandersetzung mit Bilderbüchern mathematisch bedeutsame Lernsituationen ergeben können, wurden für die vorliegende Studie Bilderbücher ausgesucht, welche im Kontext der Geschichte auch mathematische Aspekte enthalten. Allerdings haben diese Bücher keine explizite mathematikdidaktische Absicht (vgl. auch Kap. 2.3.2). Der jeweilige mathematische Inhalt kann sowohl in den Bildern als auch in den Texten enthalten sein. Im Folgenden werden materialinhärente Charakteristika dargestellt, welche auf theoretischen Überlegungen beruhen und zur Analyse und Bewertung der ausgewählten Bilderbücher hinsichtlich ihres theoretischen Potentials zum mathematischen Denken genutzt werden.

3.1 Mathematikdidaktische Charakteristika zur Analyse von Bilderbüchern

Die Studie von Anderson et al. (2005, vgl. Kapitel 2.3.2.1) gibt Hinweise darauf, dass Bilderbücher sich in ihrem Anregungspotential unterscheiden können. So konnte gezeigt werden, dass das Bilderbuch „Swimmy" (Lionni 1963) mehr als dreimal so viele mathematische Diskurse bei den Familien anregte als das Bilderbuch „Mr. McMouse" (Lionni 1992). Es bleibt jedoch offen, welche Charakteristika eines Bilderbuchs dieses Potenzial beeinflussen.

Van den Heuvel-Panhuizen und Elia (2012) haben lernunterstützende Charakteristika von Bilderbüchern einerseits literaturbasiert und andererseits mit Hilfe von Expertinnen und Experten herausgearbeitet, um ein Hilfsmittel zur mathematikdidaktischen Analyse zu generieren.

Das in dieser Arbeit entwickelte Analyseraster nutzt die Struktur und Elemente des Analysegerüsts von van den Heuvel-Panhuizen und Elia (2012, S. 34)[2]. Die beiden Hauptkategorien des Analysegerüsts „I. Supply of mathematical content" und „II. Presentation of mathematical content" wurden beibehalten. Die Unterkategorien wurden dem Forschungsinteresse entsprechend auf folgende Kategorien reduziert:

---

[2] Die englischen Begriffe des Analysegerüsts von van den Heuvel-Panhuizen und Elia (2012, S. 34) wurden für das entwickelte Analyseraster der vorliegenden Arbeit ins Deutsche übertragen.

© Springer Fachmedien Wiesbaden GmbH, ein Teil von Springer Nature 2020
A. Vogtländer, *Bilderbücher im Kontext früher mathematischer Bildung*, Essener Beiträge zur Mathematikdidaktik, https://doi.org/10.1007/978-3-658-29552-3_4

„I.1. Mathematical Processes", „I.2. Mathematical content domains", „II.1. Way of presenting", „II.2.a. Relevance" und „II.2.d. Participation opportunities".

Die erste Hauptkategorie („Supply of mathematical content") erhielt im Vergleich zum ursprünglichen Raster von van den Heuvel-Panhuizen und Elia (2012, S. 34) eine andere Hierarchie: Das Charakteristikum der mathematischen Inhaltsbereiche steht an erster Stelle, da dieses im Rahmen der Analyse dieser Arbeit primär betrachtet wird (vgl. Kapitel 2.3.3.1). Weiterhin wurden die Namen der mathematischen Inhaltsbereiche entsprechend den Inhaltsbereichen der Bildungsstandards Mathematik für die Grundschule (KMK 2005) angepasst, und die Inhaltsbereiche „Muster und Strukturen" sowie „Daten, Häufigkeit und Wahrscheinlichkeit" wurden ergänzt.

Das Charakteristikum der mathematischen Prozesse wurde mit seinen Merkmalen aus dem ursprünglichen Raster von van den Heuvel-Panhuizen und Elia (2012, S. 34) ohne Änderungen übernommen, da hier bereits eine Passung mit den Bildungsstandards Mathematik für die Grundschule (KMK 2005) vorlag („Solving problems with mathematical knowledge", „Using mathematical language and representation", „Reflecting on mathematical activities and results"). Der Gebrauch mathematischer Sprache und Repräsentationen wurde jedoch der Unterkategorie „Darstellung des mathematischen Inhalts" der zweiten Hauptkategorie zugeordnet, da dies Teil des dort genutzten Repräsentationsmodells von Lesh et al. (1987) ist, was im Folgenden näher erläutert wird.

Die erste Hauptkategorie wurde darüber hinaus um das Charakteristikum der Relevanz ergänzt, da dieses im Kontext dieser Arbeit im engen Zusammenhang mit den mathematischen Inhaltsbereichen und Prozessen steht. Aufgrund der Ausrichtung an den Bildungsstandards kann so abschließend bewertet werden, ob der mathematische Inhalt des Bilderbuchs im Hinblick auf den Kompetenzerwerb von Kindergartenkindern bedeutsam und somit anschlussfähig für den weiteren Bildungsweg ist (vgl. Kapitel 6).

In der zweiten Hauptkategorie („Presentation of mathematical content") wurden die Charakteristika des ursprünglichen Analyseraums „Darstellung des mathematischen Inhalts" und „Partizipationsmöglichkeiten im Hinblick auf den mathematischen Inhalt" beibehalten. Die Art der Darstellung des mathematischen Inhalts orientiert sich jedoch in dem Analyseraster der vorliegenden Arbeit nicht an den Merk-

3.1 Mathematikdidaktische Charakteristika zur Analyse von Bilderbüchern

malen „explicitly vs. implicitly" und „integrated vs. isolated", sondern an dem Repräsentationsmodell nach Lesh et al. (1987). Dieses Repräsentationsmodell wurde ausgewählt, da es durch fünf verschiedene Darstellungsebenen („real scripts", „manipulative models", „static pictures", „spoken language", „written symbols") die Möglichkeit einer differenzierteren Betrachtung der Darstellung des mathematischen Inhalts im Bilderbuch bietet. Die konkreten Partizipationsmöglichkeiten wurden aus dem ursprünglichen Raster von van den Heuvel-Panhuizen und Elia (2012, S. 34) ohne Änderungen übernommen („Asking questions", „Giving explanations", „Causing surprise").

Die zweite Hauptkategorie „Präsentation des mathematischen Inhalts" ist Teil des vorliegenden Analyserasters, da basierend auf van den Heuvel-Panhuizen und Elia (2012) davon auszugehen ist, dass neben dem mathematischen Inhalt des Bilderbuchs auch dessen Präsentation Einfluss auf das Anregungspotenzial eines Bilderbuchs zum mathematischen Denken haben kann.

Tabelle 3 zeigt das Analyseraster der vorliegenden Arbeit, welches im Folgenden näher erläutert wird.

Tabelle 3: Raster zur mathematikdidaktischen Analyse von Bilderbüchern

I. Mathematischer Inhalt	II. Präsentation des mathematischen Inhalts
I.1 Mathematische Inhaltsbereiche	II.1 Darstellung des mathematischen Inhalts
Das Bilderbuch enthält den Bereich ... I.1.a Zahlen und Operationen I.1.b Raum und Form I.1.c Muster und Strukturen I.1.d Größen und Messen I.1.e Daten, Häufigkeit und Wahrscheinlichkeit	Der mathematische Inhalt wird dargestellt in Form von ... - realen Situationen. - statischen Bildern. - geschriebenen Symbolen.
I.2 Mathematische Prozesse	II.2 Partizipationsmöglichkeiten im Hinblick auf den mathematischen Inhalt
Das Bilderbuch stellt mathematische Prozesse dar beim ... - Lösen mathematischer Probleme. - Reflektieren über mathematische Inhalte.	Im Bilderbuch werden ... - Fragen an den Leser/die Leserin gestellt. - Erklärungen zu einem mathematischen Inhalt gegeben. - Überraschungen erzeugt.

I. Mathematischer Inhalt	II. Präsentation des mathematischen Inhalts
I.3 Mathematikdidaktische Relevanz Das Bilderbuch beinhaltet mathematische Aspekte, die für Kindergartenkinder im Hinblick auf den Kompetenzerwerb bedeutsam sind.	

Das Raster gliedert sich in zwei Teile: Der erste Teil betrachtet den mathematischen Inhalt des Bilderbuchs, und der zweite Teil konzentriert sich auf die Art der Präsentation, in der dieser Inhalt im Bilderbuch dargestellt wird.

Der erste Teil basiert auf der Tatsache, dass ein Bilderbuch zumindest einige mathematische Aspekte beinhalten muss, damit Kindergartenkinder zu einer Auseinandersetzung mit mathematischen Inhalten angeregt werden. Der Begriff mathematischer Inhalt fasst hier sowohl mathematische Inhaltsbereiche als auch mathematische Prozesse und deren Relevanz. Die Kategorisierung der Inhalte und Prozesse orientiert sich an den Bildungsstandards der Primarstufe (KMK 2005) und den Bildungsgrundsätzen des Landes Nordrhein-Westfalen (MFKJKS & MSW 2016). Die Ausrichtung an den Bildungsstandards und den Bildungsgrundsätzen ermöglicht es, mathematisches Lernen anschlussfähig für den Übergang vom Kindergarten zur Grundschule zu gestalten und deren Relevanz zu beurteilen. Folgende für den Elementarbereich relevante Inhalte werden hier betrachtet: Zahlen und Operationen, Raum und Form, Muster und Strukturen sowie Größen und Messen (vgl. Bönig 2010; Schmitt 2009; Steinweg 2008). Dieser Auswahl liegt ein breites Verständnis der Mathematik zugrunde, welches frühe mathematische Bildung über das Zählen hinaus versteht und somit an die lebensweltlichen Erfahrungen und Fragestellungen der Kinder anknüpfen kann (vgl. Schmitt 2009, S. 81). Auch die mathematischen Prozesse des Rasters, welche aus dem ursprünglichen Raster von van den Heuvel-Panhuizen und Elia (2012, S. 34) übernommen wurden, sind für den Elementarbereich relevant und orientieren sich zusätzlich an den von Steinweg (2008, S. 147) vorgeschlagenen mathematischen Prozessen für Kindergartenkinder. Auf eine Ergänzung um weitere mathematische Prozesse wurde an dieser Stelle verzichtet, da der Fokus auf den inhärenten Charakteristika der Bilderbücher liegt, welche nach van den Heuvel-Panhuizen und Elia (2012, S. 34) für die Auseinandersetzung mit dem mathematischen Inhalt des Bilderbuchs lernunterstützend wirken.

3.1 Mathematikdidaktische Charakteristika zur Analyse von Bilderbüchern

Der zweite Teil des Analyserasters beschreibt, wie die Mathematik in einem Bilderbuch präsentiert wird, und nennt, wie bereits oben erwähnt, zwei Charakteristika, die über den mathematischen Inhalt hinaus besonderes Potenzial haben können, Kindergartenkinder zum mathematischen Denken anzuregen. Das erste Charakteristikum ist die Darstellung der Mathematik im Bilderbuch. „Mathematik ist eine Wissenschaft, die sich mit abstrakten Beziehungen beschäftigt, diese Beziehungen können jedoch im Konkreten sichtbar [...] werden" (Steinweg 2007, S. 168). Im Bilderbuch kann die Mathematik durch reale Situationen, statische Bilder oder geschriebene Symbole sichtbar werden. Diese Unterscheidung der Darstellungsebenen geht auf Lesh et al. (1987) zurück und wird folgendermaßen definiert:

(1) Reale Situationen („real scripts"): „Experience-based "scripts" – in which knowledge is organized around "real world" events that serve as general contexts for interpreting and solving other kinds of problem situations" (Lesh et al. 1987, S. 33). Diese Darstellungsebene präsentiert mathematische Inhalte in realen Situationen. Im Bilderbuch können alltagsnahe Situationen im Kontext der Geschichte präsentiert werden, und die darin eingebetteten mathematischen Aspekte ermöglichen den Kindern so einen Bezug zu ihrer eigenen Erfahrungswelt.

(2) Statische Bilder („static pictures"): „Pictures or diagrams – static figural models that like manipulatable [sic] models, can be internalized as "images"" (Lesh et al. 1987, S. 33). Diese Darstellungsebene präsentiert mathematische Inhalte in Form von Bildern, welche prinzipiell mehrdeutig sind (vgl. Steinbring 1994). Im Bilderbuch können mathematische Aspekte bildlich repräsentiert werden und die Kinder zu unterschiedlichen Deutungen veranlassen.

(3) Geschriebene Symbole („written symbols"): „Written symbols – which like spoken languages, can involve specialized sentences and phrases as well as normal English sentences and phrases" (Lesh et al. 1987, S. 33f). Diese Darstellungsebene präsentiert mathematische Inhalte in Form mathematischer Symbole, wie beispielsweise Ziffern, oder Begriffe, wie z. B. „Zahl". Diese können im Bilderbuch sowohl im Bild als auch im Text repräsentiert werden. Da mathematische Zeichen zunächst für sich allein keine Bedeutung haben, muss diese durch die Kinder in einem angemessenen Referenzkontext hergestellt werden (vgl. Steinbring 2000, S. 34). Ein solcher Referenzkontext kann z. B. eine bildliche Darstellung sein.

Außerdem werden noch Materialien („manipulative models") und gesprochene Sprache („spoken language") als Darstellungsebene definiert, welche aber in Bezug auf das Bilderbuch an sich nicht primär in Erscheinung treten.

Das zweite Charakteristikum sind die Partizipationsmöglichkeiten im Hinblick auf den mathematischen Inhalt des Buchs. Das können Fragen, Erklärungen oder Überraschungen sein, welche die Kinder anregen, bestimmte Aspekte zu fokussieren und die auf diese Weise eine tiefere Auseinandersetzung mit dem mathematischen Inhalt des Bilderbuchs ermöglichen.

Einige der hier genannten Charakteristika lassen sich auch bei Schuler (2013, S. 88ff) wiederfinden. Auch sie orientiert sich bei der Analyse und Bewertung mathematikdidaktischer Materialien für den Kindergarten an inhaltlichen Leitideen (vgl. Schuler 2013, S. 88). Darüber hinaus untersucht sie den Aufforderungscharakter des Materials (vgl. Schuler 2013, S. 89f), welcher in dem hier vorgestellten Analyseraster mit den Partizipationsmöglichkeiten im Hinblick auf den mathematischen Inhalt korrespondiert. Schuler (2013) betrachtet in allgemeiner Hinsicht, ob das Material die Kinder zu einer Auseinandersetzung auffordert. In Bezug auf die entwickelten Charakteristika von Schuler (2013, S. 87) ist bedeutsam, dass diese auf einer theoretischen und empirisch gestützten Analyse von Materialien basieren.

3.2 Kurzüberblick über die ausgewählten Bilderbücher

3.2.1 Das kleine Krokodil und die große Liebe

Das Bilderbuch entstammt einer Reihe von Geschichten über das kleine Krokodil und die große Giraffe. Im zweiten Band „Das kleine Krokodil und die große Liebe" (Kulot 2003) möchte das Paar zusammenziehen. Dabei gibt es aufgrund ihres Größenunterschiedes einige Schwierigkeiten. Schließlich kommen sie auf die Idee, in einem Schwimmbecken zu leben, denn im Wasser befinden sich beide auf gleicher Höhe.

Dieses Bilderbuch ist schwerpunktmäßig in den Inhaltsbereich „Größen und Messen" der Bildungsstandards der Primarstufe (KMK 2005) einzuordnen. Im Fokus steht die physikalische Größe „Länge".

3.2.2 Der kleine Bär und sein kleines Boot

In dem Bilderbuch „Der kleine Bär und sein kleines Boot" (Bunting 2011) geht es um einen Bären und sein Ruderboot. Eines Tages passt der Bär nicht mehr in sein Boot, da er zu groß geworden ist. Daraufhin macht er sich auf die Suche nach einem anderen Bären, dem er sein Boot schenken kann und baut sich anschließend ein neues größeres Boot.

Dieses Bilderbuch ist schwerpunktmäßig in den Inhaltsbereich „Größen und Messen" der Bildungsstandards der Primarstufe (KMK 2005) einzuordnen. Im Fokus steht die physikalische Größe „Volumen".

3.2.3 Fünfter sein

In dem Bilderbuch „Fünfter sein" (Jandl & Junge 1997) sitzen fünf kaputte Spielzeugfiguren in einem dunklen Raum. Einer nach dem anderen geht in das Nebenzimmer, um anschließend vollständig und repariert wieder herauszukommen. Als letztes geht die Spielzeugfigur des Pinocchios in das Nebenzimmer, und die Auflösung erfolgt: Es handelt sich um eine Wartezimmersituation beim Puppendoktor.

Dieses Bilderbuch ist schwerpunktmäßig dem Inhaltsbereich „Zahlen und Operationen" der Bildungsstandards der Primarstufe (KMK 2005) zuzuordnen. Im Fokus steht der Ordnungszahlaspekt, da stets der aktuelle Platz Pinocchios in der Warteschlange als Ordnungszahl angegeben wird.

Während der Text des Bilderbuchs „Fünfter sein" (Jandl & Junge 1997) bereits unabhängig existierte (vgl. Jandl 1970, S. 65), kann hier dennoch von einem Bilderbuch gesprochen werden. In der Adaption des Gedichtes wurden die Bilder nicht zur Untermalung, sondern zur Schaffung eines eigenen Diskurses zwischen Bild und Text genutzt. Durch das Bilderbuch wurde eine Interpretation des bereits existierenden Textes vorgenommen.

3.2.4 Oma Emma Mama

Im Bilderbuch „Oma Emma Mama" (Pauli 2010) möchte die Hauptfigur Emma, ein Chamäleonkind, Verstecken mit ihrer Großmutter spielen. Aber die Großmutter nimmt Emma nicht ernst und reagiert mit einem Lachen, da sie davon ausgeht, dass

Chamäleons ohnehin schon versteckt sind. Darauf reagiert Emma verärgert, da sie sich nicht ernst genommen fühlt. Da ihre Großmutter das Gefühl gut kennt, beginnt sie zu zählen und Emma sucht ein Versteck. Dann ruft Emmas Mutter nach der Großmutter. Daraufhin reagiert die Großmutter aufgebracht, denn auch sie fühlt sich von ihrer Tochter nicht ernst genommen. Daher versteckt sich auch die Großmutter und beide warten in ihrem Versteck, bis sie von der Mutter gefunden werden.

Dieses Bilderbuch ist schwerpunktmäßig in den Inhaltsbereich „Zahlen und Operationen" der Bildungsstandards der Primarstufe (KMK 2005) einzuordnen. Im Fokus steht der Zählzahlaspekt.

3.3 Analyse und Bewertung der ausgewählten Bilderbücher im Hinblick auf den mathematischen Inhalt und seine Präsentation[3]

Im Folgenden werden die Ergebnisse der Analyse der ausgewählten Bilderbücher auf Grundlage des vorgestellten Rasters tabellarisch dargestellt, um abschließend ihre mathematikdidaktische Relevanz im Kontext früher mathematischer Bildung und ihr Potenzial für die Anregung mathematischen Denkens bewerten zu können. Hierzu werden die Bilderbücher nebeneinandergestellt und die einzelnen Charakteristika detailliert betrachtet.

---

[3] Da Bilderbücher keine Seitenzahlen haben, wurde die Nummerierung wie folgt vergeben: Die erste Seite ist diejenige, auf der die Geschichte des Bilderbuchs beginnt.

3.3 Analyse und Bewertung der ausgewählten Bilderbücher   51

3.3.1 *Mathematischer Inhalt*

Tabelle 4: Mathematischer Inhalt der ausgewählten Bilderbücher I.1

Bilderbuch / Charakteristika	Das kleine Krokodil und die große Liebe Abkürzung: KL	Der kleine Bär und sein kleines Boot Abkürzung: BB
I.1 Mathematische Inhaltsbereiche		
Das Bilderbuch enthält den Bereich …		
I.1.a Zahlen und Operationen	*Zahlaspekte:* - Maßzahl (z. B. 2,43 m, Skala des Zollstocks (S. 1)) - Ordnungszahl (z. B. „1" auf dem T-Shirt der Giraffe (S. 3)) - Kardinalzahl (z. B. Menge der Häuser (S. 3)) *Rechenoperationen:* - Differenz/Größenunterschied bestimmen (z. B. Messsituation (S. 1)) - Subtraktion im Sinne von Ergänzen (z. B. Messsituation (S. 1))	*Zahlaspekte:* - Kardinalzahl (z. B. Menge der Fische (S. 2))
I.1.b Raum und Form	*Raumorientierung:* - Räumliche Beziehung der Objekte *Geometrische Formen:* - Ebene Figuren (z. B. kreisförmige Fenster des Hauses (S. 3))	*Raumorientierung:* - Räumliche Beziehung der Objekte *Geometrische Formen:* - Ebene Figuren (z. B. kreisförmiger Mond (S. 13)) - geometrische Abbildung Drehung (z. B. umgedrehtes Boot (S. 12)) *Symmetrie:* - Spiegelungen (z. B. im Wasser (S. 1))
I.1.c Muster und Strukturen	—	*Funktionale Beziehungen:* - Wachstum (der Bär wächst und wird größer, das Boot allerdings nicht, daher passt er irgendwann nicht mehr hinein)

Bilderbuch Charakteristika	Das kleine Krokodil und die große Liebe Abkürzung: KL	Der kleine Bär und sein kleines Boot Abkürzung: BB
I.1.d Größen und Messen	*Umgang mit Größen*: - Größe: Längen - Messung von Längen (z. B. Messsituation (S. 1)) - Verwendung von Einheiten für Längen (z. B. 2,43 m (S. 1)) - Vergleiche von Längen und Rauminhalten (z. B. das Krokodil ist zu klein für den Tisch (S. 9) oder die Giraffe ist zu groß für das Haus des Krokodils (S. 4))	*Umgang mit Größen*: - Größe: Volumen - Vergleiche von Längen und Rauminhalten (z. B. kleiner Bär – großer Bär, kleines Boot – großes Boot, kleiner Bär – kleines Boot, großer Bär – kleines Boot)

	Fünfter sein Abkürzung: FS	Oma Emma Mama Abkürzung: OEM
Zahlaspekte:	- Ordnungszahl (z. B. Fünfter) - Kardinalzahl (z. B. Menge der Spielzeugfiguren im Wartezimmer)	- Zählzahl (Zahlen von 1 bis 40 (S. 3-15)) - Kardinalzahl (z. B. Mengen der Tiere (S. 9f), Anzahl verschiedener Verstecke (S. 3-15))
Zahlbeziehungen:	- Teil-Ganzes-Verhältnis der 5, dargestellt durch besetzte und leere Stühle im Wartezimmer	*Zahlbegriff:* - Zählen, Weiterzählen - Zahlwortreihe
Raumorientierung:	- Räumliche Beziehung der Objekte	- Räumliche Beziehung der Objekte
Geometrische Formen:	- Ebene Figuren (z. B. kreisförmige Augenklappe des Bären (S. 4)) - geometrische Abbildung Drehung (z. B. umgedrehter Frosch (S. 20))	- Ebene Figuren und Körper (z. B spiralförmiger Schwanz (S. 2), große kugelförmige Augen, rechteckige Brille der Oma (S. 4))
Gesetzmäßigkeiten:	- Feste Folge innerhalb der Geschichte („Tür auf, einer raus, einer rein, vierter sein, Tür auf, einer raus ...")	- Fester Rhythmus in der Zahlenfolge der Zählzahlen (immer drei Zahlen beim Zählen bis 40; „1,2,3, ..., 3,4,5, ...")
	—	*Umgang mit Größen:* - Größe: Zeit - Zeitmessung durch Vorwärtszählen von 1 bis 40 (beim Verstecken spielen; S. 3-15)

3.3 Analyse und Bewertung der ausgewählten Bilderbücher

Tabelle 5: Mathematischer Inhalt der ausgewählten Bilderbücher I.2 & I.3

Bilderbuch / Charakteristika	Das kleine Krokodil und die große Liebe Abkürzung: KL	Der kleine Bär und sein kleines Boot Abkürzung: BB
I.2 Mathematische Prozesse		
Das Bilderbuch stellt mathematische Prozesse dar beim…		
I.2.a Lösen von mathematischen Problemen.	*Problem*: - Größenunterschied zwischen dem Krokodil und der Giraffe (S. 3ff) *Heurismen*: - Schwimmbecken bauen, da sie sich im Wasser auf gleicher Höhe befinden (S. 22f)	*Problem*: - das Boot ist zu klein für den großen Bären (S. 9f) [Passung von Volumina] *Heurismen*: - einen kleinen Bären mit dem entsprechenden Volumen für sein kleines Boot finden (S. 21f) - ein Boot dem eigenen Volumen entsprechend bauen (S. 27)
I.2.b Reflektieren über mathematische Inhalte.	—	- Bären wachsen und gewinnen an Volumen, Boote haben ein konstantes Volumen (S. 14, 21) [Passung von Volumina]
I.3 Mathematikdidaktische Relevanz		
Das Bilderbuch …		
- beinhaltet mathematische Aspekte, die für Kindergartenkinder im Hinblick auf den Kompetenzerwerb bedeutsam sind.	*Bezug zu BG:* Größenvergleiche durch Messen, räumliche Beziehungen *Bezug zu BS:* Thematisierung der Inhaltsbereiche Zahlen u. Operationen, Raum u. Form, Größen u. Messen; Thematisierung des Problemlösen	*Bezug zu BG:* Zahlverständnis (Zahl als Anzahl), Größenvergleiche, räumliche Beziehungen *Bezug zu BS:* Thematisierung der Inhaltsbereiche Zahlen u. Operationen, Raum u. Form, Muster u. Strukturen, Größen u. Messen; Thematisierung des Problemlösens

BG: Bildungsgrundsätze (MFKJKS & MSW 2016); BS: Bildungsstandards (KMK 2005)

Fünfter sein Abkürzung: FS	Oma Emma Mama Abkürzung: OEM
—	—
—	- „Jetzt wird die Zeit knapp", sagt Emma, als Oma bis 21 gezählt hat (S. 14) [die Hälfte der Zeit ist um; objektive vs. subjektive Zeit] - Je näher die Zählzahl an der 40 ist, desto weniger Zeit hat Emma sich zu verstecken.
Bezug zu BG: Zahlverständnis (Zahl als Anzahl u. als Ordnungszahl), räumliche Beziehungen *Bezug zu BS:* Zahlen u. Operationen, Raum u. Form, Muster u. Strukturen	*Bezug zu BG:* Zahlverständnis (Zahl als Anzahl), räumliche Beziehungen *Bezug zu BS:* Thematisierung der Inhaltsbereiche Zahlen u. Operationen, Raum u. Form, Muster u. Strukturen, Größen u. Messen

Mathematische Inhaltsbereiche

Die Ergebnisse der Analyse zeigen, dass die ausgewählten Bilderbücher vielfältige mathematische Inhaltsbereiche thematisieren (vgl. Tabelle 4). Lediglich der Inhaltsbereich Daten, Häufigkeit und Wahrscheinlichkeit wird in keinem der ausgewählten Bilderbücher angesprochen. Der Inhaltsbereich Raum und Form wird dagegen in allen Bilderbüchern präsentiert (vgl. Tabelle 4). Dies lässt sich u. a. durch die visuelle Komponente der Bilderbücher (vgl. Kapitel 2.1) erklären: In allen ausgewählten Bilderbüchern werden fiktionale Szenen in Anlehnung an die Lebenswelt der Kinder dargestellt. Da in der menschlichen Umwelt immer sowohl räumliche Beziehungen von Gegenständen und Personen als auch geometrische Figuren vorliegen, sind diese auch entsprechend in den Bilderbüchern abgebildet. Darüber hinaus bedienen drei der vier Bilderbücher (KL, FS und OEM) den Inhaltsbereich Muster und Strukturen. Für die intendierte Zielgruppe der Kindergartenkinder ist dieser Bereich bereits bedeutend, denn nach Benz et al. (2015), ist

„das Entdecken von Strukturen sowie Erkennen von Regelmäßigkeiten [...] ein wichtiger kognitiver Akt in der kindlichen Entwicklung" (S. 300). Durch das Sehen und Erkennen von Mustern und Strukturen kann die Denkökonomie der Kindergartenkinder erhöht werden, da auf diese Weise weniger Einzelheiten gemerkt werden müssen und damit effektiver auf Basis von Musterbildung gearbeitet werden kann (vgl. Wittmann & Müller 2007, S. 48). Demzufolge kann durch die Anlage des Bereiches „Muster und Strukturen" in einigen der Bilderbücher ein wichtiger Beitrag zur kognitiven Entwicklung der intendierten Zielgruppe geleistet werden, wenn dieser Bereich durch die Kinder entdeckt und weitergedacht wird.

Mathematische Prozesse

Auch im Bereich der mathematischen Prozesse gibt es eine gewisse Bandbreite: Die Bilderbücher KL und BB deuten mathematische Problemlöseprozesse an, und die Bilderbücher BB und OEM reflektieren stellenweise mathematische Inhalte (vgl. Tabelle 5). Diese im Bilderbuch angelegten expliziten mathematischen Prozesse können durchaus die intendierte Zielgruppe zum Nachentdecken über diese mathematischen Prozesse oder zu eigenen weiteren mathematischen Prozessen anregen.

Mathematikdidaktische Relevanz

Viele der in den Bilderbüchern angesprochenen Inhalte und Prozesse lassen Bezüge zu den Bildungsgrundsätzen (MFKJKS & MSW 2016) und den Bildungsstandards (KMK 2005) zu (vgl. Tabelle 6), so dass ihnen eine Relevanz für die frühe mathematische Bildung von Kindergartenkindern zugesprochen werden kann. Es ist also abschließend festzuhalten, dass die ausgewählten Bilderbücher im Hinblick auf ihren mathematischen Gehalt das Potential besitzen, Kinder in den unterschiedlichen Dimensionen und Facetten des mathematischen Denkens (vgl. Kapitel 2.3.3.1) zu aktivieren.

3.3.2 Präsentation des mathematischen Inhalts

Tabelle 6: Präsentation des mathematischen Inhalts der ausgewählten Bilderbücher II.1

Bilderbuch Charakteristika	Das kleine Krokodil und die große Liebe Abkürzung: KL	Der kleine Bär und sein kleines Boot Abkürzung: BB
II.1 Darstellung des mathematischen Inhalts		
Der mathematische Inhalt wird dargestellt in Form von ...		
- realen Situationen.	- Bestimmen der Körpergröße - Überwinden von Höhenunterschieden in einer Umgebung, die nicht auf die eigene Körpergröße abgestimmt ist	- Körperliches Wachstum - Aufgrund von körperlichem Wachstum zu groß für etwas zu sein
- statischen Bildern.	- Anzahlen (z. B. Menge der Bretter (S. 19)) - Räumliche Beziehung der Objekte (z. B. das Krokodil sitzt <u>auf</u> der Toilette (S. 13)) - Ebene Figuren (z. B. kreisförmige Reifen (S. 22)) - Volumina und deren Vergleich (z. B. Giraffe im Haus des Krokodils (S. 4)) - Längen und deren Vergleich (z. B. Giraffe, Krokodil u. Alltagsgegenstände (S. 9)) - Messsituation (z. B. S. 1)	- Anzahlen (z. B. Menge der Fische (S. 24)) - Räumliche Beziehung der Objekte (z. B. der Bär sitzt <u>im</u> Boot (S. 8)) - Ebene Figuren (z. B. kreisförmiger Mond (S. 13)) - Volumina und deren Vergleich (z. B. Bär u. Boot (S. 27)) - Spiegelung (z. B. S. 12) - Größere Schrift bzw. Großbuchstaben der Wörter „größer" (S. 7, 8, 20), und „GROSSER BÄR" (S. 9, 20)
- geschriebenen Symbolen.	*Mathematische Symbole:* - 2,43 m (S. 1) - Skala des Zollstocks (S. 1) - 1 (auf dem Shirt der Giraffe; S. 3) *Mathematische Begriffe*: - Raumorientierung (I.1.b): in (S. 2, 7, 8, 11, 16, 17, 23, 24), darin (S. 3), an (S. 3, 8, 9, 16), hier (S. 9), auf (S. 10), im (S. 11), oben (S. 11), auf gleicher Höhe (S. 16, 24), dort (S. 16) - Umgang mit Größen (I.1.d): groß (S. 1, 7, 8, 9, 13, S. 17), klein (S. 1, 3, 7), dazwischen (S. 1), zwei Meter dreiundvierzig (S. 1), hoch (S. 9, 12), niedrig (S. 10), steil (S. 12)	*Mathematische Begriffe:* - Raumorientierung (I.1.b): auf (S. 1, 3, 11, 15, 23), darin (S. 3, 15), in (S. 9, 25), am (S. 15), herum (S. 17, 20), auf der anderen Seite (S. 20) - Umgang mit Größen (I.1.d): klein (S. 9, 12, 14, 15, 17, 18, 20, 21, 23, 25), groß (S. 9, 12, 14, 20, 21, 23, 25), größer (S. 7, 8, 21), zu groß (S. 14)

3.3 Analyse und Bewertung der ausgewählten Bilderbücher

Fünfter sein Abkürzung: FS	Oma Emma Mama Abkürzung: OEM
- Wartezimmersituation beim Arzt	- Zählen beim Verstecken spielen
- Anzahlen (z. B. Menge der Spielzeugfiguren (S. 4)) - Teil-Ganzes-Verhältnis der 5 (besetzte und leere Stühle im Wartezimmer, z. B. S. 14) - Räumliche Beziehung der Objekte (z. B. der Marienkäfer kommt <u>raus</u> (S. 4)) - Ebene Figuren (z. B. kreisförmige Reifen der Ente (S. 6))	- Anzahlen (z. B. Menge der Fledermäuse (S. 9f)) - Räumliche Beziehung der Objekte (z. B. Emma steht <u>zwischen</u> den Igelmäusen (S. 10)) - Ebenen Figuren und Körper (z. B spiralförmiger Schwanz (S. 2), große kugelförmige Augen (S. 4))
Mathematische Begriffe: - Zahlaspekte (I.1.a): Fünfter (Cover), Vierter (S. 7), Dritter (S. 13), Zweiter (S. 19) - Raumorientierung (I.1.b): raus (S. 3, 9, 15, 21, 27), rein (S. 5, 11, 17, 23, 29)	*Mathematische Symbole:* - Zahlen von 1 bis 40 (S. 3-15) *Mathematische Begriffe:* - Zahlbegriff (I.1.a): zählen (S. 3) - Zahlaspekte (I.1.a): nichts (S. 3), die ersten (S. 15), zu dritt (S. 21) - Raumorientierung (I.1.b): im (S. 6), hier (S. 6, 14, 18), auf (S. 7), weiter weg (S. 7), zwischen (S. 8), bei (S. 8), hinter (S. 12), unten (S. 12), dort (S. 12, 14), in (S. 13), weiter drüben (S. 14), da (S. 14), nah (S. 15), dicht (S. 18), vorbei (S. 18), - Geometrische Formen (I.1.b): Bogen (S. 15) - Umgang mit Größen (I.1.d): klein (S. 15), viel mehr (S. 19), älter (S. 20), eng (S. 21), gleichzeitig (S. 23)

Tabelle 7: Präsentation des mathematischen Inhalts der ausgewählten Bilderbücher II.2

Bilderbuch Charakteristika	Das kleine Krokodil und die große Liebe Abkürzung: KL	Der kleine Bär und sein kleines Boot Abkürzung: BB
II.2 Partizipationsmöglichkeiten im Hinblick auf den mathematischen Inhalt		
Im Bilderbuch werden ...		
- Fragen an den Leser gestellt.	- „Wie hätte Krokodil an so einem Tisch essen sollen?" (S. 9) - „Aber wie hätte Krokodil auf den hinaufkommen sollen?" (S. 10)	—
- Erklärungen bzgl. des mathematischen Inhalts gegeben.	- „Dazwischen liegen genau zwei Meter dreiundvierzig." (S. 1)	- „Der kleine Bär fing an zu wachsen. Er wurde größer und größer." (S. 7f) [Zunahme an Volumen / Wachstumsprozess] - „Er war ein großer Bär. Und er passte nicht mehr in sein kleines Boot" (S. 9) [Volumendifferenz] - „Es ist nun einmal so, dass ein kleiner Bär wächst und wächst, bis er ein großer Bär ist. Aber es ist nun einmal auch so, dass ein kleines Boot ein kleines Boot bleibt." (S. 14, S. 21) [konstantes Volumen bei Objekten]
- Überraschungen erzeugt.	- „Jetzt leben Krokodil und Giraffe in einem Schwimmbecken." (S. 23f) [Größenunterschied überwinden]	- Der Bär baut sich ein „Großes Großer-Bär-Boot" (S. 27) [Volumen von Objekten anpassen]
	Fünfter sein Abkürzung: FS	Oma Emma Mama Abkürzung: OEM
	—	—
- Veränderung des Rangplatzes in einer geordneten Menge, welche sich sukzessive verringert (vierter sein, dritter sein, ...).		—
	—	—

3.3 Analyse und Bewertung der ausgewählten Bilderbücher

Darstellung des mathematischen Inhalts

Die Ergebnisse der Analyse zeigen, dass in den ausgewählten Bilderbüchern die mathematischen Inhalte in jeder der drei Darstellungsebenen nach Lesh et al. (1987) dargestellt werden (vgl. Tabelle 6). Die beiden Ebenen „statische Bilder" und „geschriebene Symbole" stehen auch teilweise in Wechselbeziehung zueinander. So wird z. B. der Größenunterschied der beiden Protagonisten in „Das kleine Krokodil und die große Liebe" gleichzeitig sowohl bildlich als auch symbolisch dargestellt (vgl. Kulot 2003, S. 1). Die gleichzeitige Darstellung von symbolischer und bildlicher Ebene kann der intendierten Zielgruppe unterschiedliche Zugänge auf verschiedenen Ebenen ermöglichen. Entsprechend kann hier von einer natürlichen Differenzierung (vgl. Krauthausen & Scherer 2014) gesprochen werden, da eine aktive Auseinandersetzung mit dem mathematischen Inhalt des Bilderbuchs auf unterschiedlichen Niveaus ermöglicht wird. Darüber hinaus kann durch die Darstellung eines mathematischen Inhalts auf unterschiedlichen Darstellungsebenen ein (flexibler) Wechsel zwischen den Ebenen angeregt und somit der mathematische Erkenntnisprozess gefördert werden (vgl. Hasemann & Gasteiger 2014, S. 68).

Daneben werden auch auf der Ebene der geschriebenen Symbole einige mathematische Begriffe in den ausgewählten Bilderbüchern verwendet (vgl. Tabelle 6), welche bei den Kindergartenkindern Ausgangspunkt für die Entwicklung tragfähiger Begriffe und Konzepte sein können. So können beispielsweise die Kinder dazu angeregt werden, selbst mathematische Begriffe zu verwenden, diese zu hinterfragen oder weiter zu differenzieren.

Partizipationsmöglichkeiten im Hinblick auf den mathematischen Inhalt

Partizipationsmöglichkeiten im Hinblick auf den mathematischen Inhalt sind in den ausgewählten Bilderbüchern nur punktuell gegeben. In drei der vier Bilderbücher (KL, BB und FS) werden Erklärungen bezüglich des mathematischen Inhalts geliefert (vgl. Tabelle 7), welche dabei helfen können, den Aspekt zu vertiefen oder weiter zu differenzieren. Die Überraschungsmomente in zwei der vier Bücher (KL und BB; vgl. Tabelle 7) können die Aufmerksamkeit der intendierten Zielgruppe auf den mathematischen Kern der Geschichte lenken und könnten somit eine aktive Auseinandersetzung mit diesem unterstützen. Nur in einem Bilderbuch (KL) werden Fragen an den Leser bzw. die Leserin gestellt. Auch das kann ein Instrument sein, um die Aufmerksamkeit der Kindergartenkinder auf bestimmte mathematische Aspekte zu lenken und eine aktive Auseinandersetzung mit diesen anzuregen.

Im Fokus der Untersuchung dieser Arbeit steht nun die Frage, ob das mathematikdidaktische Potenzial der Bilderbücher zur Anregung des mathematischen Denkens beim dialogischen Lesen zum Tragen kommt. Hierzu wird überprüft, ob in den durchgeführten Lesesitzungen Facetten des mathematischen Denkens ausgemacht werden können (vgl. Kapitel 5.1) und inwiefern diese auf die Auseinandersetzung mit dem Bilderbuch zurückzuführen sind (vgl. Kapitel 5.2).

Vorher jedoch ist das methodische Design (vgl. Kapitel 4.1) und die Durchführung (vgl. Kapitel 4.2) der Untersuchung zu entwickeln und darzustellen.

4 Methodik

In diesem Kapitel wird das Design der Untersuchung (Kapitel 4.1) dargelegt. Dazu wird zunächst die Pilotierung des Designs (Kapitel 4.1.1) dargestellt und anschließend werden die Konzeptionen der drei Designelemente des dialogischen Bilderbuchlesens (Kapitel 4.1.2), der klinischen Methode (Kapitel 4.1.3) und des Gruppeninterviews (Kapitel 4.1.4) erläutert. In Kapitel 4.1.5 wird auf Basis dieser drei Designelemente und auf Grundlage der Analyse der ausgewählten Bilderbücher (vgl. Kapitel 3) der Leitfaden für den Ablauf einer Lesesitzung vorgestellt. Im Kapitel 4.2 wird dann in Bezug auf die Durchführung der Untersuchung geschildert, wie sich die Stichprobe zusammensetzt (Kapitel 4.2.1), wie die Daten erhoben und aufbereitet (Kapitel 4.2.2 und 4.2.3) und schließlich analysiert wurden (Kapitel 4.2.4).

4.1 Design der Untersuchung

Bilderbücher als mathematikdidaktisches Material können als wichtiger Bestandteil früher mathematischer Bildung fungieren (vgl. Kapitel 2). Als Ergebnis der Analyse und Bewertung von Bilderbüchern konnten in dieser Arbeit vier Bilderbücher für die Untersuchung ausgewählt werden, die das Potenzial besitzen, mathematisches Denken bei Kindergartenkindern anzuregen (vgl. Kapitel 3). Um aber der Forschungsfrage nachzugehen, inwieweit Bilderbücher beim Einsatz in dialogischen Lesesitzungen das Potenzial haben, mathematisches Denken anzuregen, bedarf es nicht nur einer theoretischen Analyse der Bilderbücher, sondern auch eines empirischen Zugangs in Form der Analyse von sogenannten „Lesesitzungen" (vgl. Einleitung), in denen diese Bilderbücher eingesetzt werden. Dieser empirische Zugang ist notwendig, da vor dem Hintergrund der Diskussion um die Qualität der verbalen Lernbegleitung (vgl. Kapitel 2.3.3.2) und der Lernprozessgestaltung durch pädagogische Fachkräfte (vgl. Kapitel 1.1.2) deutlich wird, dass ein für geeignet befundenes Material nicht unbedingt zu einer aktiven Auseinandersetzung mit Mathematik führt (vgl. auch Schuler 2013, S. 110). Daraus ergeben sich bestimmte Voraussetzungen für das Design der Untersuchung, welche in diesem Kapitel ausgeführt werden. Die folgenden Designentscheidungen beruhen auf den theoretischen Erkenntnissen aus dem ersten und zweiten Kapitel sowie auf den Erfahrungen aus einer vorangegangenen Pilotstudie, welche im Folgenden kurz skizziert wird.

© Springer Fachmedien Wiesbaden GmbH, ein Teil von Springer Nature 2020
A. Vogtländer, *Bilderbücher im Kontext früher mathematischer Bildung*, Essener Beiträge zur Mathematikdidaktik, https://doi.org/10.1007/978-3-658-29552-3_5

4.1.1 Pilotstudie

Im Zeitraum von Februar 2014 bis April 2014 wurde das Design der Studie in zwei Kindertagesstätten in Bochum pilotiert. Dabei wurden insgesamt 18 Lesesitzungen mit 27 Kindergartenkindern im Alter zwischen 3 und 6 Jahren durchgeführt. Es wurden sowohl 12 Einzellesesitzungen als auch je 3 Lesesitzungen mit Kinderpaaren und Kindergruppen erprobt, um ein geeignetes Setting zur Beantwortung der Forschungsfrage zu finden. Der Ort der Durchführung war die jeweilige Kindertagesstätte, in der jeweils ein separater Raum zur Datenerhebung zur Verfügung gestellt wurde. Zeitlich umfasste eine Lesesitzung der Pilotstudie eine Länge von etwa 10 bis 40 Minuten, in der ein Bilderbuch gelesen wurde.

Die Auswertung der Pilotierung hat gezeigt, dass die Kinder im Gruppensetting deutlich mehr (mathematische) Äußerungen generieren als in Einzel- oder Paarinterviews. Lesesitzungen in Gruppen dauerten häufig deutlich länger und brachten vergleichsweise mehr reichhaltige Gespräche hervor. Auf Grundlage dieses Ergebnisses, wurde in der Hauptstudie ein Gruppensetting gewählt, um eine sprachlich möglichst reichhaltige Datengrundlage zu erhalten, auf deren Basis der Forschungsfrage nachgegangen werden konnte.

4.1.2 Designelement 1: Dialogisches Bilderbuchlesen

Um der Forschungsfrage nachzugehen, inwieweit Bilderbücher das Potenzial haben, frühes mathematisches Denken anzuregen, wurde die Methode des dialogischen Lesens verwendet (vgl. auch Kapitel 2.3.2.2). Das dialogische Lesen ist eine Form des gemeinsamen Lesens von Bilderbüchern, in der der erwachsene (Vor)Leser das Kind bzw. die Kinder in einen Dialog über die Geschichte einbindet, während sie gelesen wird. Beim dialogischen Lesen wird das Kind ermutigt, zum Erzähler der Geschichte zu werden, indem der Erwachsene die Rolle des aktiven Zuhörers einnimmt, welcher das Kind mit seinen Fragen antreibt und es für seine Bemühungen lobt (vgl. Longian & Whitehurst 1998, S. 265). Je mehr das Kind in die Rolle des Erzählers hineinfindet, desto stärker nimmt sich der Erwachsene zurück (vgl. Longian & Whitehurst 1998, S. 265).

Die Methode wurde ursprünglich in einer Studie von Whitehurst et al. (1988) eingesetzt, um die sprachliche Entwicklung von Kindern durch das Lesen von Bilderbüchern zu unterstützen. An der Studie nahmen Kinder im Alter von (1;9) bis (2;11) mit ihren Eltern teil. Die Eltern der Experimentalgruppe wurden im Rahmen einer Intervention dazu angeregt, beim häuslichen Bilderbuchlesen gewisse Fragetechniken, wie z. B. das Stellen von offenen Fragen, anzuwenden. Die Ergebnisse der Studie zeigen, dass beim Einsatz der Methode des dialogischen Lesens die Äußerungen der Kinder der Experimentalgruppe länger und zahlreicher waren, als die der Kinder der Kontrollgruppe beim gewöhnlichen Vorlesen (vgl. Whitehurst et al. 1988, S. 552).

Ziel des Einsatzes dieser Methode in der vorliegenden Arbeit ist es, die Kinder zu komplexen sprachlichen Ausführungen anzuregen, um vor allem mehr über ihre mathematischen Denkprozesse zu erfahren (vgl. de Boer 2017, S. 4). Die Methode des dialogischen Lesens bietet sich daher, auch über den Einsatz zur Sprachförderung hinaus, für die vorliegende Untersuchung an, da aufgrund der Ergebnisse der Studie von Whitehurst et al. (1988) zu erwarten ist, dass der Einsatz der Methode dazu beiträgt, eine sprachlich reichhaltige Datengrundlage zu generieren. Eine solche qualifizierte Datengrundlage ist notwendig zur Beantwortung der Forschungsfrage, inwieweit Bilderbücher das Potenzial haben, Kindergartenkinder zum mathematischen Denken anzuregen.

Zevenbergen und Whitehurst (2003) haben für das dialogische Lesen spezifische Fragetechniken für zwei Altersstufen (2-3 Jahre und 4-5 Jahre) entwickelt, welche die Kinder zum Erzählen anregen sollen. Für die vorliegende Arbeit wurden zwei Techniken von Zevenbergen und Whitehurst (2003, S. 179f) dem Forschungsinteresse entsprechend ausgewählt und adaptiert. Fragetechniken, die eher im Kontext von Sprachförderung verortet werden können, wurden dabei nicht berücksichtigt. In der folgenden Tabelle 8 sind die angewandten Fragetechniken der vorliegenden Untersuchung abgebildet, ihre Adaptionen dargelegt und ihr jeweiliger Einsatz begründet:

Tabelle 8: Fragetechniken der vorliegenden Untersuchung

Techniken (Zevenbergen & Whitehurst 2003, S. 179f; Übersetzung durch die Autorin)		Techniken der vorliegenden Untersuchung	Intention
2-3 Jahre	4-5 Jahre		
„Ask open-ended questions" Offene Fragen stellen, wie z. B. „Was siehst du auf dieser Seite?" oder „Erzähl mir, was hier passiert."	„Open-ended prompts" Äußerungen, die das Kind anregen sollen, in seinen eigenen Worten über das Buch zu reden.	Offene Fragen	Erzählgenerierende Fragen, welche zu längeren Antworten einladen und Raum für eigene Beschreibungen und Interpretationen (ausgewählter) mathematischer Aspekte bieten.
„Ask "what" questions" Fragen nach Benennungen von Objekten im Buch oder einfache Fragen über die Geschichte.	„Wh-prompts" Was?-, Wo?- und Warum?-Fragen	W-Fragen	Fragen, welche den Kindern einen (ersten) mathematischen Zugang zum Bild und/oder Text ermöglichen, zum Beschreiben mathematischer Aspekte anregen und/oder zu deren Interpretation auffordern.

Die Adaption der beiden Techniken „Offene Fragen" und „W-Fragen" intendiert eine Fokussierung auf die mathematischen Aspekte des jeweiligen Bilderbuchs (vgl. Kapitel 3). Die Kinder sollen durch die Fragen dazu angeregt werden, diese wahrzunehmen, zu beschreiben und zu interpretieren, um das Potenzial der ausgewählten Bilderbücher hinsichtlich der Anregung mathematischen Denkens bewerten zu können.

Damit komplexe sprachliche Äußerungen angeregt werden, bedarf es über den Einsatz der Fragetechniken hinaus einer gewissen „Sensibilität für Prozessqualität" (de Boer 2017, S. 3) des Erwachsenen, um die Qualität der Äußerungen der Kinder zu erkennen und daran mit offenen oder auf Begründungen abzielenden Fragen anschließen zu können. Denn nur auf Basis einer sprachlich reichhaltigen Datengrundlage kann untersucht werden, wie Kinder denken und welche Vorstellungen sie haben.

4.1.3 Designelement 2: Klinische Methode

Um eine Gesprächssituation zu kreieren, in der untersucht werden kann, inwieweit Bilderbücher das Potenzial haben Kindergartenkinder zum mathematischen Denken anzuregen, bietet sich zudem die Methode des klinischen Interviews an, denn „das Ziel von klinischen Interviews [...] besteht darin, dem authentischen Denken von Kindern möglichst genau „auf die Spur" zu kommen" (Selter & Spiegel 1997, S. 107).

Diese Methode hat ihren Ursprung in der Psychoanalytik und wurde von Piaget zur Erforschung des Denkens von Kindern nutzbar gemacht (vgl. Selter & Spiegel 1997, S. 100f). Mit Bezug auf sein Forschungsinteresse entwickelte Piaget die sogenannte revidierte klinische Methode[4], die neben sprachlichen Äußerungen auch Handlung am Material und nonverbales Verhalten mitberücksichtigt, um dem mangelnden sprachlichen Darstellungsvermögen von Kindern entgegenzuwirken (vgl. Ginsburg et al. 1983, S. 10).

Das klinische Interview gehört zu den halbstrukturierten Interviews, welche sich nach Misoch (2015) wie folgt definieren:

> Diese Interviews orientieren sich an einem Leitfaden, welcher die relevanten Themen und Fragestellungen vorgibt, nicht jedoch die Reihenfolge der Themen oder Antwortmöglichkeiten. Die Interviewten können frei antworten, das Interview orientiert sich thematisch am Leitfaden und es müssen alle relevanten Themen im Interview angesprochen werden, um eine Vergleichbarkeit der Daten sicherzustellen. (S. 13f)

In starker Anlehnung an die Werke Piagets führte Wittmann (1982) die klinische Methode zur Erforschung mathematischen Denkens bei Vor- und Grundschulkindern erstmals in die Mathematikdidaktik ein. Weitere Vertreterinnen und Vertreter der Mathematikdidaktik wie z. B. Hasemann (1986) nutzten die Methode der klinischen Interviews, um das mathematische Denken von Kindern zu erforschen. Das Forschungsinteresse ist „die Weiterentwicklung unseres Wissens über die besondere Natur des mathematischen Denkens, über die Art der Repräsentation dieses Wissens und über die Denkprozesse, die die Schülerinnen und Schüler beim

---

[4] Im Folgenden soll ungeachtet der Terminologie stets von der revidierten klinischen Methode die Rede sein.

Umgehen mit mathematischen Begriffen, Regeln und Verfahren leiten" (Hasemann 1986, S. 10). Selter (1994) betitelt die Methode als eine Methode, „die der Vielschichtigkeit und der Reichhaltigkeit menschlichen Denkens gerecht wird" (Selter 1994, S. 106). Die Methode eignet sich dazu, Daten über mathematische Denkprozesse zu sammeln, z. B. zur Erhebung kognitiver Aktivitäten, zur Spezifikation kognitiver Prozesse oder zur Einschätzung kognitiver Kompetenzniveaus (vgl. Ginsburg et al. 1983, S. 11; Hasemann 1986, S. 24).

Ein klinisches Interview orientiert sich an einem flexibel gestalteten Verlaufsplan. Der genaue, tatsächliche Verlauf des Interviews wird jedoch durch das Denken (und Handeln) der Kinder bestimmt, an dem sich die Fragen und Impulse der Interviewenden ganz wesentlich orientieren (vgl. Selter & Spiegel 1997, S. 107). Nur durch eine hinreichende Flexibilität im Verlauf ist es möglich, individuell auf die Kinder einzugehen und viel über ihre Vorgehensweisen und Deutungen zu erfahren. Um jedoch das Erkenntnisinteresse zu wahren, sollten die Interviewenden auch ihre Leitfragen und Impulse, die sie dafür als wichtig erachten, einbringen (vgl. Selter & Spiegel 1997, S. 107).

Der Hauptvorteil der Methode ist ihre Offenheit, welche es erlaubt, „die individuellen Instrumente der kognitiven Aktivität optimal zu untersuchen" (Wittmann 1982, S. 38). Durch den dialogischen Charakter können die Kinder dazu angeregt werden, sich möglichst umfassend bezüglich ihres Vorgehens mitzuteilen (vgl. Wittmann 1982, S. 38). Diese Stärke der Methode will die vorliegende Arbeit nutzen, um zu erforschen inwieweit Bilderbücher das Potenzial haben, mathematisches Denken bei Kindergartenkindern anzuregen. Der dialogische Charakter dieser Methode unterstützt – ergänzend zur Methode des dialogischen Lesens (vgl. Kapitel 4.1.2) – den verbalen Austausch beim Lesen eines Bilderbuchs und kann die Kinder zu eigenen vielfältigen sprachlichen Äußerungen anregen. Das wiederum ist wichtig, um eine sprachlich möglichst reichhaltige Datengrundlage zu erhalten, auf deren Basis der Forschungsfrage nachgegangen werden kann.

Der Nachteil der Methode liegt in der starken Abhängigkeit von der Sprache (vgl. Wittmann 1982, S. 38): Die Sprache und Ausdrucksfähigkeit des Kindes beeinflussen, ob das Kind die interviewende Person versteht und ob die interviewende Person die Äußerung des Kindes deuten kann. Der starken Abhängigkeit von der Sprache kann in gewissem Grad durch Gesten in Bezug auf das Bilderbuch entgegengewirkt werden (vgl. ebd.). Die Kinder können durch die Bewegungen der Hände ihre Worte begleiten oder teilweise auch ersetzen, was zu einer besseren

Verständigung beitragen kann. Der Nachteil der hohen Abhängigkeit von der Sprache kommt insbesondere bei der Zielgruppe der vorliegenden Untersuchung zum Tragen, da die sprachliche Ausdrucksfähigkeit bei Kindern im Alter zwischen 3 und 6 Jahren noch eingeschränkt ist. Die Ergebnisse der Untersuchung sind somit eingeschränkt zu sehen und werden deshalb in Kapitel 6 kritisch hinterfragt, auch wenn die eingeschränkte Sprachfähigkeit eher als ein generelles Problem beim Forschen mit jüngeren Kindern zu sehen und nicht spezifisch für die Erhebungsmethode der vorliegenden Arbeit ist. Trotz dieser Einschränkung bietet sich die Methode des klinischen Interviews aufgrund ihrer Offenheit und Flexibilität an, was insbesondere für die Erforschung kindlicher Vorstellungen und Deutungen wichtig ist (vgl. auch Heinzel 2012a).

Für die vorliegende Arbeit wird das erste Designelement „dialogisches Bilderbuchlesen" verknüpft mit dem Designelement „klinische Methode" wie folgt umgesetzt: Es wurde für die Lesesitzungen ein Interviewleitfaden (siehe Tabelle 9) entwickelt, welcher sowohl allgemeine erzählgenerierende Fragen und Impulse enthält, die sich flexibel an den Verlauf des Interviews anpassen, als auch zentrale Fragen, sogenannte Leitfragen enthält, welche dem Erkenntnisinteresse entsprechend auf zentrale mathematische Aspekte des jeweiligen Bilderbuchs abzielen (vgl. Kapitel 4.1.5).

4.1.4 Designelement 3: Gruppeninterview

Nach Selter und Spiegel (1997, S. 106) kann das klinische Interview sowohl als Einzel- als auch als Gruppeninterview eingesetzt werden. Die Methode des Gruppeninterviews zeichnet sich nach Misoch (2015, S. 160) durch folgende Merkmale aus:

(1) Der Forscher bzw. die Forscherin interviewt eine Gruppe von mehreren Personen am selben Ort und zur selben Zeit zu einer bestimmten Themenstellung.
(2) Die interviewende Person leitet das Gruppeninterview und kontrolliert den Kommunikationsprozess.
(3) Durch einen Leitfaden mit offenen und/oder teilstandardisierten Fragen wird der Prozess gesteuert.
(4) Das Erkenntnisinteresse liegt in den Inhalten des Kommunizierten.

(5) Die Auswertung erfolgt zumeist inhaltsanalytisch anhand der Themenstränge.

Zur Erforschung der Fragestellung, inwieweit Bilderbücher mathematisches Denken anregen können, ist es wichtig, eine sprachlich möglichst reichhaltige Datengrundlage zu generieren. Im Vergleich zum Einzelinterview bietet sich die Methode des Gruppeninterviews in Bezug auf das Forschungsinteresse aus folgenden Gründen an: Die Interviewsituation in der Gruppe wird von den meisten Kindern als angenehm empfunden, „nicht zuletzt, weil das hierarchische Gefälle zwischen Kindern und Erwachsenen durch die zahlenmäßige Überlegenheit der Kinder [...] abgemildert wird" (Przyborski & Wohlrab-Sahr 2014, S. 102). Ein weiterer Vorteil des Gruppeninterviews mit Kindern besteht darin, dass eine alltagsnahe Situation unter Gleichaltrigen hergestellt wird, in der nicht ein Kind im Fokus steht und sich nicht an einer vermuteten Antworterwartung orientiert wird (vgl. Selter & Spiegel 1997, S. 106). Ein weiterer potentieller Vorteil gegenüber Einzelinterviews besteht darin, dass die Kinder sich „gegenseitig ergänzen, korrigieren, zum Erzählen und Detaillieren anregen [können] und durch die gemeinsame Erzählbasis weniger inhaltlich redundante Beiträge hervorbringen, als dies z. B. bei mehreren durchgeführten Einzelinterviews der Fall wäre" (Misoch 2015, S. 160). Darüber hinaus ist zu vermuten, dass durch den Austausch mit den anderen Gruppenmitgliedern sogenannte (sozio-)kognitive Konflikte entstehen können, welche die Kinder im besonderen Maße zum mathematischen Denken herausfordern (vgl. Selter & Spiegel 1997, S. 108). Aus diesen Gründen ist davon auszugehen, dass Kinder in Gruppeninterviews zu deutlich mehr Äußerungen angeregt werden, als das in Einzelinterviews der Fall wäre. Auch die Ergebnisse der Pilotierung deuten darauf hin (vgl. Kapitel 4.1.1). Deshalb ist das Gruppeninterview zur Generierung einer sprachlich reichhaltigen Datengrundlage im Erkenntnisinteresse dieser Arbeit zu bevorzugen.

Ein Nachteil des Gruppeninterviews besteht darin, dass in Gruppeninterviews zwar individuelle Gedanken formuliert werden können, der Fokus jedoch auf der Interaktion der Gruppe liegt (vgl. Przyborski &Wohlrab-Sahr 2014, S. 89). Das kann zu Informationsverlusten bezüglich des Denkens jedes einzelnen Kindes führen, da sich nicht jedes Kind zu jedem Aspekt äußert (vgl. Selter & Spiegel 1997, S. 106). Da in der Pilotierung des Designs, in der Einzelinterviews erprobt wurden, es im Vergleich zum Gruppeninterview doch zu deutlich weniger Äußerungen der

4.1 Design der Untersuchung

Kinder kam, ist das Gruppeninterview zur Generierung einer sprachlich reichhaltigen Datengrundlage demnach zu bevorzugen.

Als einen weiteren Nachteil nennen Selter und Spiegel (1997, S. 106) die Gefahr, dass die interviewende Person den Überblick über die Vorgehensweisen der einzelnen Kinder verliert und so keine passenden Fragen und Impulse einbringen kann, welche Aufschluss über die Denkweisen der Kinder geben könnten. Dem wird in der folgenden Untersuchung durch eine geringe Gruppengröße entgegengewirkt, so dass es für die interviewende Person leichter wird, alle Kinder im Blick zu behalten.

Beim Einsatz von Gruppeninterviews ist auch die Zusammensetzung der Gruppe entscheidend. Nach Heinzel (2012b, S. 105) ist es dabei besonders hilfreich, Realgruppen (z. B. Kindergartengruppen) zu bilden, um eine möglichst hohe Natürlichkeit der Kommunikationssituation zu erlangen. Die so konstruierte Alltagsnähe kann dabei helfen, Ängste in Befragungssituationen abzubauen und leichter ins Gespräch zu kommen (vgl. Heinzel 2012b, S. 107f). Eine Schwierigkeit, die jedoch bedacht werden sollte, besteht darin, dass sich in Realgruppen bereits bestimmte Rollen wie z. B. Meinungsführer und Schweiger etabliert haben können, welche das Gespräch in der Gruppe hinsichtlich vielfältiger Äußerungen beeinflussen können (vgl. Heinzel 2012b, S. 108). Dem wird in der vorliegenden Untersuchung durch bestimmte Verhaltensweisen der interviewenden Person entgegengewirkt, welche im Folgenden kurz erläutert und in Kapitel 4.1.5 näher ausgeführt werden.

Genau wie bei der klinischen Methode (vgl. Kapitel 4.1.3) hat auch der Interviewende bei der Durchführung des Gruppeninterviews eine entscheidende Rolle: Das Interview wird durch den Interviewenden mittels einer offenen Aufgabe initiiert und durch Fragen und Impulse in Abhängigkeit der vorausgehenden Äußerungen vom Interviewenden geleitet (vgl. Ginsburg et al. 1983, S. 11). Die interviewende Person stellt sicher, dass die Interviewteilnehmenden nicht vom eigentlichen Thema des Interviews abkommen und führt sie, wenn nötig, zur eigentlichen Fragestellung zurück (vgl. Misoch 2015, S. 162). Aufgabe der interviewenden Person ist des Weiteren die Steuerung des Interviews hinsichtlich der Redebeteiligung: „Insgesamt soll eine möglichst ausgewogene Beteiligung aller Teilnehmenden erreicht werden, damit das Ergebnis möglichst reichhaltig ausfällt" (Misoch 2015, S. 162). Deshalb sollte die interviewende Person dominante Teilnehmer etwas bremsen, ohne diese dadurch zu demotivieren, und zurückhaltende

Teilnehmer zur aktiven Teilnahme motivieren (vgl. Misoch 2015, S. 162f). Um eine möglichst angenehme Gesprächssituation für alle Beteiligten zu schaffen, ist es wichtig, dass die interviewende Person Interesse am Gesagten bekundet, keine negative Beurteilung des Gesagten vornimmt und die Beiträge der Teilnehmer würdigt (vgl. Selter & Spiegel 1997, S. 101).

Für die vorliegende Arbeit wird das zweite Designelement „klinische Methode" mit dem dritten Designelement „Gruppeninterview" verknüpft und wie folgt umgesetzt: Drei Kinder aus einer Kindergartenstammgruppe (Realgruppe) werden zufällig zusammengesetzt und lesen zusammen mit der Forscherin eines der ausgewählten Bilderbücher. Um der bereits erwähnten Gefahr entgegenzuwirken, dass die Forscherin den Überblick über die Vorgehensweisen der einzelnen Kinder verliert und alle Kinder sich ausgewogen an dem Gespräch beteiligen können, besteht eine Interviewgruppe aus nur drei Kindern. Die Gruppe wird innerhalb einer Kindergartenstammgruppe zufällig zusammengesetzt, um das Interview hinsichtlich der Beteiligung der Kinder nicht durch bereits etablierte Rollen zu beeinflussen.

4.1.5 Leitfaden für dialogische Lesesitzungen in gruppenförmigen Settings

Auf Grundlage der Analyse und Bewertung der ausgewählten Bilderbücher (vgl. Kapitel 3) und unter Anwendung der Methode des dialogischen Lesens (vgl. Kapitel 4.1.2), der klinischen Methode (vgl. Kapitel 4.1.3) und des Gruppeninterviews (vgl. Kapitel 4.1.4) wurde ein Leitfaden für Lesesitzungen in gruppenförmigen Settings entwickelt.

Wie bereits in Kapitel 4.1.3 dargelegt, orientieren sich klinische Interviews an einem Leitfaden. Bei der Erhebung qualitativer, verbaler Daten steuert der Leitfaden den Erhebungsprozess inhaltlich, um eine Vergleichbarkeit der Daten sicherzustellen (vgl. Misoch 2015, S. 66). Darüber hinaus sollte der Leitfaden aber auch noch genügend Raum für neue Erkenntnisse lassen und deshalb „viele Spielräume in den Frageformulierungen, Nachfragestrategien und in der Abfolge der Fragen" (Hopf 2013, S. 351) bieten.

Der Leitfaden orientiert sich bezüglich des Ablaufs an Schlinkert (2004), welche für die Durchführung von Bilderbuchbetrachtungen drei Phasen empfiehlt:

4.1 Design der Untersuchung

(1) Einführungsphase
(2) Durchführungsphase
(3) Abschlussphase

Die Einführungsphase dient der Hinführung zum Thema. Dabei kann die Titelseite des Bilderbuchs schon als erster Impuls dienen, um über das Buch ins Gespräch zu kommen (vgl. Schlinkert 2004). Die Durchführungsphase ist durch entsprechende Fragen und Impulse zu jeder bzw. zu ausgewählten Bilderbuchseiten gekennzeichnet, welche die Kinder zum Erzählen anregen sollen (vgl. Schlinkert 2004). Die Abschlussphase kann eine Vertiefung bestimmter Aspekte des Buchinhaltes oder ein Transfer in die Lebenswelt der Kinder sein (vgl. Schlinkert 2004). Diese Phaseneinteilung der Lesesitzungen erscheint für die vorliegende Arbeit sinnvoll, da so sichergestellt wird, dass zu Beginn alle Kinder über die Thematik und den Verlauf informiert werden und sich somit auf die Durchführungsphase einstimmen können. Die Durchführungsphase steht im Fokus der Datenerhebung und soll die Datengrundlage für die Untersuchung der Fragestellung der vorliegenden Arbeit schaffen. In der Abschlussphase soll den Kindern zum Ende der Lesesitzung noch einmal Raum gegeben werden, in dem sie von sich aus bestimmte Aspekte des Bilderbuchs noch einmal aufgreifen, vertiefen oder in ihre eigene Lebenswelt transferieren können. Je nach Qualität und Quantität der Äußerungen in dieser Phase besteht die Möglichkeit, diese entstehenden Daten zusätzlich zur Beantwortung der Forschungsfrage heranzuziehen.

Darüber hinaus enthält der Interviewleitfaden nonverbale Impulse und sprachliche Äußerungen für den Umgang mit Schweigern und Vielrednern, um der in Kapitel 4.1.1 genannten Schwierigkeit, dass sich in Realgruppen bereits bestimmte Rollen, wie z. B. Meinungsführer und Schweiger etabliert haben können, entgegenzuwirken (vgl. Lamnek 2010, S. 405).

Für die Durchführungsphase sind im Interviewleitfaden sowohl allgemeine erzählgenerierende Fragen und Impulse (Teil a) aufgeführt als auch spezifische Fragen (Teil b), die sich auf zentrale mathematische Aspekte des jeweiligen Bilderbuchs beziehen und somit je nach Buch variieren (vgl. Tabelle 9). Diese Fragen zielen auf zentrale mathematische Aspekte des Bilderbuchs ab (vgl. Kapitel 3) und werden nur gestellt, wenn diese Aspekte nicht von den Kindern selbst thematisiert werden. Sie können als Anregung verstanden werden, welche die Kinder so viel wie nötig unterstützt, sich mit dem mathematischen Inhalt auseinanderzusetzen. Auch dabei ist die Abhängigkeit von der Sprache kritisch zu betrachten (vgl. auch

Kapitel 4.1.3), da diese Unterstützung zur Verfolgung des Forschungsinteresses eingeschränkt auf der sprachlichen Ebene stattfindet. Weitere Zugänge könnten möglicherweise zusätzliche Hinweise auf die mathematischen Denkprozesse der Kinder geben. Jedoch könnten dann weitere Faktoren das Potenzial der Bilderbücher beeinflussen und die so generierte (sprachliche) Datengrundlage könnte dann keinen Aufschluss mehr darüber geben, inwieweit der Einsatz von Bilderbüchern zur Anregung mathematischen Denkens beitragen kann.

Tabelle 9:   Interviewleitfaden

1) Einführungsphase		
Bilderbuchseite	*Technik*	*Sprachhandlung*
Titelseite des Bilderbuchs		„Hallo! Schön, dass ihr da seid! Ich möchte mir heute mit euch ein Bilderbuch anschauen. Es wird heute vielleicht ein bisschen anders sein, als ihr das vom Vorlesen her kennt. Ich möchte, dass wir uns erst immer die Bilder anschauen und ihr dürft alles erzählen, was euch zu den Bildern einfällt. Erst danach werde ich euch den Text vorlesen und ihr dürft dann auch zu dem Text erzählen, was euch einfällt."
	Frage, um Vorerfahrungen mit dem Buch auszuschließen	„Kennt jemand dieses Buch?"
	W-Fragen	„Das Buch heißt *„Titel des Bilderbuchs"*. Worum könnte es in dieser Geschichte gehen?" „Wie kommst du darauf?"

4.1 Design der Untersuchung

2) Durchführungsphase	
2a) Allgemeine erzählgenerierende Fragen & Impulse	
Technik	*Sprachhandlung*
Offene Frage	„Was siehst du hier?" / „Was passiert hier?"
Verweis auf den Text	„Hier steht: ..."
Offene Frage *(optional)*	„Was meinst du, wie die Geschichte weitergeht?"
W-Fragen *(optional)*	„Was bedeutet das?" *(Bezug zum Text)* „Wie kommst du darauf?" / „Wie meinst du das?"

2b) Spezifische Fragen zu „Das kleine Krokodil und die große Liebe"			
Bilderbuchseite	*Technik*	*Sprachhandlung*	*Funktion*
S. 1	W-Frage	„Wer ist größer?"	Vergleich von Längen thematisieren
	W-Frage	„Woran siehst du das?"	
	W-Frage	„Hier steht: Dazwischen liegen genau zwei Meter dreiundvierzig. Was bedeutet das?" *[Verweis auf die entsprechende Textstelle]*	Maßzahl und Maßeinheit thematisieren
S. 7	W-Frage	„Warum meinst du, kann ein kleines Krokodil viel besser in einem großen Haus wohnen, als eine große Giraffe in einem kleinen Haus?"	Vergleichen von Längen (und Volumen) thematisieren
S. 14	W-Frage	„Wem gehört welche Kleidung?"	Vergleichen von Längen (und Volumen) thematisieren
	W-Frage	„Woran siehst du das?"	

2b) Spezifische Fragen zu „Das kleine Krokodil und die große Liebe"			
Bilderbuchseite	*Technik*	*Sprachhandlung*	*Funktion*
S. 16	W-Frage	„Hier steht: Wenn sie im Bett lagen, waren sie auf gleicher Höhe. Was bedeutet denn „auf gleicher Höhe"?"	Begriff „Höhe" thematisieren

2b) Spezifische Fragen zu „Der kleine Bär und sein kleines Boot"			
Bilderbuchseite	*Technik*	*Sprachhandlung*	*Funktion*
S. 9f	W-Frage	„Woran kannst du erkennen, dass der Bär größer geworden ist?"	Vergleichen von Volumen thematisieren
	Offene Frage	„Was könnte der Bär machen, wenn er nicht mehr in sein Boot passt?"	
S. 27	W-Frage	„Woran kannst du erkennen, ob der Bär in sein neues Boot hineinpasst?"	Vergleichen von Volumen thematisieren
	W-Frage	„Wie könnte die Geschichte weitergehen? Muss der Bär sich bald nochmal ein größeres Boot bauen?"	

4.1 Design der Untersuchung

2b) Spezifische Fragen zu „Fünfter sein"

Bilderbuchseite	Technik	Sprachhandlung	Funktion
S. 3f	W-Frage	„Wer geht denn hier raus?"	Räumliche Beziehungen thematisieren
	W-Frage	„Woran siehst du das?"	
	W-Frage	„Was meinst du, wo der herkommt?"	
S. 11f	W-Frage	„Wer geht denn hier rein?"	Räumliche Beziehungen thematisieren
	W-Frage	„Woran siehst du das?"	
	W-Frage	„Was meinst du, wo der hingeht?"	
S. 13f	W-Fragen	„Wer ist denn hier Dritter?"	Ordnungszahlaspekt thematisieren
	W-Fragen	„Woran siehst du das?"	
	W-Fragen	„Vorhin stand da noch Vierter sein und jetzt Dritter sein. Warum meinst du, ist das so?"	

2b) Spezifische Fragen zu „Oma Emma Mama"			
Bilderbuchseite	*Technik*	*Sprachhandlung*	*Funktion*
S. 3f	W-Fragen	„Wie weit kannst du denn zählen?"	Ordinalzahlaspekt (Zählzahl) thematisieren
S. 9f	W-Frage	„Warum will sich Emma lieber zwischen den Igelmäusen verstecken?"	Kardinalzahlaspekt thematisieren und Mengenvergleich anregen
S. 15f	W-Frage	„Wo überall versteckt sich Emma auf diesem Bild?"	Räumliche Beziehungen thematisieren

3) Abschlussphase

Technik	Sprachhandlung
Offene Frage	„Wie hat dir das Buch gefallen?"
W-Frage	„Was hat dir am meisten gefallen?"
W-Frage	„Warum hat dir das Buch gefallen?"

4) Umgang mit Schweigern & Vielrednern (vgl. Lamnek 2010, S. 405)

4a) Schweiger		4b) Vielredner	
Nonverbaler Impuls	Blickkontakt des Interviewers zum Schweigenden	Nonverbaler Impuls	Zuwendung zu den anderen Gruppenmitgliedern
Direkte Aufforderung zur Äußerung	„X, was meinst du dazu?" „X, siehst du das genauso wie Y?"	Direkte Aufforderung zur Zurückhaltung	„X, lass doch auch mal die anderen Kinder erzählen."

4.2 Durchführung der Untersuchung

4.2.1 Stichprobe

Die Untersuchung wurde in fünf Kindergärten in Bochum mit Kindern zwischen 3 und 6 Jahren durchgeführt. Es wurden jeweils alle Eltern eines Kindergartens, deren Kinder zwischen 3 und 6 Jahre alt waren, angeschrieben und um ihre Zustimmung zur Teilnahme ihres Kindes an der Studie gebeten. Die Zustimmung umfasst auch die Einverständniserklärung zur Videografie. Insgesamt gaben je nach Kindergarten 20 % bis 47 % aller Eltern eines Kindergartens ihr Einverständnis. Es ist nicht bekannt, warum die anderen Eltern ihr Einverständnis nicht gaben, und es wurden auch keine Daten über den sozioökonomischen Status der Kinder erhoben.

Alle Kinder, deren Eltern ihr Einverständnis gaben, nahmen an der Studie teil. Wie Tabelle 10 zeigt, gehören 117 Kinder zum Stichprobenumfang; die Anzahl der Mädchen ($N_w=61$) und Jungen ($N_m=56$) differiert lediglich um 5.

Das Alter der Kindergartenkinder beträgt im Mittel 4 Jahre und 8 Monate. Das jüngste Kind ist 3 Jahre und 0 Monate (3;0) und das älteste Kind 6 Jahre und 5 Monate (6;5) alt. In Tabelle 10 finden sich detaillierte Angaben zur Alterszusammensetzung der Stichprobe.

4.2 Durchführung der Untersuchung

Tabelle 10: Stichprobe

Das kleine Krokodil und die große Liebe			Fünfter sein			Der kleine Bär und sein kleines Boot			Oma Emma Mama		
Interview-Nr. 1			Interview-Nr. 2			Interview-Nr. 3			Interview-Nr. 4		
K1 (5;2) w	K2 (3;9) m	K3 (4;9) m	K4 (5;9) w	K5 (4;11) w	K6 (5;2) w	K7 (3;0) w	K8 (3;8) w	K9 (4;8) w	K10 (5;5) m	K11 (5;5) m	K12 (5;0) m
Interview-Nr. 5			Interview-Nr. 6			Interview-Nr. 7			Interview-Nr. 8		
K13 (3;9) w	K14 (3;5) m	K15 (3;8) w	K16 (4;7) w	K17 (5;9) w	K18 (5;3) w	K19 (5;3) w	K20 (5;6) w	K21 (4;3) w	K22 (5;9) m	K23 (4;11) m	K24 (5;7) w
Interview-Nr. 9			Interview-Nr. 10			Interview-Nr. 11			Interview-Nr. 12		
K25 (3;10) w	K26 (3;7) w	K27 (4;3) w	K28 (3;10) m	K29 (5;6) m	K30 (4;3) w	K31 (3;1) m	K32 (3;7) w	K33 (4;1) w	K34 (4;6) m	K35 (4;0) m	K36 (4;3) w
Interview-Nr. 13			Interview-Nr. 14			Interview-Nr. 15			Interview-Nr. 16		
K37 (3;1) m	K38 (3;1) m	K39 (5;4) w	K40 (5;3) m	K41 (6;0) m	K42 (5;6) m	K43 (4;8) m	K44 (3;2) m	K45 (3;6) m	K46 (3;11) m	K47 (3;2) w	K48 (4;6) m
Interview-Nr. 17			Interview-Nr. 18			Interview-Nr. 19			Interview-Nr. 20		
K49 (5;3) m	K50 (5;0) w	K51 (5;1) w	K52 (6;0) w	K53 (5;10) w	K54 (5;11) w	K55 (3;9) w	K56 (3;2) w	K57 (4;8) w	K58 (3;9) w	K59 (3;2) w	K60 (3;9) w
Interview-Nr. 21			Interview-Nr. 22			Interview-Nr. 23			Interview-Nr. 24		
K61 (5;0) w	K62 (4;11) w	K63 (5;8) m	K64 (3;1) m	K65 (3;9) w	K66 (3;9) m	K67 (4;0) w	K68 (4;1) w	K69 (4;3) w	K70 (6;3) m	K71 (5;2) m	K72 (5;3) m
Interview-Nr. 25			Interview-Nr. 26			Interview-Nr. 27			Interview-Nr. 28		
K73 (3;9) w	K74 (3;9) m	K75 (3;4) w	K76 (3;11) w	K77 (4;6) m	K78 (5;8) w	K79 (3;4) m	K80 (3;5) m	K81 (3;9) m	K82 (5;4) m	K83 (5;7) m	K84 (5;7) m
Interview-Nr. 29			Interview-Nr. 30			Interview-Nr. 31			Interview-Nr. 32		
K85 (5;10) m	K86 (5;9) w	K87 (5;10) w	K88 (5;5) m	K89 (3;7) m	K90 (5;3) m	K91 (3;11) m	K92 (3;3) m	K93 (6;2) w	K94 (3;7) m	K95 (4;4) w	K96 (6;3) m
Interview-Nr. 33			Interview-Nr. 34			Interview-Nr. 35			Interview-Nr. 36		
K97 (3;9) w	K98 (5;5) w	K99 (4;7) w	K100 (6;1) w	K101 (6;2) m	K102 (4;3) w	K103 (6;5) w	K104 (5;0) w	K105 (6;2) m	K106 (6;4) m	K107 (3;8) m	K108 (4;10) m
Interview-Nr. 37			Interview-Nr. 38			Interview-Nr. 39					
K109 (4;11) m	K110 (3;5) w	K111 (4;1) w	K112 (5;9) w	K113 (6;2) w	K114 (5;11) m	K115 (4;1) w	K116 (4;2) w	K117 (6;5) m			

Abkürzungen:
- **K1**: Kind1
- **5;2**: 5 Jahre und 2 Monate alt
- **m**: männlich, **w**: weiblich

Der Ort der Durchführung war der jeweilige Kindergarten, in dem jeweils ein separater Raum zur Datenerhebung zur Verfügung gestellt wurde. Zeitlich umfasst die Teilnahme an der Untersuchung für jedes Kind eine Gruppenlesesitzung von etwa 30 Minuten Länge, in der eines der ausgewählten Bilderbücher vorgelesen wurde. Insgesamt wurden die Bilderbücher „Das kleine Krokodil und die große Liebe" (Kulot 2003), „Fünfter sein" (Jandl & Junge 1997) und „Der kleine Bär und sein kleines Boot" (Bunting 2011) zehnmal gelesen und das Bilderbuch „Oma Emma Mama" (Pauli 2010) neunmal, so dass die Stichprobe 39 Lesesitzungen umfasst. Die Erhebung der Daten fand im Zeitraum von Oktober 2014 bis April 2015 statt.

4.2.2 Datenerhebung

Lesesituationen im Kindergarten sind ein komplexes Geschehen, das sowohl sprachliche Äußerungen als auch Mimik und Gestik in Bezug auf das Bilderbuch umfasst. Insbesondere Kinder im Alter von drei bis sechs Jahren stellen „in körperlichen und szenischen Aufführungen [...] etwas dar, das [von ihnen] sprachlich nicht ausgedrückt werden kann" (Nentwig-Gesemann 2010, S. 25). Um diese Komplexität festzuhalten und einer wiederholten Analyse zugänglich zu machen, wurden die Lesesitzungen videografiert.

Die Datenerhebung mit Hilfe von Videografie bietet gegenüber anderen Möglichkeiten der qualitativen Datenerhebung, wie z. B. Beobachtungsprotokollen, folgende Vorteile: Da „Videodokumente sowohl Hörbares als auch Sichtbares konservieren und das Zusammenspiel von Ereignissen auf beiden Wahrnehmungsebenen zu erfassen in der Lage sind, können über sie tiefere Einblicke in das Interaktionsgeschehen gewonnen werden" (Dinkelaker & Herrle 2009, S. 15). Außerdem ermöglichen die Videodaten, „die für Interaktion konstitutive Komplexität der nacheinander stattfindenden Gleichzeitigkeit unterschiedlichster visueller und auditiver Äußerungen und Ereignisse in phänomenhomologer Weise zugänglich zu machen" (Dinkelaker & Herrle 2009, S. 15). Einen weiteren Vorteil bietet die Trennung von Ausgangsdaten und Interpretation, da diese sowohl eine detailgenauere Beschreibung als auch die Beobachtung simultaner Ereignisse ermöglicht (vgl. Wagner-Willi 2010, S. 45).

Darüber hinaus gibt es folgende Einschränkungen, welche bei der Videografie beachtet werden müssen: Die Videografie bildet nur einen Ausschnitt der Wirklichkeit ab, welcher durch den Standort der Forschenden und ihr Erkenntnisinteresse beeinflusst wird (vgl. ebd., S. 44). Außerdem ist zu beachten, dass die Videografie, wie jede Form der Datenerhebung, Auswirkungen auf das Forschungsfeld hat, welche zu einer Veränderung der Interaktionsrealität führen können (vgl. Dinkelaker & Herrle 2009, S. 27). Die Anwesenheit der Kamera kann zu einer Veränderung des zu erforschenden Handelns führen. Sie kann als Bewertungs- und Kontrollinstanz, Gast oder Publikum wahrgenommen oder ganz ignoriert werden (vgl. ebd.). In der Regel ist aber zu beobachten, dass zu Beginn einer Aufnahme die Beteiligten die Kamera als sehr präsent empfinden, sie vielleicht sogar als störend wahrnehmen, aber nach einiger Zeit „vergessen", dass sie da ist (vgl. ebd.).

4.2.3 Datenaufbereitung

Nach der Erhebung werden die Videodaten in schriftliche Transkriptionen transformiert (vgl. Transkriptionsregeln im Anhang). Die Transkripte bilden die Grundlage, welche das flüchtige Gesprächsverhalten für die wissenschaftliche Analyse auf dem Papier dauerhaft verfügbar macht (vgl. Kowal & O'Connell 2013, S. 438). Das Ziel der Erstellung der Transkripte besteht darin, die verbalen, prosodischen und parasprachlichen Merkmale möglichst genau abzubilden, so dass die Besonderheit jedes Interviews sichtbar wird (vgl. ebd.).

4.2.4 Datenanalyse

4.2.4.1 Inhaltlich strukturierende qualitative Inhaltsanalyse

Bei der Methode der qualitativen Inhaltsanalyse nach Mayring (2010) handelt es sich um eine systematische Analyse von Kommunikationsmaterial (vgl. Mayring 2013, S. 468). Die Analyse vollzieht sich durch eine schrittweise Auswertung des Datenmaterials mit dem Ziel der Reduktion der Komplexität des Materials durch Kategorisierung (vgl. Flick 2017, S. 409). Die Entstehung der Kategorien ist ein interpretativer Akt, welcher regelgeleitet und explizit verläuft (vgl. Mayring 2008, S. 11).

Die Auswertung des Datenmaterials der vorliegenden Arbeit erfolgt angelehnt an Mayring (2010) als strukturierende und zusammenfassende qualitative Inhaltsanalyse. Dieses Vorgehen ist eine Mischform aus deduktiv-induktiver Kategorienbildung: Es wird im ersten Schritt mit A-priori-Kategorien begonnen (strukturierende Inhaltsanalyse), und im zweiten Schritt erfolgt die Bildung von Subkategorien am Datenmaterial (zusammenfassende Inhaltsanalyse).

Die strukturierende Inhaltsanalyse zielt darauf, „eine bestimmte Struktur aus dem Material herauszufiltern, [...] [welche] in Form eines Kategoriensystems an das Material herangetragen [wird]" (Mayring 2010, S. 97). Hierzu empfiehlt Mayring (2010, S. 97) ein dreischrittiges Verfahren:

1. *Definition der Kategorien*: Es wird genau definiert, welche Textbestandteile unter eine Kategorie fallen.
2. *Ankerbeispiele*: Es werden konkrete Textstellen angeführt, die unter eine Kategorie fallen und als Beispiel für diese Kategorie gelten sollen.
3. *Kodierregeln*: Es werden dort, wo Abgrenzungsprobleme zwischen Kategorien bestehen, Regeln formuliert, um eindeutige Zuordnungen zu ermöglichen.

Die strukturierende Inhaltsanalyse kann unterschiedliche Ziele hinsichtlich der Strukturierung haben: formale, inhaltliche, typisierende und skalierende Strukturierung (vgl. Mayring 2010, S. 99). Bei der vorliegenden Arbeit erfolgt eine „inhaltliche Strukturierung" (Mayring 2010, S. 99), indem das Datenmaterial im Hinblick auf die Inhaltsbereiche des mathematischen Denkens herausgefiltert und zusammengefasst wird. Die (Haupt-)Kategorien, welche aus dem Material extrahiert werden, werden deduktiv aus der Theorie des mathematischen Denkens heraus entwickelt (vgl. Kapitel 2.3.3.1).

Das Ziel der zusammenfassenden Inhaltsanalyse ist es, „das Material so zu reduzieren, dass die wesentlichen Inhalte erhalten bleiben, [und] durch Abstraktion einen überschaubaren Corpus zu schaffen, der immer noch Abbild des Grundmaterials ist" (Mayring 2010, S. 67). In diesem Verfahren werden durch Paraphrasierung, Generalisierung und Reduktion Kategorien gebildet (vgl. Mayring 2010, S. 72). „Wenn bei solchen reduzierten Textanalyseprozessen nur bestimmte (nach einem Definitionskriterium festzulegende) Bestandteile berücksichtigt werden, so handelt es sich" nach Mayring „um eine Art induktive Kategorienbildung" (Mayring 2010, S. 68). Die vorliegende Arbeit nutzt bei der zusammenfassenden Inhaltsanalyse die Kategorien der inhaltlichen Strukturierung als Ausgangspunkt. Sie „fungieren als eine Art Suchraster, d.h. das Material wird auf das Vorkommen

4.2 Durchführung der Untersuchung

des entsprechenden Inhalts durchsucht und grob kategorisiert" (Kuckartz 2012, S. 69). Danach erfolgt die Bildung von Subkategorien aus dem Datenmaterial heraus. Die Kategoriendefinition der (Haupt-)Kategorien bestimmt also, welche Bestandteile bei der zusammenfassenden Inhaltsanalyse berücksichtigt werden.

Das Vorgehen dieser Arbeit ist eine Mischform von strukturierender und zusammenfassender qualitativer Inhaltsanalyse und wird nach Kuckartz (2012, S. 77) *inhaltlich strukturierende qualitative Inhaltsanalyse* genannt. Abbildung 2 zeigt den Ablauf der inhaltlich strukturierenden Inhaltsanalyse.

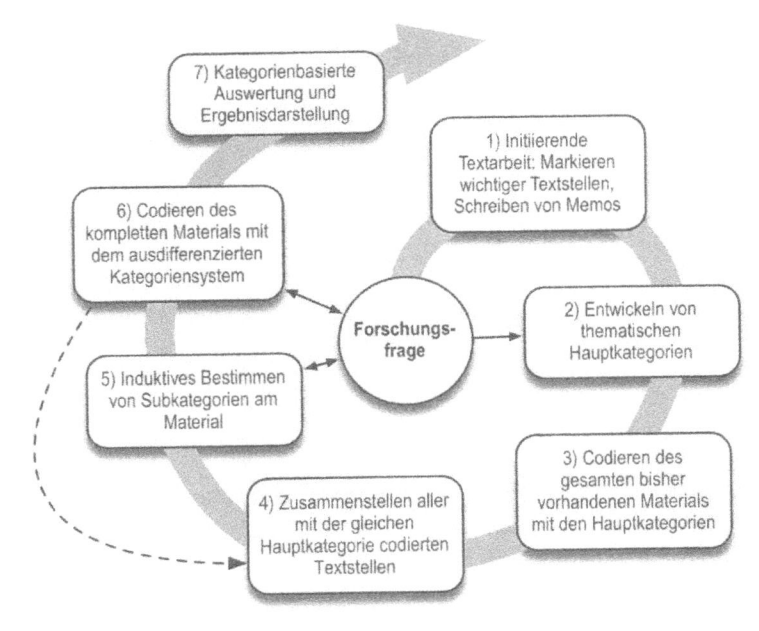

Abbildung 2: Ablaufschema einer inhaltlich strukturierenden Inhaltsanalyse
Abbildung aus Udo Kuckartz, Qualitative Inhaltsanalyse. Methoden, Praxis, Computerunterstützung
© 2012, 2018 Beltz Juventa in der Verlagsgruppe Beltz · Weinheim Basel

Diese sieben Phasen werden im Folgenden kurz erläutert (vgl. Kuckartz 2012, S. 79ff):

Phase 1 – Initiierende Textarbeit: Der Text wird sorgfältig gelesen, wichtige Textstellen werden markiert und Besonderheiten werden festgehalten. Daraus entsteht eine erste kurze Zusammenfassung, aus der thematische Kategorien bestimmt werden können.

Phase 2 – Entwicklung von thematischen Hauptkategorien: Die Hauptkategorien werden zunächst deduktiv aus der Forschungsfrage und dem theoretischen Bezugsrahmen abgeleitet. Darüber hinaus können aus der intensiven Textlektüre (Phase 1) weitere Hauptkategorien ergänzt werden. Je mehr Material gesichtet wird desto deutlicher wird, wie relevant diese weiteren Kategorien für die Forschungsfrage sind. Danach empfiehlt sich eine erste Erprobung der Kategorien am Datenmaterial.

Phase 3 – Kodieren des gesamten Materials mit den Hauptkategorien: Das Datenmaterial wird durch Zuordnung von relevanten Textabschnitten zu einer oder mehreren Kategorien kodiert. Dabei ist wichtig, dass die Kategorien hinreichend präzise definiert sind. Außerdem sollten immer Sinneinheiten kodiert werden, sodass das kodierte Textsegment auch außerhalb des ursprünglichen Kontextes verständlich ist.

Phase 4 – Zusammenstellen aller mit der gleichen Hauptkategorie kodierten Textstellen: Alle codierten Sinneinheiten einer Kategorie werden zusammengefügt, um einen Überblick über die thematische Breite einer Kategorie zu bekommen.

Phase 5 – Induktives Bestimmen von Subkategorien am Material: Die Hauptkategorien werden durch induktive Entwicklung von Subkategorien ausdifferenziert. Dabei werden die Sinneinheiten einer Kategorie systematisiert und gruppiert; anschließend werden mit Hilfe von Paraphrasierung und Zusammenfassung (vgl. Mayring 2010, S. 86) neue Subkategorien gebildet.

Phase 6 – Codieren des kompletten Materials mit dem ausdifferenzierten Kategoriensystem: Beim zweiten Codierprozess werden die Subkategorien den bisher mit den Hauptkategorien codierten Textstellen zugeordnet, was einen erneuten vollständigen Durchlauf des Materials erfordert. Im Anschluss an diesen Vorgang kann es hilfreich sein, fallbezogene thematische Zusammenfassungen zu erstellen.

Phase 7 – Kategorienbasierte Auswertung und Ergebnisdarstellung: Im Mittelpunkt des Auswertungsprozesses stehen die Haupt- und Subkategorien. Dabei lassen sich sechs verschiedene Auswertungsformen unterscheiden, die auch untereinander kombinierbar sind: 1. Kategorienbasierte Auswertung entlang der Hauptkategorien, 2. Analyse der Zusammenhänge zwischen den Subkategorien einer Hauptkategorie, 3. Analyse der Zusammenhänge zwischen Kategorien, 4. Kreuztabellen – qualitativ und quantifizierend, 5. Konfigurationen von Kategorien untersuchen, 6. Visualisierung von Zusammenhängen.

Durch den Einsatz von deduktiv-induktiver Kategorienbildung wird in der vorliegenden Arbeit versucht, eine Verbindung von größtmöglicher Systematik und Offenheit zu schaffen. Das deduktive Vorgehen beim Bilden der (Haupt-)Kategorien schafft durch das Zurückgreifen auf bereits vorhandene theoretische Konzepte und Modelle eine Systematik. Dem dabei entstehenden Mangel an Offenheit soll durch das induktive Vorgehen beim Generieren der Subkategorien entgegengewirkt werden. Denn die induktive Kategorienbildung „strebt nach einer möglichst naturalistischen, gegenstandsnahen Abbildung des Materials ohne Verzerrung durch Vorannahmen des Forschers, einer Erfassung des Gegenstandes in der Sprache des Materials" (Mayring 2010, S. 86). Diese Offenheit wird benötigt, um der Forschungsfrage der vorliegenden Arbeit, inwieweit Bilderbücher beim Einsatz in dialogischen Lesesitzungen das Potenzial haben, mathematisches Denken anzuregen, systematisch nachgehen zu können. Das Spannungsfeld zwischen Theorie und Empirie wird sich aber wohl nie ganz auflösen lassen und die Offenheit immer durch eine gewisse notwendige Systematik eingeschränkt bleiben.

4.2.4.2 Analyseleitfaden

Basierend auf dem Modell des mathematischen Denkens (vgl. Kapitel 2.3.3.1), der Analyse der ausgewählten Bilderbücher (Kapitel 3) und dem Interviewleitfaden (Kapitel 4.1.5) wurden zur ersten Strukturierung des Datenmaterials folgende theoretische Hauptkategorien herangezogen:

1. Zahlen und Operationen
2. Raum und Form
3. Muster und Strukturen
4. Größen und Messen.

Bei einem ersten Durchgang des Datenmaterials wurde die Äußerung eines Kindes der Hauptkategorie „Zahlen und Operationen" zugeordnet, wenn die Äußerung numerisches Denken (vgl. Kapitel 2.3.3.1) erkennen ließ, d.h. arithmetischen Bezug hatte. Die Äußerung eines Kindes wurde der Hauptkategorie „Raum und Form" zugeordnet, wenn die Äußerung geometrisches Denken (vgl. Kapitel 2.3.3.1) erkennen ließ, d.h. geometrischen Bezug hatte. Wenn die Äußerung funktionales Denken (vgl. Kapitel 2.3.3.1) erkennen ließ, d.h. Bezug zu Gesetzmäßigkeiten oder funktionalen Beziehungen hatte, sollte sie dem Bereich „Muster und Strukturen" zugeordnet werden. Jedoch konnte dieser Bereich nicht deutlich von den anderen abgegrenzt werden. Es ist anknüpfend an den Lehrplan (MSW 2008, S. 7) davon auszugehen, dass der Bereich Muster und Strukturen „integraler Bestandteil aller Bereiche" ist und somit nicht separiert ausgemacht werden kann. Deshalb wird dieser Inhaltsbereich im Folgenden nicht mehr gesondert aufgeführt und ist als Teil der anderen Inhaltsbereiche zu verstehen. Die Äußerung eines Kindes wurde der Hauptkategorie „Größen und Messen" zugeordnet, wenn die Äußerung sowohl numerisches als auch geometrisches Denken in Bezug zu Größen (vgl. Kapitel 2.3.3.1) erkennen ließ, d.h. im Spannungsfeld von Arithmetik und Geometrie Bezug zu Größen hatte. Die Äußerungen wurden nur nach ihrem mathematischen Gehalt den Kategorien zugeordnet, unabhängig davon, ob sie aufgrund einer allgemeinen erzählgenerierenden Frage, einer zentralen Frage oder ohne Frage der interviewenden Person (vgl. Kapitel 4.1.5) getätigt wurde.

Nach der Strukturierung und Zusammenfassung des Datenmaterials in den einzelnen Hauptkategorien wurde im nächsten Schritt auf Teilaspekte der Facetten des inhaltsbezogenen mathematischen Denkens (vgl. Kapitel 2.3.3.1) hin kodiert, und es wurden induktiv Unterkategorien gebildet. Dabei wurden folgende – in der Theorie genannten – Unterkategorien in der Auswertung des Datenmaterials gebildet:

4.2 Durchführung der Untersuchung

Tabelle 11: Analyseleitfaden

Kategorie	Erläuterung	Beispiel
Zahlen & Operationen		
Zahlsymbole		
Lesen von Zahlen	Zuordnung zwischen Zahlwort und Zahlsymbol	Beispiel: T25, Z. 109 / K74: „(K74 zeigt auf das T-Shirt der Giraffe im Bild.) Da ist die Eins."
Kardinalzahlaspekt		
Unpräzise Mengenbestimmung	Bestimmung einer unpräzisen Anzahl von Objekten	Beispiel: T1, Z. 43 / K3: „Und da sind ganz viele Häuser."
Präzise Mengenbestimmung	Bestimmung einer präzisen Anzahl von Objekten	Beispiel: T3, Z. 242 / K9: „Ich sehe drei Fische. (K9 fährt mit dem Finger über die drei Fische im Bild.)"
Mengenvergleich	Bestimmung von sogenannten Differenzmengen unpräzise: Mehr oder weniger? präzise: Wie viel mehr?	Beispiel: T2, Z. 151 / K6: „Weil davor einer mehr war."
Ordinalzahlaspekt		
Ordnungszahl	Feststellung eines Rangplatzes in einer geordneten Reihe	Beispiel: T2, Z. 78 / K4: „Und der erste geht schon rein."
Zählzahl	Durchlauf der Folge der natürlichen Zahlen beim Zählen	Beispiel: T22, Z. 404 / K66: „(K66 tippt nacheinander mit dem Finger auf die leeren Stühle im Bild.) # Eins, zwei, drei, vier, fünf. Fünf Plätze frei."
Maßzahlaspekt		
Maßzahl	Verwendung von Zahlen als Maß zur Angabe von Längen	Beispiel: T1, Z. 240 / K2: „Der hat nur einen Meter."
Raum & Form		
Raumorientierung		
Raumrichtung	Verwendung von Begriffen der Raumrichtung zur Beschreibung der Ausdeh-	Beispiel: T3, Z. 175 / K9: „Ich sehe, dass der, dass der eine Fuß [von den zwei nach

Kategorie	Erläuterung	Beispiel
	nung von Objekten im Raum, z. B. vorwärts, rückwärts, seitwärts, vorne-hinten, rechts-links, oben-unten	oben ist] und der andere nach unten und der guckt so traurig."
Raumlage	Verwendung von Begriffen der Raumlage zur Beschreibung räumlicher Beziehungen von Objekten im Raum, z. B. zwischen, vor, neben, hinter, rein, raus	Beispiel: T21, Z. 190 / K62: „Mhm. # Weil der Krokodil ist dahinter."
Geometrische Formen		
Erkennen von Formen	Verwendung von Eigenschaftsbegriffen zur Beschreibung von ebenen oder räumlichen Objekten, z. B. rund, eckig, gerade, symmetrisch oder kugelig, flach, spitz	Beispiel: T26, Z. 36 / K77: „(*K77 zeigt auf die Lampe im Bild.*) Weil die (.) gebogen ist."
Operieren mit Formen (Drehung)	Beschreibung von Lageveränderungen von Objekten durch Drehung	Beispiel: T10, Z. 225 / K28: „Der Frosch dreht sich um. (*K28 tippt auf den umgedrehten Frosch im Bild.*)"
Größen & Messen		
Größenbereiche		
Länge	Verwendung von Begriffen der Raumausdehnung zur Beschreibung der Länge von Objekten, z. B. kurz-lang, hoch-tief	Beispiel: T9, Z. 87 / K26: „# Die hat einen langen Hals (*K26 zeigt auf den Hals der Giraffe.*)."
Volumen	Verwendung von Begriffen Raumausdehnung zur Beschreibung des Volumens von Objekten, z. B. klein-groß, schmal-breit	Beispiel: T5, Z. 129 / K14: „Weil die viel zu dick ist."
Zeit		
Zeitliche Beziehung	Beschreibung von Zeiträumen und Geschwindigkeiten, z. B. lang-kurz, langsam-schnell	Beispiel: T4, Z. 69 / K12: „Dann haben die den hier so dann eingewickelt und dann klettern die so langsam."
Zeitliche Reihenfolge	Beschreibung von zeitlichen Abfolgen und Strukturen, z. B. nächste, vorher, danach, dann	Beispiel: T2, Z. 73 / K4: „Weil dann kommt der nächste Patient rein."
Größenvergleich		
Direkter Größenvergleich	Bestimmung von Größen durch direktes Vergleichen mittels einer Ordnungs- oder Äquivalenzrelation	Beispiel: T1, Z. 10 / K3: „Die Giraffe ist größer als das Krokodil."

4.2 Durchführung der Untersuchung

Kategorie	Erläuterung	Beispiel
Indirekter Größenvergleich	Bestimmung von Größen durch indirektes Vergleichen mit Hilfe von Maßeinheiten (körpereigene oder standardisierte Maßeinheiten)	Beispiel: T21, Z. 82 / K62: „# Ein Meter ist das Krokodil."
Mentaler Größenvergleich	Bestimmung von Größen durch mentales Vergleichen mittels einer Ordnungs- oder Äquivalenzrelation. Mentale Größenvergleiche finden dann statt, wenn nur ein Bezugsobjekte abgebildet ist und das andere für den Vergleich mental konstruiert wird.	Beispiel: T19, Z. 76 / K57: „Der muss jetzt noch ein größeres Boot haben." [Referenz auf ein mentales Modell]
Partieller Größenvergleich	(sprachliche) „Vorstufe" zum direkten oder impliziten Größenvergleich mittels einer Ordnungs- oder Äquivalenzrelation. Größenvergleiche gelten als partiell, wenn die Bezugsobjekte nicht eindeutig identifiziert werden können.	Beispiel: T1, Z. 310 / K3: „Ja, die Tür ist noch größer." [Bezugsobjekt unklar: größer als?]

Die Haupt- und Unterkategorien werden im Folgenden genutzt, um die Ergebnisse der Untersuchung (Kapitel 5) strukturiert darzustellen.

5 Ergebnisse der Untersuchung

Zur Beantwortung der zentralen Frage, inwieweit Bilderbücher beim Einsatz in dialogischen Lesesitzungen das Potenzial haben mathematisches Denken von Kindergartenkindern anzuregen, werden in diesem Kapitel anknüpfend an die vorgenommene Fokussetzung folgende Fragestellungen bearbeitet:

- Kapitel 5.1: Welche Facetten des inhaltsbezogenen mathematischen Denkens zeigen sich bei Kindergartenkindern zwischen 3 und 6 Jahren beim Einsatz von Bilderbüchern? (vgl. Kapitel 2)
- Kapitel 5.2: Welche Charakteristika von Bilderbüchern können das inhaltsbezogene mathematische Denken von Kindergartenkindern zwischen 3 und 6 Jahren besonders anregen? (vgl. Kapitel 3)

5.1 Facetten des inhaltsbezogenen mathematischen Denkens

In diesem Kapitel werden die Facetten des inhaltsbezogenen mathematischen Denkens entsprechend der Kategorien des Analyseleitfadens (vgl. Kapitel 4.2.4.2) genauer betrachtet. Ziel dieses Kapitels ist es, das inhaltliche Spektrum mathematischen Denkens aufzuzeigen, das Kindergartenkinder in dialogischen Lesesitzungen zeigen können. Dabei wird keine Bewertung der mathematischen Qualität der Äußerungen vorgenommen.

5.1.1 *Numerisches Denken im Inhaltsbereich „Zahlen und Operationen"*

Im Inhaltsbereich „Zahlen und Operationen" stehen im Kontext früher mathematischer Bildung Aspekte des Zahlbegriffs im Zentrum (vgl. z. B. Benz et al. 2015, S. 117; Kaufmann 2010, S. 15; Schuler 2013, S. 36). Im Rahmen der Lesesitzungen der Studie zeigten einige Kinder innerhalb dieses Bereichs Facetten des numerischen Denkens (vgl. Kapitel 2.3.3.1) im Kontext folgender Teilaspekte des Zahlbegriffs: Das *Lesen von Zahlen* sowie die Zahlaspekte *Kardinalzahlaspekt, Ordinalzahlaspekt* und *Maßzahlaspekt*. Diese Aspekte werden im Folgenden näher ausgeführt und exemplarisch mit Szenen belegt.

© Springer Fachmedien Wiesbaden GmbH, ein Teil von Springer Nature 2020
A. Vogtländer, *Bilderbücher im Kontext früher mathematischer Bildung*, Essener Beiträge zur Mathematikdidaktik, https://doi.org/10.1007/978-3-658-29552-3_6

5.1.1.1 Lesen von Zahlen

Unter dem *Lesen von Zahlen* wird „die Zuordnung von Zahlzeichen und Zahlwort" (Gaidoschik 2009, S. 63) verstanden. Das Lesen von Zahlen betrifft lediglich den Schriftspracherwerb, denn das Lesen der Zahlsymbole allein führt nicht zum Zahlverständnis (vgl. Kaufmann 2010, S. 149). Jedoch kann das Lesen (und Schreiben) von Zahlen als Darstellung mathematischer Sachverhalte den Verständnisaufbau unterstützen (vgl. ebd.) und Ziffernkenntnis somit als Teil des Zahlverständnisses gesehen werden (vgl. Schmidt 1982b, S. 166).

Beim Einsatz des Bilderbuchs „Das kleine Krokodil und die große Liebe" (Kulot 2003) zeigte sich, dass das Bilderbuch einige Kinder dazu anregte, die Zahlzeichen zu lesen, wie die nachfolgende Szene mit Lena (3;9[5]) und Mia (3;8) exemplarisch zeigt:

26	I	Mhm', genau (..) was fällt euch noch auf' (..) was seht ihr noch auf dem Bild' *(8 sec. Pause)*
27	Lena	Die Zahlen.
28	I	Wo siehst du Zahlen' (..) zeig mal.
29	Lena	Da. *(Lena zeigt mit dem Finger auf die „1" auf dem Zollstock im Bild.)*
30	I	Mhm', weißt du auch was das für eine Zahl ist'
31	Lena	Eins.
32	I	Genau, und siehst du noch mehr Zahlen'
33	Lena	Zwei.
34	I	Wo siehst du die Zwei, zeig mal'
35	Lena	Da. *(Lena zeigt mit dem Finger auf die „2" auf dem Zollstock im Bild.)*
36	I	Mhm'
37	Mia	Und ich seh die da. *(Mia zeigt mit dem Finger auf die „3" auf dem Zollstock im Bild.)*
38	Lena	*(Lena zeigt mit dem Finger auf die „3" auf dem Zollstock im Bild.)*
39	I	Was ist das für eine Zahl Mia' *(I. schaut Mia an.)*
40	Lena	Drei.
41	I	Genau.
42	Mia	Und das mag ich vier. *(Mia zeigt mit dem Finger auf die „3" auf dem Zollstock im Bild.)*

---

[5] Standardisierte Form der Altersangabe bei Kindern; der erste Wert gibt die Jahre, der zweite die Monate an.

5.1 Facetten des inhaltsbezogenen mathematischen Denkens

Die Kinder Lena (3;9), Mia (3;8) und Niklas (3;5) betrachten die erste Seite des Bilderbuchs „Das kleine Krokodil und die große Liebe" (Kulot 2003) zusammen mit der Interviewerin, und Lena entdeckt die Zahlsymbole 1 (Z. 29, 31[6]), 2 (Z. 33, 35) und 3 (Z. 38, 40), welche auf dem Zollstock als Längeneinheiten (Meter) abgebildet sind (vgl. Abbildung 3). Der Text des Bilderbuchs wurde noch nicht durch die Interviewerin vorgelesen, und außer der Aufforderung zur Bildbeschreibung sind keine weiteren Impulse von der Interviewerin ausgegangen. Die Zahlen auf dem Zollstock erregen also von sich aus Aufmerksamkeit. Jedoch bleibt an dieser Stelle offen, ob die gelesenen Zahlen für die Kinder der Lesesitzung mit einer Bedeutung verknüpft sind. Die Zahlen auf dieser Bilderbuchseite sind Maßzahlen, welche im Kontext der abgebildeten Messsituation zu sehen sind (vgl. Abbildung 3). Der Aspekt, dass der Zollstock nicht gerade gehalten wird und die Messung daher ungenau ist, wird in der vorangegangenen Szene nicht thematisiert, und auch die Zahlen werden nicht in den Kontext des Messens eingebettet. Darüber hinaus ist auch festzustellen, dass Mia noch nicht sicher in der Zuordnung zwischen Zahlwort und Zahlsymbol ist (Z. 37), denn als die Interviewerin nach dem Zahlsymbol „2" fragt, zeigt Mia auf das Zahlsymbol „3" und auch in Zeile 42 bezieht sich Mia auf die Zahl „4", welche nicht als Zahlsymbol dargestellt ist und vielleicht eine Weiterführung der Zahlwortreihe ihrerseits ist.

---

[6] Zeilenangabe (Z.: Zeile)

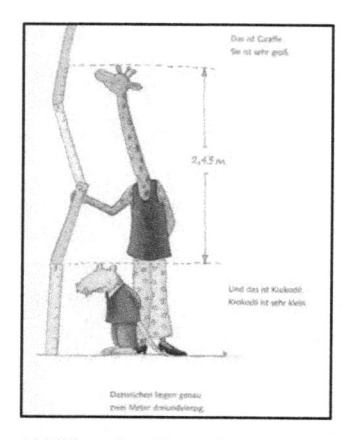

Abbildung 3: Illustration aus Daniela Kulot: Das kleine Krokodil und die große Liebe. © 2003 von Thienemann in der Thienemann-Esslinger Verlag GmbH, Stuttgart

Diese Szene zeigt, dass beide Mädchen auf ihrem Niveau einen Zugang zu den Zahlsymbolen auf der Bilderbuchseite finden und dies ein Anknüpfungspunkt für weitere Überlegungen zur Bedeutung von Zahlen sein kann.

Auch beim Einsatz des Bilderbuchs „Oma Emma Mama" (Pauli 2010) zeigte sich, dass das Bilderbuch einige Kinder zum Lesen von Zahlen anregte. Exemplarisch für einige andere Kinder, äußert sich Max (5;0) zu den Bilderbuchseiten 7 und 8 (vgl. Abbildung 4) folgendermaßen:

| 143 | Max | Ey. Sieben, acht, neun. (Max *tippt auf die entsprechenden Zahlen im Bild.*) |

5.1 Facetten des inhaltsbezogenen mathematischen Denkens   95

Abbildung 4:   Illustration aus Lorenz Pauli und Kathrin Schärer: OMA EMMA MAMA
               Atlantis, ein Imprint von Orell Füssli Verlag © 2010 Orell Füssli Sicherheitsdruck
               AG, Zürich

Und auch auf den folgenden Seiten nennt Max die dargestellten Zahlen und tippt sie an, während er das zugehörige Zahlwort sagt. In derselben Lesesitzung liest auch Finn (5;5) ergänzend zu Max die dargestellten Zahlen vor, welche auf jeder Seite als Dreierpäckchen den Zählrhythmus beim Versteckspiel wiedergeben (1,2,3 auf S. 3/4; 4,5,6 auf S. 5/6; 7,8,9 auf S. 7/8 usw.). Dadurch, dass die beiden Jungen die Zahlen antippen, während sie das zugehörige Zahlwort nennen, ist davon auszugehen, dass sie die Zahlen vorlesen. Da diese Aktivität jedoch erst nach folgender Szene beginnt, könnte auch der Impuls der Interviewerin leitend gewesen sein, und es handelt sich um ein Weiterzählen in Dreierpäckchen:

137	Finn	Warum (.) sind da Zahlen'
138	I	Weil die Oma jetzt weiterzählt. (*I. blättert zurück auf S. 3/4 des Bilderbuchs.*) Ihr habt ja gerade schon angefangen, hier hat die Oma anfangen **„1, 2, 3"**[7]. (*I. tippt die entsprechenden Zahlen nacheinander an und blättert anschließend wieder vor auf S. 5/6 des Bilderbuchs und tippt die entsprechenden Zahlen nacheinander an.*)

---

[7] Das Vorlesen des Textes des Bilderbuchs wird durch Fettdruck in Anführungszeichen kenntlich gemacht (vgl. Kapitel 8.1 Transkriptionsregeln).

| 139 | Finn | Vier, fünf, sechs. |
| 140 | I | Genau. |

Das Impulswort „weiterzählen", das Vorlesen der Zahlwörter Eins, Zwei, Drei und das Antippen der entsprechenden Zahlen durch die Interviewerin (Z. 138), könnte die Kinder der Lesesitzung dazu angeregt haben, diese Aktivität nachzuahmen. Es könnte also auch sein, dass die Kinder den Zählrhythmus erkannt haben, entsprechend diesem Rhythmus in Dreierpäckchen weiterzählen und dies mit entsprechender Zeigegeste auf die fett gedruckten Zahlen im Bilderbuch begleiten. Dabei würde dann eher das Zählen im Fokus stehen als das Lesen einer Zahl, wobei eine Kenntnis der Zahlsymbole nicht auszuschließen und aufgrund des Alters der beiden Probanden anzunehmen ist. Diese Annahme wird gestützt durch die Untersuchung von Moser Opitz (2002), welche zeigt, dass ein großer Teil der Kinder in Einführungs- und Sonderklassen bei Schulbeginn die Zahlen bis 10 lesen kann. Hier würde dann im Gegensatz zur ersten Szene die Bedeutung der Zahl als Zählzahl im Fokus stehen.

Beide Szenen zeigen, dass das Lesen des Bilderbuchs, sowohl ohne als auch mit Impuls der Interviewerin, einige Kinder dazu anregt, die Zahlen im Bilderbuch zu identifizieren, zu benennen und ihnen teilweise auch schon eine bestimmte Bedeutung zu geben. Das Lesen von Zahlen kann also eine erste Anregung sein, um darüber hinaus Zahlen im Hinblick auf ihre Funktion zu deuten. Welche konkreten Funktionen von Zahlen einige Kinder der Untersuchung in den Bilderbüchern ausgemacht haben, wird in den nachfolgenden Kapiteln 5.1.1.2 (Kardinalzahlaspekt), 5.1.1.3 (Ordinalzahlaspekt) und 5.1.1.4 (Maßzahlaspekt) dargelegt.

Die Bilderbücher „Der kleine Bär und sein kleines Boot" (Bunting 2011) und „Fünfter sein" (Jandl & Junge 1997) enthalten keine Darstellungen von Zahlsymbolen.

5.1.1.2 Kardinalzahlaspekt

Unter dem *Kardinalzahlaspekt* wird folgendes verstanden: „Zahlen beschreiben die Mächtigkeit von Mengen bzw. die Anzahl der Elemente" (Benz et al. 2015, S. 119; vgl. auch Radatz & Schipper 1983, S. 49). Deshalb umfasst die Kategorie des Kardinalzahlaspekts in dieser Arbeit das Bestimmen einer sowohl unpräzisen

(Kapitel 5.1.1.2.1) als auch präzisen Menge von Objekten (Kapitel 5.1.1.2.2) und deren Vergleich (Kapitel 5.1.1.2.3).

5.1.1.2.1 Unpräzise Menge von Objekten

Unter dem Bestimmen einer unpräzisen Menge von Objekten wird „eine sehr grobe, unpräzise Zuordnung von Zahlwörtern zu Mengen- und Größenbegriffen[8]" (Schneider et al. 2013, S. 27) verstanden. Kinder entwickeln zu Zahlwörtern wie z. B. „eins" oder „drei" Assoziationen wie z. B. „wenig" und zu Zahlwörtern wie z. B. „zwanzig" oder „tausend" Assoziationen wie z. B. „viel" oder „sehr viel" (vgl. Schneider et al. 2013, S. 27). Dabei wird deutlich, dass die Kinder eine Bewusstheit dafür haben, dass Zahlwörter mit Anzahlen verknüpft sind und somit eine Mächtigkeit repräsentieren (vgl. ebd., S. 28).

Beim Einsatz des Bilderbuchs „Das kleine Krokodil und die große Liebe" nimmt Lilli (5;2) die Menge von fünf Kissen wahr, welche auf dem Doppelbett liegen (vgl. Kulot 2003, S. 23f) und äußert sich folgendermaßen:

| 428 | Lilli | Da sind ganz viele, da ist eine Matratze und da sind, da ist (*unverständlich*) drin, und da sind Teller und Tassen (*Lilli zeigt mit dem Finger auf das Regal am Rand des Schwimmbeckens im Bild.*), die hab ich (*unverständlich*) mitgenommen, und da in dem Bett ist ganz viel, ganz viel, ganz viele, ähm (...) Kissen. (*Lilli zeigt mit dem Finger auf das Bett im Bild.*) |

Ahmed (3;1) nimmt im Verlauf der Lesesitzung zum Bilderbuch „Fünfter sein" (Jandl & Junge 1997) wahr, dass zu Beginn der Geschichte alle fünf Stühle im Wartezimmer des Arztes belegt waren und nun nur noch ein Stuhl belegt ist bzw. vier Stühle frei sind (vgl. Jandl & Junge 1997, S. 25f) und formuliert:

| 366 | Ahmed | # [Da sind] ganz viele Plätze frei. |

---

[8] Der Begriff „Größe" wird hier im Sinne von Anzahl genutzt.

Beim Einsatz des Bilderbuchs „Oma Emma Mama" (Pauli 2010) fällt Emma (3;2) die Menge der 17 Igelmäuse auf (vgl. Pauli 2010, S. 9f), und sie bringt dies folgendermaßen zum Ausdruck:

110 | Emma | Und ganz schön viele (.) Igel.

Diese exemplarischen Äußerungen zeigen, dass die drei Bilderbücher „Das kleine Krokodil und die große Liebe" (Kulot 2003), „Fünfter sein" (Jandl & Junge 1997) und „Oma Emma Mama" (Pauli 2010) einige Kinder zum Wahrnehmen einer Menge anregen können. Dabei assoziieren Lilli und Ahmed die Anzahlen von vier und fünf Gegenständen mit dem Ausdruck „ganz viel", wobei Emma den Ausdruck „ganz schön viel" bei einer Anzahl von 17 Elementen verwendet. An dieser Stelle ist es sinnvoll, die Mengenwahrnehmung in Relation zu sehen: Für Lilli ist es vielleicht normal, dass auf einem Doppelbett zwei Kissen liegen und somit sind fünf Kissen in Relation dazu „ganz viel" und wenn von fünf Stühlen vier frei sind, dann ist das ein hoher Anteil („ganz viel"), den Ahmed an dieser Stelle wahrnimmt.

Nach Krajewski und Ennemoser (2013, S. 43) beginnt die Entwicklung der „Mengen-/Größenbewusstheit von Zahlen[9]" ab etwa drei Jahren mit der Ausbildung des sogenannten „unpräzisen Anzahlkonzepts" und mündet in einem „präzisen Anzahlkonzept". Nichtsdestotrotz sollte das Bestimmen einer unpräzisen Menge im Kontext der Bilderbuchbetrachtung nicht als „Vorstufe" zum Bestimmen einer präzisen Menge gesehen werden, da die Nennung einer konkreten Anzahl von Gegenständen dabei nicht unbedingt relevant ist.

Es gibt in dieser Untersuchung keine Hinweise darauf, wann Kinder unpräzise und wann präzise Mengenangaben machen. Es ist zu vermuten, dass es zum einen situationsabhängig bezogen auf das Bilderbuch und den Dialog ist und zum anderen mit den individuellen Voraussetzungen der Kinder zusammenhängt.

Beim Einsatz des Bilderbuchs „Der kleine Bär und sein kleines Boot" (Bunting 2011) wurden keine unpräzisen Mengen bestimmt.

---

[9] Der Begriff „Größe" wird hier im Sinne von Anzahl genutzt.

5.1 Facetten des inhaltsbezogenen mathematischen Denkens

5.1.1.2.2 Präzise Menge von Objekten

Präzise Mengen von Objekten können durch Abzählen oder (quasi-)simultane Anzahlerfassung bestimmt werden (vgl. Benz et al. 2017, S. 76; Wittmann 1982, S. 56).

Beim Einsatz des Bilderbuchs „Das kleine Krokodil und die große Liebe" (Kulot 2003) wurde auffällig oft die präzise Menge „zwei" genannt, z. B. „zwei Minischnecken" (Lilli, 5;2), „zwei Stühle" (Leo, 5;8) oder „zwei Treppen" (Nele, 3;9). Das liegt wohlmöglich daran, dass dies in der Geschichte zentral ist und einige Objekte zweifach für die beiden Protagonisten der Geschichte vorhanden sind und eine Menge von zwei Objekten schnell simultan erfasst werden kann.

Das Bilderbuch „Der kleine Bär und sein kleines Boot" (Bunting 2011) regte die Kinder der Untersuchung eher selten dazu an, eine präzise Menge von Objekten zu bestimmen. Lediglich die Anzahl der Fische (vgl. Bunting 2011, S. 24) rückte in den Fokus einiger Kinder, wie z. B. bei Emilia (4;8):

| 224 | Emilia | Ich sehe drei Fische. (*Emilia fährt mit dem Finger über die Fische im Bild.*) |

Beim Einsatz des Bilderbuchs „Fünfter sein" (Jandl & Junge 1997) wurden dagegen häufiger präzise Anzahlen von Objekten genannt, dabei wurde die Anzahl der Spielzeugfiguren oder der freien Stühle bestimmt. Eine kurze exemplarische Szene mit Selma (5;9) und Linda (4;11), in der sie das Bild auf Seite 6 des Bilderbuchs betrachten, zeigt dies:

82	Linda	Das sind noch eins, zwei, drei, vier. (*Linda tippt beim Zählen die einzelnen Spielzeugfiguren nacheinander an.*) #
83	Selma	# Und mit dem (*Selma zeigt auf den Pinguin.*) sind es fünf und mit dem Marienkäfer sechs.

Linda bestimmt durch einzelnes Abzählen mit Antippen des zugehörigen Objekts die Anzahl der Spielzeugfiguren, die auf den Stühlen im Wartezimmer sitzen. Selma zählt noch die Spielzeugfigur des Pinguins, welcher gerade das Wartezimmer verlässt, hinzu und ergänzt die Anzahl noch um die Figur des Marienkäfers, der auf der vorherigen Seite des Bilderbuchs zu sehen war. Selma zählt also ausgehend von der bereits bestimmten Anzahl der Spielzeugfiguren von Linda um 2 weiter, ohne dass das letzte Objekt direkt sichtbar ist. Diese Szene zeigt, dass Selma und Linda die Zahlwortreihe (zumindest bis vier bzw. sechs) und zumindest die ersten drei Zählprinzipien, welche sich darauf beziehen, wie gezählt wird (vgl. Gelman & Gallistel 1986, S. 77ff), beherrschen. Darüber hinaus wird sichtbar, dass Selma bereits die Zählstrategie „Weiterzählen (von einer bereits bestimmten Anzahl aus)" beherrscht (vgl. Padberg & Benz 2011, 88f). Diese Kompetenzen sind bedeutend für das Bestimmen von Anzahlen (vgl. Benz et al. 2015, S. 117).

Ähnliche Ergebnisse zeigten sich auch im Rahmen des internationalen PALM-Projekts beim Einsatz des Bilderbuchs „Fünfter sein": „Alle Kinder [der Untersuchung] beherrschten die Zahlwortreihe bis 5, zeigten aber auch sichere Kompetenzen in der kardinalen Nutzung der Zahlen in diesem Bereich" (Scherer et al. 2007, S. 922).

Das Bilderbuch „Oma Emma Mama" (Pauli 2010) regte die Kinder in dieser Untersuchung deutlich weniger an, Anzahlen zu bestimmen. So gibt es wenige Szenen, wie z. B. die mit Friedrich (5;0), der die Anzahl der Schneckenhäuser in dem Bild auf Seite 17 und 18 bestimmt:

| 321 | Friedrich | Also eins, zwei, drei, vier, fünf, sechs. (*Friedrich tippt die Schnecken im Buch nacheinander an.*) |

Friedrich zählt hier sowohl die vier Schnecken als auch die beiden Schwänze der Chamäleons, welche aufgewickelt sind und wie Schneckenhäuser aussehen (vgl. Pauli 2010, S. 17f) und kommt so auf eine Menge von sechs Objekten. An dieser Stelle ist zu vermuten, dass Friedrich das Abstraktionsprinzip (vgl. Gelman & Gallistel 1986, S. 77ff) in besonderem Maße berücksichtigt und dabei alle spiralförmigen Objekte auf der Bilderbuchseite in einer Kategorie zusammenfasst. Diese Szene zeigt deshalb über die Anzahlbestimmung hinaus, dass das Bilderbuch einige Kinder auch durchaus zum Klassifizieren anregen kann: Die Kinder vergleichen verschiedene Objekte und bilden Kategorien nach bestimmten (mathematischen) Merkmalen (vgl. Hasemann & Gasteiger 2014, S. 14).

5.1.1.2.3 Mengenvergleich

Mengen können durch Eins-zu-eins-Zuordnung oder durch Abzählen hinsichtlich ihrer Mächtigkeit verglichen werden (vgl. Benz et al. 2017, S. 76). Auf der Basis der Eins-zu-eins-Zuordnung können die Kinder entscheiden, ob beide Mengen „gleichviele" Objekte oder eine Menge „weniger" oder „mehr" Objekte enthält (vgl. Fthenakis et al. 2009, S. 86). In einem weiteren Schritt können Kinder dann mit entsprechender Zählkompetenz die genaue Differenz zwischen den Mengen bestimmen (vgl. Kaufmann 2010, S. 156).

In der Lesesitzung zum Bilderbuch „Oma Emma Mama" (Pauli 2010), an der Jonas (4;6), Anton (4;0) und Dilara (4;3) teilnahmen, ergab sich folgende Szene bei der Betrachtung der Bilderbuchseiten 9 und 10 (vgl. Abbildung 5):

45	I	Mhm (..) was meinst du Anton' (*I. wendet sich Anton zu.*) (*4 sec. Pause*) vielleicht ist es ja hier unten besser, weil da mehr sind' (...) weil es mehr Igelmäuse als Fledermäuse gibt' (..) Stimmt das'
46	Jonas	(*Jonas nickt.*)
47	I	Woran kannst du das erkennen, # dass das mehr sind'
48	Dilara	#Ja.
49	Jonas	(*Jonas zuckt mit den Schultern.*) (..)
50	I	Magst du mal zählen?'
51	Jonas	(*Jonas schüttelt den Kopf.*)
52	I	Mag jemand anders mal zählen' (..) sollen wir mal zusammen zählen'
53	Dilara	(*Dilara nickt.*)
54	I	Eins. (*I. zeigt der Reihe nach mit dem Finger auf die Fledermäuse im Bild.*)
55	Dilara	Zwei, drei, vier, fünf, sechs, sieben, acht.
56	I	Mhm, acht Fledermäuse. Wie viele Igelmäuse' (*I. zeigt mit dem Finger auf die erste Igelmaus im Bild.*)
57	Dilara	Ei- Eins.
58	I	Zwei. (*I. zeigt der Reihe nach mit dem Finger auf die Igelmäuse im Bild.*)
59	Dilara	Zwei, drei, vier, fünf, sechs, sieben, acht, neun, zehn, elf, zwölf, dreizehn, vierzehn, fünfzehn, sechzehn. (*Dilara nickt bei jedem Zahlwort mit dem Kopf.*)

60	I	Siebzehn, achtzehn, neun#zehn.
61	Dilara	#neunzehn.
62	I	Genau. Und wo sind jetzt mehr'
63	Dilara	Mmm (*9 Sec. Pause*) unten.
64	I	Genau. (*6 Sec. Pause*) Warum sagst du unten sind mehr'
65	Dilara	(..) weil hier unten sind viele.

Die Interviewerin bezieht sich in dieser Szene auf eine der zentralen Fragen des Interviewleitfadens (vgl. Kapitel 4.1.5): Warum will sich Emma lieber zwischen den Igelmäusen verstecken? Mit ihrer Äußerung in Zeile 45 zielt die Interviewerin auf einen Mengenvergleich ab. Sie möchte wissen, ob im unteren Teil des Bildes mehr Igelmäuse abgebildet sind und die Anzahl der Fledermäuse im oberen Teil des Bildes im Vergleich geringer ist (vgl. Abbildung 5). Jedoch ist an dieser Stelle relativierend anzumerken, dass die Interviewerin mit dem Adjektiv „besser" eine Bewertung vornimmt und somit eine gewisse Antworterwartung suggeriert.

Anton antwortet nicht auf diese Frage, Jonas stimmt durch Nicken zu (Z. 46), und Dilara bejaht die Frage (Z. 48). Als die Interviewerin von den Kindern wissen möchte, woran sie die Differenz erkennen können (Z. 47) und die Kinder ihr keine Antwort geben, schlägt die Interviewerin „Abzählen" als Argumentationsgrundlage vor (Z. 50, 52). Schließlich zählen die Interviewerin und Dilara gemeinsam die Fledermäuse und die Igelmäuse. Dabei wird sichtbar, dass Dilara die Zahlwortreihe bis 16 (vgl. Z. 59) – vermutlich auch bis 19 (vgl. Z. 61) – und zumindest das Zählprinzip „Prinzip der stabilen Ordnung" (vgl. Gelman & Gallistel 1986, S. 77ff) beherrscht, auch wenn sie an dieser Stelle ein wenig Unterstützung durch die Interviewerin erhält (vgl. Z. 60). Nachdem die Anzahl von acht Fledermäusen und neunzehn Igelmäusen ermittelt wurde, fragt die Interviewerin erneut, welche Menge größer ist und warum, und Dilara antwortet, dass die untere Menge der Igelmäuse größer ist, „weil hier unten sind viele" (Z. 65).

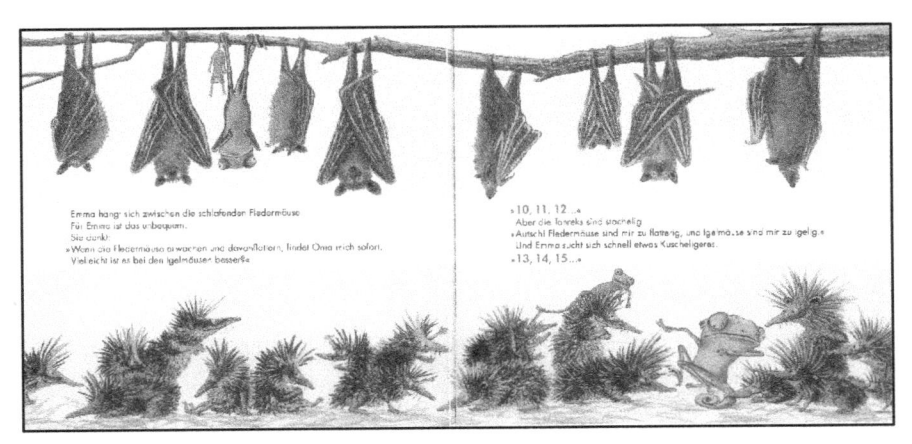

5.1 Facetten des inhaltsbezogenen mathematischen Denkens 103

Abbildung 5: Illustration aus Lorenz Pauli und Kathrin Schärer: OMA EMMA MAMA Atlantis, ein Imprint von Orell Füssli Verlag © 2010 Orell Füssli Sicherheitsdruck AG, Zürich

Der Mengenvergleich wäre an dieser Stelle rein visuell wahrnehmbar gewesen und hätte keines Anzahlvergleichs (8<19) bedurft (vgl. Abbildung 5). Aufgrund der starken Führung durch die Interviewerin bleibt an dieser Stelle auch unklar, ob Dilara hier wirklich den intendierten Mengenvergleich vornimmt, da sie die Mengen nicht sprachlich zueinander in Beziehung setzt („mehr" oder „weniger"), sondern eine unpräzise Zuordnung von Zahlwörtern zu Mengenbegriffen („viel" oder „wenig") vornimmt. Ein möglicher Grund wäre ein noch nicht umfassendes Zahlverständnis, wodurch kein Zusammenhang zwischen Zahlwort und Menge hergestellt werden kann (vgl. Dehaene 1992).

Darüber hinaus bleibt auch unklar, ob Dilara tatsächlich die Menge der Tiere bestimmt oder rein verbal zählt. Indem die Interviewerin die Tiere während des Zählens einzeln antippt und die Anzahl der Fledermäuse nennt (Z. 56), ist nicht ersichtlich ob Dilara auch wirklich jedem Tier genau ein Zahlwort zuordnet (Eindeutigkeitsprinzip) und tatsächlich die Mächtigkeit der Menge (Kardinalzahlprinzip) angibt.

Diese Szene ist nicht beispielhaft. Ein Vergleich der Mengen konnte nur in dieser einen Gruppenlesesitzung sichtbar angeregt werden.

5.1.1.3 Ordinalzahlaspekt

Unter *Ordinalzahlen* werden Zahlen als Rangplätze innerhalb einer Reihe verstanden (vgl. Benz & Padberg 2011, S. 15; Radatz & Schipper 1983, S. 49). Dabei wird zwischen den Ordnungszahlen (Kapitel 5.1.1.3.1) und den Zählzahlen (Kapitel 5.1.1.3.2) unterschieden. Beide Zahlaspekte wurden in der Untersuchung von einigen Kindern aufgegriffen.

5.1.1.3.1 Ordnungszahl

Eine *Ordnungszahl* gibt den Rangplatz eines Elements in einer geordneten Reihe an (vgl. Krauthausen 2018, S. 44).

Ordnungszahlen werden nur beim Einsatz des Bilderbuchs „Fünfter sein" (Jandl & Junge 1997) von einigen Kindern aufgegriffen. In diesem Bilderbuch sind die Ordnungszahlen durch die Geschichte und den Text explizit angelegt und regen dadurch diesen Zahlaspekt bei einigen Kindern besonders an, wie die beiden folgenden Szenen exemplarisch belegen:

Das erste Beispiel zeigt eine Szene aus einer Lesesitzung mit Selma (5;9), Mara (5;2) und Leyla (4;11), in der der Aspekt der Veränderung der Ordnungszahlen bei der Betrachtung des Bildes auf Seite 20 zum Ausdruck kommt:

182	I	Und was könnte da jetzt stehen' (*I. deutet auf den Text.*)
183	Mara	Ähm, zwei- #
184	I	(*I. nickt.*)
185	Leyla	# Zweiter.
186	I	(*I. nickt erneut*) Mhm. „**Zweiter sein**", steht da. Warum denn jetzt Zweiter sein'
187	Leyla & Mara	Weil das zwei sind.
188	I	Mhm. Und wer ist der Zweite'
189	Selma	Der Frosch. (*Selma zeigt auf den Frosch im Bild.*)
190	I	(..) # Der Frosch ist Zweite? Was meint ihr, wer denn als nächstes dran ist?

5.1 Facetten des inhaltsbezogenen mathematischen Denkens 105

191	Leyla	# Eins (.) Drei. (*Leyla zeigt dabei erst auf den Pinocchio und dann auf den Frosch im Bild.*) Eins, zwei. (*Leyla zeigt dabei erst auf den Pinocchio und dann auf den Frosch im Bild.*)
192	Selma	Der Frosch.
193	Leyla	Und dann ist der Zweite. (*Leyla zeigt auf den Pinocchio im Bild.*)
194	I	Wer ist der Zweite'
195	Selma	Der Pinocchio.
196	I	Mhm. Wer kann denn nochmal erklären, warum denn jetzt der Pinocchio der Zweite ist'
197	Mara	Weil der als letztes da sitzt.
198	I	Mhm. (...) Wie würden die anderen das erklären, warum der Pinocchio Zweiter ist' (*I. schaut Selma und Leyla an.*) (*14 sec. Pause*) Habt ihr eine Idee' Warum ist der Pinocchio jetzt der Zweite'
199	Leyla	Mmm, weil schon der Bär, die Ente und der Pinguin weg sind.
200	I	Mhm. (.) Was war dann der Pinocchio vorher'
201	Leyla	Eins, zwei. (*Leyla zeigt dabei erst auf den Pinocchio und dann auf den Frosch im Bild.*)
202	I	Mhm.
203	Leyla	Zwei.
204	I	Jetzt ist er Zweiter.
205	Leyla	Ja. Eins, zwei. (*Leyla zeigt dabei erst auf den Frosch und dann auf den Pinocchio im Bild.*) Zwei.
206	I	Mhm. Und vorhin, was war der Pinocchio hier' (*I. blättert zurück auf Seite 13/14 des Buchs.*)
207	Mara	War der der (..) Dritte.
208	I	Genau. Da steht „**Dritter sein.**" (*I. blättert zurück auf Seite 7/8 des Buchs.*) Und was war Pinocchio hier'
209	Mara	Vierter.
210	Leyla	Vierter.
211	I	Genau. „**Vierter sein.**"

Nachdem die Interviewerin die Kinder aufgefordert hat zu beschreiben, was sie auf dem Bild sehen, und Selma zwei Auffälligkeiten beschreibt, fragt die Interviewerin, ob die Kinder eine Idee haben, wie der entsprechende Text zu diesem Bild lautet. Der Text im Bilderbuch „Fünfter sein" (Jandl & Junge 1997) folgt einem bestimmten Muster: tür auf einer raus – einer rein – vierter sein – tür auf einer raus – einer rein – dritter sein – tür auf einer raus – einer rein – zweiter sein – tür auf einer raus – einer rein – nächster sein – tür auf einer raus – selber rein – tagherrdoktor (vgl. Kapitel 3.3.1).

Abbildung 6: Illustration aus Ernst Jandl und Norman Junge: Fünfter sein
© 1997 Beltz & Gelberg Verlag in der Verlagsgruppe Beltz · Weinheim Basel

Auf der Seite, die die Kinder gerade betrachten, steht „zweiter sein", wie Mara und Leyla in Zeile 183 und 185 richtig vermuten. Sie versuchen, zwischen der Ordnungszahl und der Anzahl der abgebildeten Spielzeugfiguren, also der Kardinalzahl, einen Zusammenhang herzustellen (Z. 187). Jedoch ist zunächst nicht geklärt, wer sich an der zweiten Stelle in der Reihe befindet. Selma ordnet zunächst dem Frosch diese Position zu (Z. 189 & 192). Erst nachdem Leyla in Zeile 193 Pinocchio die zweite Stelle zuordnet, tut Selma das auch (Z. 195).

Mara begründet dies in Zeile 197: „Weil der als letztes da sitzt." Sie argumentiert über die räumliche Anordnung der Spielfiguren: Der Pinocchio sitzt rechts außen, und die Spielzeugfiguren sind beginnend von links nacheinander in das Behandlungszimmer gegangen (vgl. Abbildung 6). Nun sind nur noch zwei Spielzeugfiguren übrig, also muss Pinocchio der zweite in der Reihe sein. Leyla unterstützt das Argument, indem sie in Zeile 199 den Verlauf der Geschichte beschreibt und damit die Veränderung der Ordnungszahlen andeutet. Um die Veränderung noch

5.1 Facetten des inhaltsbezogenen mathematischen Denkens

einmal deutlich zu machen, blättert die Interviewerin zurück auf die Bilderbuchseiten mit den Texten „dritter sein" und „zweiter sein". Ohne den Text erneut wiederzugeben, kann Mara Pinocchio die entsprechende Ordnungszahl zuordnen. In der Szene bleibt unklar, ob alle Kinder bereits ein Verständnis von Ordnungszahlen besitzen, denn wenn Ordnungszahlen genannt werden, werden sie meist kardinal genutzt, d. h. mit der Anzahl der abgebildeten Spielzeugfiguren in Beziehung gesetzt. Außerdem ist auch nicht auszuschließen, dass die Verwendung von Ordnungszahlen eine bloße Wiederholung oder Fortsetzung des von der Interviewerin Gesagten ist.

Auch im Rahmen des internationalen PALM-Projekts beim Einsatz des Bilderbuchs „Fünfter sein" ging die Verwendung des Ordnungszahlaspekts mit Schwierigkeiten einher: „Die […] Ordnungszahlen wurden von den meisten Kindern nicht aktiv genutzt, lediglich wiederholt, wenn die Interviewerin die Ordnungszahl verwendete […]. Vielmehr ersetzten mehrere Kinder die Ordnungszahl und argumentierten mit einem anderen Zahlaspekt […]" (Scherer et al. 2007, S. 922).

Das zweite Beispiel zeigt die Äußerung von Jale (5;3), die sich auf das Bild auf Seite 18 des Bilderbuchs bezieht, und zeigt eine statische Sichtweise auf Ordnungszahlen:

| 244 | Jale | Nur noch die beiden da (*Jale zeigt auf den Frosch und den Pinocchio im Bild.*) der ist als [vierter] (*Jale zeigt auf den Frosch im Bild.*) der ist als letzter. (*Jale zeigt auf Pinocchio im Bild.*) |

Jale betrachtet die Ordnung als konstant gegeben: Der Pinguin ist erster, die Ente zweiter, der Bär, der auf dem betrachteten Bild gerade ins Behandlungszimmer geht, dritter, der Frosch vierter und Pinocchio fünfter. Unabhängig davon, wie viele Spielzeugfiguren nun noch im Wartezimmer sitzen, zeigt sie auf den Frosch und bezeichnet die Position des Froschs in der Reihe mit „vierter" und die von Pinocchio mit „letzter" (Z. 244). Auch in dieser Szene bleibt unklar, ob Jale bereits die Ordnungszahlen in Gänze durchdrungen hat und sie auch die andere Perspektive einnehmen kann, bei der sich der Rangplatz eines Elements in einer Reihe verändert, wenn sich die Elemente der Reihe verändern.

Diese beiden Beispiele zeigen den vielfältigen Umgang mit Ordnungszahlen beim Einsatz des Bilderbuchs „Fünfter sein" (Jandl & Junge 1997). Dabei kann sowohl die vom Buch intendierte dynamische Perspektive eingenommen werden, welche die sich fortlaufend verändernde Position Pinocchios in der Reihe beschreibt, als auch eine eher statische Perspektive, welche die feste Reihenfolge beginnend bei der ersten Spielzeugfigur, dem Pinguin, im Blick hat. Beide Perspektiven sind ein wichtiger Bestandteil eines umfassenden Ordinalzahlkonzepts, welche sich wechselseitig bedingen.

5.1.1.3.2 Zählzahl

Unter dem Aspekt der *Zählzahl* wird „die Folge der natürlichen Zahlen, die beim Zählen durchlaufen wird" (Benz et al. 2015, S. 120), verstanden. Zählzahlen werden beim rein verbalen Zählen (Aufsagen der Zahlwortreihe) oder dem Abzählen von Objekten verwendet (vgl. ebd., S. 126). Das Abzählen von Objekten hat durch die Anzahlbestimmung einen engen Bezug zum Kardinalzahlaspekt (vgl. Kapitel 5.1.1.2).

Der Zählzahlaspekt wurde von einigen Kindern nur in den beiden Bilderbüchern „Fünfter sein" (Jandl & Junge 1997) und „Oma Emma Mama" (Pauli 2010) aufgegriffen, die schwerpunktmäßig arithmetische Sachverhalte präsentieren.

Beim Einsatz des Bilderbuchs „Fünfter sein" (Jandl & Junge 1997) verwendeten einige Kinder Zählzahlen zum Abzählen der (leeren) Stühle oder der Spielzeugfiguren, wie z. B. Nick (3;9) bei der Betrachtung der Seite 26:

374 | Nick | (*Nick zeigt auf die leeren Stühle im Bild.*) Eins, zwei, drei, vier.

oder Elli (4;7) bei der Betrachtung des Covers:

427 | Elli | Eins, zwei, drei, vier, fünf.

Durch die zentrale Impulsfrage „Wie weit kannst du denn zählen?" aus dem Interviewleitfaden (vgl. Kapitel 4.1.5) hat die Interviewerin beim Einsatz des Bilderbuchs „Oma Emma Mama" (Pauli 2010) einen Anlass zum verbalen Zählen geschaffen, wie z. B. folgende Szene der Lesesitzung mit Jonas (4;6), Anton (4;0) und Dilara (4;3) exemplarisch zeigt:

5.1 Facetten des inhaltsbezogenen mathematischen Denkens

25	Jonas	*(Jonas zuckt mit den Schultern)* (..) Ich kann bis zwanzig zählen.
26	I	Mhm. Und ihr' *(I. schaut Anton und Dilara an.)* *(...)* Willst du mal zählen' *(I. schaut Jonas an.)*
27	Jonas	*(Jonas nickt.)* Eins, zwei, drei, vier, fünf, sechs, sieben, acht, neun, zehn, elf, zwölf, dreizehn, vierzehn, fünfzehn, sechzehn, siebzehn, neunzehn, zwanzig.

Jonas beantwortet die Frage – im Vergleich zu anderen Kindern – eher zurückhaltend und gibt an, dass er bis 20 zählen kann (vgl. Z. 25). Dies demonstriert er anschließend (vgl. Z. 27). Auffällig ist, dass die Zahl 18 beim Aufsagen der Zahlwortreihe nicht genannt wird. Dieser Zählfehler beim Aufsagen der Zahlwortreihe kann unterschiedliche Ursachen haben: Zum einen könnte die Zahl beim Aufsagen der Zahlwortreihe schlicht vergessen worden sein, z. B. aufgrund von Nervosität, zum anderen könnte das Auslassen der Zahl auf eine noch nicht verinnerlichte Zahlwortreihe hindeuten (vgl. z. B. Schmidt 1982a).

Darüber hinaus regt das Zählen beim Versteckenspielen, welches durch den Text des Bilderbuchs gegeben ist, einige Kinder dazu an (mit)zuzählen, wie z. B. folgende Szene mit Konrad (5;5), Finn (5;5) und Max (5;0) beim Lesen der Seiten 3 und 4 des Bilderbuchs exemplarisch zeigt:

94	I	Die Oma fängt jetzt an zu zählen: **1, # 2, 3**…
95	Konrad, Finn, Max	# 2, 3, 4, 5, 6, 7, 8, 9, 10, 11, 12, 13, 14, 15, 16, 17, 18, 19, 20, 21, 22, 23, 24, sechsund- (..) 25, 26, 27, 28, 29, 30, 31, 32, 33, 34, 35, 36, 37, 38, 39, 40.
96	Max	Ich komme.

Die Kinder setzten gemeinsam die Zahlwortreihe, welche im Buch auf Seite 3 mit „1, 2, 3" beginnt, fort. Sie zählten bis 40, da im Rahmen der Geschichte des Bilderbuchs Oma zu Emma sagt: „Gut. Du versteckst dich, und ich zähle bis 40." (Pauli 2010, S. 3). Dass die Kinder ganz im Kontext der Geschichte handelten, zeigt sich an der Äußerung von Max in Zeile 96: „Ich komme." Das verbale (Weiter)Zählen wurde spontan von den Kindern vorgenommen und war nicht durch die

Interviewerin initiiert. Insofern ist zu vermuten, dass das Bilderbuch hier den Impuls gegeben hat.

Dieses Ergebnis stützt die Untersuchung von Fuson (1988), welche zeigt, dass bereits dreijährige Kinder die Zahlwortreihe zu rezitieren beginnen. Dieses Aufsagen verwandelt sich immer stärker zu einem Zählen, welches kardinales Verstehen beinhaltet (vgl. Moser Opitz 2002, S. 53).

5.1.1.4 Maßzahlaspekt

Der Maßzahlaspekt ist eng verknüpft mit dem indirekten Vergleich (vgl. Kapitel 5.1.3.2.2). Um jedoch deutlich zu machen, dass in den Lesesitzungen vielfältige Zahlaspekte zum Tragen kommen, wird der Maßzahlaspekt hier separat aufgeführt und in Kapitel 5.1.3.2.2 wird nicht näher auf den indirekten Vergleich mit Hilfe von standardisierten Maßen eingegangen.

Maßzahlen werden folgendermaßen definiert: „Zahlen werden im Kontext von Größen zu Maßzahlen und dienen somit zur Beschreibung von Sachverhalten" (Benz et al. 2015, S. 232; vgl. auch Radatz & Schipper 1983, S. 49).

Lediglich beim Einsatz des Bilderbuchs „Das kleine Krokodil und die große Liebe" (Kulot 2003) zeigte sich, dass das Bilderbuch einige Kinder dazu anregte, Maßzahlen zu verwenden. Wie aber bereits in Kapitel 3 gezeigt wurde, kommt dieser Aspekt in den anderen Büchern nicht zum Tragen. Die folgende Szene zeigt einen exemplarischen Umgang mit Maßzahlen in einer Lesesitzung mit den Kindergartenkindern Marie (5;0), Elisa (4;11) und Leo (5;8) beim Betrachten der ersten Seite des Bilderbuchs:

75	Leo	(*Leo zeigt auf die Giraffe im Bild und fährt dann mit dem Finger von oben nach unten an ihr entlang und wieder zurück.*) Guck mal, die Giraffe ist genauso hoch, wie das Haus.
76	I	Mhm. (.) Und das Krokodil'
77	Elisa	Ist das # [ist]
78	Leo	# (*Leo zeigt auf die Linie, oberhalb des Krokodils im Bild.*) Bis zu dieser Linie.
79	I	Mhm.
80	Leo	Ein Meter. (*Leo schaut I an.*)

81	I	(*I. schaut Leo an und nickt.*) # Genau.
82	Elisa	# Ein Meter ist das Krokodil.
83	I	Mhm. Und die Giraffe'
84	Leo	(*Leo beugt sich über das Buch.*) Die ist ein Meter drei. (*Leo zeigt auf das Zahlsymbol 3 auf dem Zollstock im Bild.*)

Die Szene zeigt, wie Leo – nachdem er zwei Vergleiche in Bezug auf die Giraffe vorgenommen hat (vgl. Z. 75 & Z. 78) – durch die Verwendung von Maßzahlen versucht, die Längen der beiden Protagonisten genau zu bestimmen. Das gelingt ihm bei der Größe des Krokodils (Z. 80) und stellt ihn vor Herausforderungen bei der Giraffe (Z. 84). Die Länge der Giraffe ist nur schwer am Zollstock abzulesen, da sie laut Text 3,43 m groß ist und der abgebildete Zollstock als Maßzahlen nur Meter und keine Zentimeter zeigt (vgl. Kulot 2003, S. 1). Leo nennt zuerst die Maßeinheit und dann die Maßzahl, was daraufhin deutet, dass er das Konzept von Maßzahl und Einheit noch nicht ganz verinnerlicht hat und ihm daher der sprachliche Ausdruck schwerfällt (vgl. Z. 84).

Diese exemplarische Szene zeigt zum einen, dass dieses Bilderbuch eine authentische Messsituation abbildet, welche Maßzahlen und Einheiten darstellt und das Potenzial hat, den Umgang mit diesen anzuregen; zum anderen zeigt sie, wie komplex die Entwicklung eines umfassenden Maßzahlverständnisses ist (vgl. Schmidt & Weiser 1986). Nach Clements und Sarama (2007, S. 519) erfordert das umfassende Verständnis der Längenmessung die Entwicklung von acht verschiedenen Vorstellungen und Einsichten: Verständnis des Attributes Länge, Längeninvarianz, Transitivität, Aufteilen in gleichlange Teile, Wiederholung der Einheit, Akkumulation von Abständen, Ausgangspunkt der Messung (Nullpunkt), Beziehung zwischen Maßzahl und Größe der Einheit. Welche Einsichten in die Messung von Längen Leo bereits erlangt hat, bleibt an dieser Stelle offen.

5.1.1.5 Fazit

Insgesamt hat sich im Inhaltsbereich „Zahlen und Operationen" gezeigt, dass die ausgewählten Bilderbücher vielfältige Vorstellungen von Zahlen anregen können und die Kinder somit zum numerischen Denken veranlassen.

Nach Ruwisch (2015, S. 4) sind tragfähige Zahlvorstellungen ein wichtiger Ausgangspunkt für erfolgreiches Mathematiklernen, denn Kinder brauchen angemessene Zahlvorstellungen, um kompetent und flexibel rechnen zu können. Tragfähig sind Zahlvorstellungen dann, wenn sie „mathematische Prinzipien und Beziehungen transportieren, wenn sie ausbaubar sind und als Grundlage für weitere Vorstellungen dienen können, ohne dass die Kinder jedes Mal umlernen müssen" (Ruwisch 2015, S. 5). Wie die exemplarischen Beispiele in diesem Kapitel gezeigt haben, können die ausgewählten Bilderbücher einen Beitrag zur Auseinandersetzung mit verschiedenen Zahlvorstellungen leisten.

Es ist jedoch auch festzuhalten, dass nicht alle ausgewählten Bilderbücher alle Teilaspekte des identifizierten numerischen Denkens gleichermaßen aktivieren. Welche Charakteristika der jeweiligen Bilderbücher besonderes Potenzial vermuten lassen, wird in Kapitel 5.2 noch genauer betrachtet.

5.1.2 Geometrisches Denken im Inhaltsbereich „Raum und Form"

Der Inhaltsbereich „Raum und Form" umfasst zum einen die Idee der räumlichen Strukturierung und zum anderen die Idee der Form (vgl. Eichler 2007, S. 179). Im Rahmen der vorliegenden Studie zeigten einige Kinder im Bereich „Raum und Form" Facetten des geometrischen Denkens (vgl. Kapitel 2.3.3.1) im Kontext von *Raumorientierung* und *geometrischen Formen*. Diese Teilaspekte werden im Folgenden näher ausgeführt und exemplarisch mit Beispielen belegt.

5.1.2.1 Raumorientierung

Raumorientierung bedeutet, räumliche Beziehungen zu erfassen und auch darüber hinaus diese in der Vorstellung umzuordnen und neue Bilder zu entwickeln (vgl. Kaufmann 2010, S. 76). Dabei ist unter dem Begriff „Raum" sowohl der drei- als auch der zweidimensionale Anschauungsraum zu verstehen (vgl. Wollring & Rinkens 2008, S. 119), welcher im Bilderbuch gegeben ist. Wohlwissend, dass Bilderbücher nur zweidimensionale Abbildungen enthalten, wird in dieser Arbeit davon ausgegangen, dass Kinder diese Abbildungen mental auf dreidimensionale Räume übertragen können und somit geometrisches Denken auch räumlich orientiert stattfinden kann.

Obwohl – wie bereits seit den Arbeiten von Piaget und Inhelder (1975) bekannt – das geometrische Denken von Kindergartenkindern noch eingeschränkt ist, verwenden einige Kinder im Rahmen der Untersuchung bereits vielfältige Begriffe der *Raumrichtung* und *Raumlage* zur Beschreibung der Räumlichkeit von Objekten und ihren räumlichen Beziehungen untereinander.

Um die Vielzahl der genutzten Begriffe in diesem Bereich übersichtlich und strukturiert abzubilden, wurden in diesem Kapitel – im Gegensatz zu den anderen Kapiteln – die Ergebnisse in Tabellen dargestellt (vgl. Tabelle 12 „Verwendete Begriffe der Raumrichtung" und Tabelle 13 „Verwendete Begriffe der Raumlage").

5.1.2.1.1 Raumrichtung

Unter Begriffen der *Raumrichtung* werden Begriffe verstanden, welche die Ausdehnung dreidimensionaler Objekte in die drei Raumrichtungen beschreiben: oben – unten, vorne – hinten, links – rechts, vorwärts, rückwärts, seitwärts (vgl. Kaufmann 2010, S. 76).

Beim Einsatz der Bilderbücher „Das kleine Krokodil und die große Liebe" (Kulot 2003; Abk.: KL), „Der kleine Bär und sein kleines Boot" (Bunting 2011; Abk.: BB), „Fünfter sein" (Jandl & Junge 1997; Abk.: FS) und „Oma Emma Mama" (Pauli 2010; Abk.: OEM) zeigte sich, dass die Bilderbücher einige Kinder dazu anregten, Begriffe der Raumrichtung zu verwenden, wie Tabelle 12 mit Beispielen belegt:

Tabelle 12: Verwendete Begriffe der Raumrichtung

Begriff der Raumrichtung	KL	BB	FS	OEM
aus Präposition; zur Angabe der Richtung von innen nach außen	Beispiel: T1, Z. 68 / K2: „Die guckt aus dem Schornstein."	Beispiel: T27, Z. 173 / K79: „Weil der aus dem Boot rausgefallen ist."		
durch Präposition; kennzeichnet eine [Vorwärts-]Bewegung über eine [längere]	Beispiel: T21, Z. 607 / K63: „Weil die kann doch nicht	–	–	–

Begriff der Raumrichtung	KL	BB	FS	OEM
Strecke innerhalb eines Raumes, Gebietes o. Ä.	da durch schwimmen."			
hinten Adverb; auf der abgewandten oder zurückliegenden Seite, Rückseite; auf der entfernteren Seite, im zurückliegenden, entfernteren Bereich, Abschnitt	Beispiel: T21, Z. 228 / K62: „Sonst sehen wir ja nur die Giraffe und das Krokodil # von hinten."	–	Beispiel: T2, Z. 133 / K5: „Obwohl der hinten ein Pflaster drauf hat."	–
hoch Adverb; nach oben, aufwärts, in die Höhe	Beispiel: T5, Z. 194 / K13: „Mhm' (.) das Krokodil geht einfach da hoch."	Beispiel: T19, Z. 92 / K55: „Und der kommt dann da so hoch."	–	–
oben Adverb; an einer höher gelegenen Stelle, an einem [vom Sprechenden aus] hoch gelegenen Ort	Beispiel: T9, Z. 236 / K25: „Die setzt sich hier hin und die Arme sind unten und der Kopf ist oben."	Beispiel: T3, Z. 175 / K9: „Ich sehe, dass der, dass der einen Fuß [von den zwei nach oben ist] und der andere nach unten und der guckt so traurig."	Beispiel: T26, Z. 51 / K77: „Die Fühler sind oben."	Beispiel: T4, Z. 65 / K11: „# Die guckt so nach oben."
heraus (raus) Adverb; umgangssprachlich für heraus, hinaus; von dort drinnen hierher nach draußen	Beispiel: T1, Z. 408 / K1: „Und dann kommt das Wasser wieder da raus."	Beispiel: T3, Z. 118 / K9: „Der fällt da raus ins Wasser."	Beispiel: T26, Z. 232 / K76: „Der Frosch geht raus."	–
herein (rein) Adverb; umgangssprachlich für herein, hinein; von dort draußen hierher nach drinnen	Beispiel: T1, Z. 357 / K2: „Aber die (..) weil die Erde (..) macht sich	Beispiel: T23, Z. 267 / K67: „Laufen mit das (*unverständlich*) muss	Beispiel: T26, Z. 187 / K77: „Einer geht raus und	Beispiel: T32, Z. 24 / K96: „Das guckt in die Brille rein."

5.1 Facetten des inhaltsbezogenen mathematischen Denkens

Begriff der Raumrichtung	KL	BB	FS	OEM
	da ⟦rein⟧ in das Loch wieder zurück."	das Schiff da ⟦rein⟧gehen."	der andere geht ⟦rein⟧."	
rückwärts Adverb; in umgekehrter Richtung, mit dem Rücken/der Rückseite voran; nach hinten	–	–	Beispiel: T26, Z. 173 / K77: „Aber der ist jetzt ⟦rückwärts⟧."	–
runter Adverb; umgangssprachlich für herunter, hinunter; von dort oben hierher nach unten	Beispiel: T9, Z. 343 / K26: „Die, der muss da die Leiter ⟦runter⟧ jetzt."	Beispiel: T11, Z. 117 / K11: „Die ist ⟦runter⟧gefallen."	Beispiel: T2, Z. 175 / K6: „Da hängt die Nase ⟦runter⟧."	–
über Präposition; kennzeichnet einen Ort oder eine Stelle, die von jemandem oder etwas überquert wird	Beispiel: T1, Z. 256 / K3: „Da klettert der ⟦über⟧ die Wäscheleine, um die Kleider von der Giraffe aufzuhängen."	Beispiel: T27, Z. 365 / K82: „Weil da ein Fisch ⟦darüber⟧ springt da."	–	–
unten Adverb; an einer (absolut oder vom Sprecher aus gesehen) tiefen bzw. tieferen Stelle	Beispiel: T25, Z. 531 / K74: „Der muss aber nach ⟦unten⟧."	Beispiel: T3, Z. 175 / K9: „Ich sehe, dass der, dass der einen Fuß [von den zwei nach oben ist] und der andere nach ⟦unten⟧ und der guckt so traurig."	–	Beispiel: T32, Z. 71 / K94: „(...) Fledermäuse hängen gerne mit dem Kopf nach ⟦unten⟧."
zu Präposition; gibt die Richtung (einer Bewegung) auf ein bestimmtes Ziel hin an	–	Beispiel: T19, Z. 109 / K57: „Der schwimmt jetzt ⟦zu⟧ seiner Mama."	–	–

Tabelle 12 zeigt die vielfältigen Verwendungen von Begriffen der Raumrichtung. Dabei werden sowohl statische Begriffe verwendet, welche die Position eines Objekts im dreidimensionalen Raum angeben, wie z. B. „hinten" oder „oben", als auch Begriffe, welche dynamisch eine Bewegungsrichtung angeben, wie z. B. „durch" oder „über". Tabelle 12 zeigt außerdem, dass in den Lesesitzungen zu den Bilderbüchern „Das kleine Krokodil und die große Liebe" (Kulot 2003) und „Der kleine Bär und sein kleines Boot" (Bunting 2011) das Spektrum der verwendeten Begriffe größer war als bei den anderen beiden Bilderbüchern.

5.1.2.1.2 Raumlage

Unter Begriffen der *Raumlage* werden Begriffe verstanden, welche die räumlichen Beziehungen zwischen verschiedenen Objekten beschreiben: vor, hinter, zwischen, neben (vgl. Kaufmann 2010, S. 76).

Tabelle 13 belegt mit Beispielen, dass die Bilderbücher „Das kleine Krokodil und die große Liebe" (Kulot 2003; Abk.: KL), „Der kleine Bär und sein kleines Boot" (Bunting 2011; Abk.: BB), „Fünfter sein" (Jandl & Junge 1997; Abk.: FS) und „Oma Emma Mama" (Pauli 2010; Abk.: OEM) einigen Kindern in den dialogischen Lesesitzungen einen Anreiz boten, um Begriffe der Raumlage zu verwenden.

Tabelle 13: Verwendete Begriffe der Raumlage

Begriff der Raumlage	KL	BB	FS	OEM
an Präposition; zur Angabe der Lage, der Nähe, der Berührung o. Ä.	Beispiel: T1, Z. 295 / K2: „Und das Krokodil drückt sich |an| die Giraffe."	Beispiel: T3, Z. 167 / K9: „Der kuschelt sich eng |an| seine Mama."	–	–
auf Präposition; zur Angabe der Berührung von oben, der Lage, des Aufenthalts in einem Raum, einem Gebäude o. Ä.	Beispiel: T1, Z. 56 / K2: „Die kann (...) die muss |auf| der Wiese schlafen."	Beispiel: T19, Z. 27 / K57: „Und der Ruder liegt |auf| seinem Schoß."	Beispiel: T6, Z. 152 / K18: „Ich glaube der setzt sich wieder |auf| seinen Platz hin."	Beispiel: T20, Z. 199 / K60: „|Auf| dem Ast."

5.1 Facetten des inhaltsbezogenen mathematischen Denkens 117

Begriff der Raumlage	KL	BB	FS	OEM
bei Präposition; zur Angabe der Nähe, der losen Berührung u. Ä.; in der Nähe von jemandem, etwas; nahe	Beispiel: T21, Z. 387 / K63: „Und jetzt ist, ist, ist der beim Haus."	–	–	Beispiel: T20, Z. 253 / K60: „Die Emma bei der Oma."
dahinter Adverb; hinter diesem Gegenstand, Ort o. Ä.	Beispiel: T21, Z. 190 / K62: „Mhm. # Weil der Krokodil ist dahinter."	–	–	–
daneben Adverb; bei, neben dieser Sache, Stelle, an der Seite davon	Beispiel: T1, Z. 173 / K3: „Und der Kroko, und das Krokodil kann sich daneben hinsetzen."	–	–	–
darunter Adverb; unter dieser Stelle, diesem Ort, unter diesem Gegenstand	Beispiel: T21, Z. 607 / K63: „Weil, die kann doch nicht da durch schwimmen. Weil die, der Krokodil und da muss sie sich hinstellen und dann unten drunter tauchen kann sie nicht. # Sonst macht sie den Tisch weg."	Beispiel: T27, Z. 25 / K79: „Und der geht darunter (*K79 zeigt auf das Boot*)."	–	–
darauf Adverb; auf dieser Stelle, auf dieser Unterlage, auf diesem Gegenstand o. Ä.	Beispiel: T1, Z. 199 / K1: „Da sind Äpfel drauf. (*K1 zeigt auf den Tisch im Bild.*)"	Beispiel: T23, Z. 243 / K69: „Was is´n das hier drauf' (*K69 zeigt auf den Bieber auf dem Bild.*) und	Beispiel: T26, Z. 299 / K78: „Und da sind fünf drauf. (*K78 zeigt auf das Cover des Bilderbuchs.*)"	–

Begriff der Raumlage	KL	BB	FS	OEM
		das hier drauf" (*K69 zeigt auf den Graureiher und den Otter im Bild.*)"		
drinnen Adverb; innerhalb eines Raumes	Beispiel: T1, Z. 424 / K1: „Und da drinnen ist ein Bett. (*K1 zeigt mit dem Finger auf das Bett im Bild.*)"	–	Beispiel: T10, Z. 178 / K28: „Die bleiben drinnen (*K28 zeigt auf den Frosch und auf Pinocchio.*) und dann geht der Frosch raus und dann geht der Pinocchio raus."	–
in Präposition; kennzeichnet den Ort eines Geschehens, eines Zustands, eines Vorkommens usw. als im Innern, innerhalb von etwas Bestimmtem gelegen	Beispiel: T21, Z. 558 / K62: „Eine Toilette im Schwimmbad."	Beispiel: T3, Z. 49 / K9: „Der hält seine Füße ins Wasser."	–	Beispiel: T32, Z. 112 / K94: „Mhm. Und das ist im Wasser. (*K94 fährt mit dem Finger über das Krokodil.*)"
unter Präposition; kennzeichnet einen Abstand in vertikaler Richtung und bezeichnet die tiefere Lage im Verhältnis zu einem anderen Genannten	–	Beispiel: T23, Z. 118 / K67: „Huch, das geht unter Wasser."	–	–

Tabelle 13 zeigt die vielfältigen Verwendungen von Begriffen der Raumlage. Auffällig ist, dass häufiger das Adverb als die Präposition verwendet wurde, z.B. „dahinter" statt „hinter", als Ersatz einer lokalen Ergänzung.

Die Wahrnehmung und Beschreibung der Raumlage hilft den Kindern, die räumlichen Beziehungen zwischen verschiedenen Objekten zu erkennen und zu verstehen (vgl. Franke & Reinhold 2016, S. 212). In der Untersuchung trat dies beim Bilderbuch „Das kleine Krokodil und die große Liebe" (Kulot 2003) besonders häufig auf, wie das breite Spektrum der verwendeten Begriffe in Tabelle 13 zeigt.

Ergänzend zu den Ergebnissen dieser Studie im Bereich der Raumorientierung (Kapitel 5.1.2.1) zeigen auch Studien mit Vorschülerinnen und Vorschülern sowie Schulanfängerinnen und Schulanfängern, dass diese bereits über räumliche Fähigkeiten verfügen und Begriffe der Raumrichtung und Raumlage verwenden, wobei ihnen dies je nach Begriff mehr oder weniger gut gelingt (vgl. Clarke et al. 2008; Grassmann 1996; Grassmann et al. 2002). Insbesondere die richtige Verwendung der Begriffe „rechts" und „links" gelingt lediglich etwa der Hälfte der Kinder in den oben angegebenen Untersuchungen. Dies könnte auch eine Erklärung dafür sein, warum diese Begriffe in der vorliegenden Untersuchung nicht auftauchen.

5.1.2.2 Geometrische Formen

Der Begriff „Form" bezieht sich sowohl auf ebene Figuren als auch auf Körper (vgl. Benz et al. 2015, S. 185; Roth & Wittmann 2018, S. 107). Dabei wurden in der vorliegenden Untersuchung von einigen Kindern sowohl *Formen erkannt und ihre Eigenschaften beschrieben* (Kapitel 5.1.2.2.1) als auch *Operationen mit Formen* (Kapitel 5.1.2.2.2) benannt.

5.1.2.2.1 Erkennen von Formen

Kindergartenkinder können durch eine hinreichend handelnde Auseinandersetzung mit konkreten dreidimensionalen Objekten immer sicherer darin werden, Figuren und Körper zu erkennen und zu benennen, ihre Eigenschaften zu entdecken und zu beschreiben, und letztendlich gelingt es ihnen, auch diese Formen auf zweidimensionalen Abbildungen, wie z. B. Bildern oder Fotos, auszumachen (vgl. Kaufmann 2010, S. 96).

In den Lesesitzungen zu den Bilderbüchern „Das kleine Krokodil und die große Liebe" (Kulot 2003), „Fünfter sein" (Jandl & Junge 1997) sowie „Oma Emma Mama" (Pauli 2010) zeigte sich, dass die Bücher einige Kinder dazu anregten, geometrische Figuren zu erkennen und zu benennen. Dabei handelt es sich um

Gegenstände in der Umwelt, welche durch geometrische Begriffe angenähert beschrieben werden, wie die folgenden drei Beispiele exemplarisch zeigen:

(1) Lilli (5;2) betrachtet Seite 7 des Bilderbuchs „Das kleine Krokodil und die große Liebe" (Kulot 2003) und erkennt die spitzen Erhebungen des Krokodilschwanzes (vgl. Abbildung 7):

| 127 | Lilli | Ja, und hier sind [Spitzen]. (*Lilli zeigt auf den Schwanz des Krokodils im Bild.*) |

Lilli verwendet in Zeile 127 den geometrischen Eigenschaftsbegriff „Spitzen" zur Spezifizierung der Form des Krokodilschwanzes, welcher im zweidimensionalen Raum annähernd die Form einer Kette von Dreiecken und im dreidimensionalen Raum annähernd die Form von Pyramiden hat (vgl. Franke & Reinhold 2016, S. 126).

Abbildung 7: Illustration aus Daniela Kulot: Das kleine Krokodil und die große Liebe.
© 2003 von Thienemann in der Thienemann-Esslinger Verlag GmbH, Stuttgart

(2) Marius (4;6) betrachtet die Illustration auf Seite 4 des Bilderbuchs „Fünfter sein" (Jandl & Junge 1997) und erkennt die Krümmung des Lampenkabels (vgl. Abbildung 8):

5.1 Facetten des inhaltsbezogenen mathematischen Denkens   121

| 36 | Marius | (*Marius zeigt auf die Lampe im Bild.*) Weil die (.) gebogen ist.

Abbildung 8:   Illustration aus Ernst Jandl und Norman Junge: Fünfter sein
              © 1997 Beltz & Gelberg Verlag in der Verlagsgruppe Beltz · Weinheim und Basel

Marius verwendet in Zeile 36 den geometrischen Eigenschaftsbegriff „gebogen" zur Spezifizierung der Form des Lampenkabels, welches sich durch die Schwingung krümmt (vgl. Franke & Reinhold 2016, S. 126).

(3) Paul (3;7) betrachtet die Illustration auf den Seiten 5 und 6 des Bilderbuchs „Oma Emma Mama" (Pauli 2010) und erkennt die spiralförmigen Astenden (vgl. Abbildung 9):

| 44 | Paul | (..) Und warum sind die so eingekreiselt'

Abbildung 9: Illustration aus Lorenz Pauli und Kathrin Schärer: OMA EMMA MAMA Atlantis, ein Imprint von Orell Füssli Verlag © 2010 Orell Füssli Sicherheitsdruck AG, Zürich

Paul verwendet in Zeile 44 den Begriff „eingekreiselt", welcher vermutlich dem geometrischen Eigenschaftsbegriff „spiralförmig" in seiner Bedeutung am nächsten kommt und hier zur Spezifizierung der Form der Astenden gebraucht wird, welche annähernd die Form von Spiralen haben (vgl. Franke & Reinhold 2016, S. 126). Pauls Wortschöpfung orientiert sich wahrscheinlich an der ihm bekannten geometrischen Figur des Kreises und der Tätigkeit des Einkreisens.

Diese drei Beispiele zeigen, wie einige Kinder beim Betrachten der Bilderbücher Formen in der „Umwelt" wahrgenommen und diese durch geometrische Begriffe angenähert beschrieben haben (vgl. Krauthausen 2018, S. 115).

Diesem Aspekt schließen sich verschiedene Studien an, welche Clements (2004, S. 269ff) in seinem Überblicksartikel nennt (vgl. Kapitel 1.1.3). Diese zeigen, dass Kinder im Alter zwischen drei und sechs Jahren eine Vorstellung der verschiedenen Formen haben, auch wenn diese zunächst sehr prototypisch sind. Eine weitere Studie von Maier und Benz (2014) macht deutlich, dass das exakte Benennen der Flächenformen deutschen Kindern im Vorschulalter im Vergleich zu englischen Kindern schwerer fällt. Statt der exakten Benennung verwenden sie Oberbegriffe (z. B. Viereck statt Quadrat), Eigenschaftsbegriffe (z. B. rund statt Kreis) oder Vergleiche mit Alltagsgegenständen (z. B. „sieht aus wie ein Schrank" statt Rechteck).

Mit Blick auf die Begriffsbildung ist jedoch zu beachten, dass nicht jedes Wort schon als Begriff bezeichnet werden kann. Franke und Reinhold (2016, S. 116) definieren dies folgendermaßen: „Wir sprechen dann von einem Begriff, wenn damit nicht nur ein einzelner Gegenstand – oder auch ein singuläres Ereignis usw. – bezeichnet wird, sondern eine Kategorie, eine Klasse assoziiert wird, in die der konkrete Gegenstand einzuordnen ist." Der Prozess der Begriffsbildung beginnt also zunächst mit einer Übernahme von Wörtern, welche dann später als verschiedene prototypische Repräsentanten in die betreffende Kategorie eingeordnet werden und schließlich zu einer Ordnung der Kategorien nach wesentlichen Tiefenmerkmalen führt (vgl. Benz et al. 2015, S. 185; Franke & Reinhold 2016, S. 118f).

5.1.2.2.2 Operieren mit Formen (Drehung)

Operieren mit Formen bedeutet: „Geometrische Gebilde lassen sich bewegen (verschieben, drehen, spiegeln), in ihrer Größe verändern (verkleinern, vergrößern), zerlegen, überlagern etc., wodurch vielfältige Beziehungen entstehen" (Krauthausen 2018, S. 107).

Das Bilderbuch „Der kleine Bär und sein kleines Boot" (Bunting 2011) aktivierte in den Lesesitzungen einige Kinder, die geometrische Abbildung der Drehung zu erkennen und als Beziehung zwischen zwei gegebenen Figuren zu beschreiben, wie folgende Äußerung von Annika (4;0) exemplarisch zeigt:

154 | Annika | Das ist umgedreht.

Bei dieser Äußerung bezieht sich Annika auf das Boot, welches in der Illustration auf der Seite 12 des Bilderbuchs (vgl. Abbildung 10) zu sehen ist.

Abbildung 10: Illustration aus Eva Bunting und Nancy Carpenter: Der kleine Bär und sein kleines Boot
© 2011 Gerstenberg Verlag, Hildesheim

Sie erkennt, dass das Boot, nachdem der kleine Bär in der Geschichte mit seinem Boot gekentert ist, nun umgedreht auf dem Wasser schwimmt und beschreibt dies in Zeile 154.

Auch das Bilderbuch „Fünfter sein" (Jandl & Junge 1997) regte einige Kinder dazu an, die geometrische Abbildung der Drehung zu erkennen und als Beziehung zwischen zwei gegebenen Figuren zu beschreiben, wie die folgende Äußerung von Sören (3;10) exemplarisch zeigt:

| 225 | Sören | Die Frosch dreht sich um. (*Sören tippt auf den Frosch im Bild.*) |

Bei der Betrachtung der Illustration auf Seite 20 (vgl. Abbildung 6), bemerkt Sören die veränderte Position des Frosches. Auf den vorausgegangenen Bilderbuchseiten saß der Frosch auf dem Stuhl, spitzte die Lippen, öffnete den Mund oder streckte die Zunge raus. Doch erst auf Seite 20 liegt der Frosch auf dem Stuhl auf dem Rücken und streckt seine Beine von sich. Diese Bewegung nimmt Sören wahr und benennt sie als Drehung.

5.1 Facetten des inhaltsbezogenen mathematischen Denkens

In den Bilderbüchern „Das kleine Krokodil und die große Liebe" (Kulot 2003) und „Oma Emma Mama" (Pauli 2010) gibt es keine deutlich dargestellten geometrischen Transformationen, auf die sich die Kinder beziehen.

5.1.2.3 Fazit

Insgesamt hat sich im Inhaltsbereich „Raum und Form" gezeigt, dass die ausgewählten Bilderbücher den Gebrauch vielfältiger Begriffe der Raumorientierung und darüber hinaus auch das Erkennen von geometrischen Formen, ihre Eigenschaften und ihre Abbildungen anregen können und die Kinder somit zum geometrischen Denken veranlassen.

Nach Lorenz (2009, S. 39) kommt der Verwendung von Präpositionen, wie in der Kategorie der Raumorientierung (vgl. Kapitel 5.1.2.1), „eine steuernde und die Begriffsentwicklung fördernde Wirkung" zu, welche Kindern dabei helfen kann, die hohen sprachlichen Anforderungen in der Kommunikation über Mathematik zu bewältigen. Auch der Umgang mit geometrischen Formen (vgl. Kapitel 5.1.2.2) hat nach Franke und Reinhold (2016, S. 15) eine förderliche Wirkung auf die Entwicklung des räumlichen Verständnisses, welche durch die Auseinandersetzung mit verschiedenartigen Formen, die dem Kind auch in der Umwelt begegnen, begünstigt werden kann. Wie die exemplarischen Beispiele in diesem Kapitel gezeigt haben, können die ausgewählten Bilderbücher einen Beitrag zur Auseinandersetzung mit räumlichen Begriffen und Formen leisten.

Es ist jedoch auch – ähnlich wie bei den arithmetischen Inhalten – festzuhalten, dass nicht alle ausgewählten Bilderbücher alle Teilaspekte des identifizierten geometrischen Denkens gleichermaßen aktivieren. Welche Charakteristika der jeweiligen Bilderbücher besonderes Potenzial vermuten lassen, wird in Kapitel 5.2 noch genauer betrachtet.

5.1.3 Numerisches und geometrisches Denken im Inhaltsbereich „Größen und Messen"

Der Inhaltsbereich „Größen und Messen" ist ein wichtiges Bindeglied zwischen Arithmetik, d.h. dem Inhaltsbereich „Zahlen und Operationen", und Geometrie, d.h. dem Inhaltsbereich „Raum und Form" (vgl. Benz et al. 2015, S. 232). Zahlen werden im Kontext von Größen zu Maßzahlen (vgl. Kapitel 5.1.1.4), und ebene und räumliche Figuren werden im Messprozess genauer bestimmt (vgl. Benz et al.

2015, S. 232). Das Wissen über Größen und Messen hilft Kindern, sich in ihrer Welt zu orientieren und ist deshalb für die mathematische Grundbildung sowie die Entwicklung mathematischer Mündigkeit besonders wichtig (vgl. Benz et al. 2015, S. 228; Winter & Walther 2006, S. 6).

Im Rahmen der Lesesitzungen der Studie zeigten einige Kinder im Bereich „Größen und Messen" Facetten des numerischen und geometrischen Denkens (vgl. Kapitel 2.3.3.1) im Kontext der Größenbereiche *Länge, Volumen* und *Zeit* (Kapitel 5.1.3.1) sowie verschiedener Arten von *Größenvergleichen* (Kapitel 5.1.3.2). Während im Kapitel 5.1.3.1 die Begrifflichkeiten der Größenbereiche im Fokus stehen, wird in Kapitel 5.1.3.2 die mathematische Aktivität des Vergleichens im Kontext dieser Größenbereiche näher in den Blick genommen. Die Facetten werden im Folgenden näher ausgeführt und exemplarisch mit Szenen belegt.

5.1.3.1 Größenbereiche: Länge, Volumen, Zeit

Nach Clements und Sarama (2007, S. 518) entwickeln Kinder im Alter von 3 Jahren erste Einsichten in die Idee des Messens. Sie erkennen dann zunehmend, dass Gegenstände und Lebewesen Eigenschaften wie Länge und Volumen haben, und Abläufe Eigenschaften wie Zeit(-spannen) haben. Beim Vergleichen dieser Eigenschaften werden im Kindergartenalter häufig nur qualitative Begrifflichkeiten verwendet (vgl. Benz et al. 2015, S. 231), und die Einschätzung, ob etwas z. B. größer oder kleiner ist, wird in diesem Alter meist allein aufgrund der Sinneseindrücke gemacht (vgl. Clements & Stephan 2004, S. 300).

Beim Einsatz der Bilderbücher „Das kleine Krokodil und die große Liebe" (Kulot 2003; Abk.: KL), „Der kleine Bär und sein kleines Boot" (Bunting 2011; Abk.: BB), „Fünfter sein" (Jandl & Junge 1997; Abk.: FS) und „Oma Emma Mama" (Pauli 2010; Abk.: OEM) zeigte sich, dass die Bilderbücher einige Kinder dazu anregten, vielfältige beschreibende und vergleichende Begriffe für die Größenbereiche Länge und Volumen (vgl. Lorenz 2012, S. 145f; Montague-Smith 1997, S. 106ff) und einige Begriffe, welche zeitliche Beziehungen und zeitliche Reihenfolgen beschreiben, für den Größenbereich Zeit (vgl. Fthenakis et al. 2009, S. 102, 119; Montague-Smith 1997, S. 106ff) zu verwenden, wie die folgende tabellarische Übersicht zeigt (vgl. Tabelle 14).

5.1 Facetten des inhaltsbezogenen mathematischen Denkens

Tabelle 14: Begriffscluster qualitativer Größenbegriffe

	Länge				
	Beschreibende Begriffe			**Vergleichende Begriffe**	
groß	groß	KL; BB; ★OEM	**groß**	größer (als)	★KL; ★BB
	fast groß	★KL		bisschen größer	★KL
	ganz groß	★KL; ★BB		fast so groß (wie)	★KL
	ganz schön groß	★KL; ★BB		gleich groß	★KL
	gar nicht so groß	★KL		noch größer	★KL
	so groß	★KL; ★BB		viel zu groß	★KL
				zu groß	KL; BB
hoch	hoch	★KL; ★FS	**hoch**	genauso hoch (wie)	★KL
	nicht so hoch	★KL		gleich hoch	KL
				hoch genug	★KL
				zu hoch	★KL
klein	klein	KL; BB; ★FS; OEM	**klein**	kleiner (als)	★KL
	bisschen klein	★KL; ★BB		etwas kleiner	★KL
	ganz klein	★KL; ★BB		viel kleiner	★KL; ★BB
	so klein	★KL		viel zu klein	★KL; ★BB
				zu klein	★KL
kurz	kurz	★KL			
lang	lang	★KL; ★BB; ★FS	**lang**	gleich lang	★KL
	so lang	★KL; ★BB		so lang (wie)	★KL
	ganz lang	★FS			
	Volumen				
	Beschreibende Begriffe			**Vergleichende Begriffe**	
breit		★BB			
dick		★KL; ★BB; ★OEM	**dick**	viel zu dick	★KL
				zu dick	★KL
groß	groß	KL; BB; ★OEM	**groß**	größer (als)	★KL; ★BB
	fast groß	★KL		bisschen größer	★KL
	ganz groß	★KL; ★BB		fast so groß (wie)	★KL
	ganz schön groß	★KL; ★BB		gleich groß	★KL
	gar nicht so groß	★KL		noch größer	★KL
	so groß	★KL; ★BB		viel zu groß	★KL
				zu groß	KL; BB
klein	klein	KL; BB; ★FS; OEM	**klein**	kleiner (als)	★KL
	bisschen klein	★KL; ★BB		etwas kleiner	★KL
	ganz klein	★KL; ★BB		viel kleiner	★KL; ★BB
	so klein	★KL		viel zu klein	★KL; ★BB
				zu klein	★KL

Zeit				
Zeitliche Reihenfolgen		Zeitliche Beziehungen	
Anfang	★FS	gleich		OEM
Ende	★KL; ★OEM	lang		★KL
früher	★BB	langsam		★OEM
letzter	★FS	schon		OEM
nächster	FS			
und dann	★FS			

[„★" vor einer Abkürzung: Neuer Begriff, der nicht im Text des Bilderbuchs genannt wurde]

5.1.3.1.1 Länge

Die Länge ist als Größe am besten zugänglich, da sie direkt über die Sinne wahrnehmbar ist (vgl. Lorenz 2012, S. 143) und vielfältige eigene Erfahrungen und Anlässe zum Messen und Vergleichen bietet (vgl. Benz et al. 2015, S. 244).

Tabelle 14 zeigt, dass die ausgewählten Bilderbücher einige Kinder in den Lesesitzungen dazu animierten, beschreibende und vergleichende Begriffe bezüglich der Länge zu verwenden.

Im Text des Bilderbuchs „Das kleine Krokodil und die große Liebe" (Kulot 2003) werden häufig die beschreibenden Begriffe „groß" und „klein" verwendet, welche von einigen Kindern aufgegriffen und in ihren eigenen Äußerungen genutzt werden, um die Längen der Protagonisten und der verschiedenen Gegenstände zu beschreiben. Dabei nutzen einige Kinder auch eigene Variationen dieser beiden Begriffe, wie Tabelle 14 zeigt. Die Begriffe „groß" und „klein" werden in der vorliegenden Studie als „unspezifische Größenbegriffe" bezeichnet, da sie Raumausdehnungen in verschiedenen Größenbereichen beschreiben können, wie z. B. Länge oder Volumen. Sie können also universell für verschiedene Größenbereiche genutzt werden. Die folgende Äußerung von Sarah (4;3) zeigt dies exemplarisch:

461 | Sarah | Die hat eine große Schüppe und die hat eine kleine.

Sarah bezieht sich in ihrer Äußerung auf Seite 18 des Bilderbuchs „Das kleine Krokodil und die große Liebe" (Kulot 2003). Beide Protagonisten haben eine Schaufel in der Hand und graben ein Loch in den Boden. Die Begriffe „groß" und „klein" in Sarahs Äußerung könnten sich auf die Länge der Schaufeln beziehen,

5.1 Facetten des inhaltsbezogenen mathematischen Denkens

da die Schaufel der Giraffe deutlich länger ist als die des Krokodils oder aber auch auf das Volumen, denn das Schaufelblatt der Giraffe hat eine deutlich größere Fläche und der Stiel der Schaufel der Giraffe ist deutlich dicker.

Darüber hinaus verwenden einige Kinder im Rahmen der Lesesitzungen zum Bilderbuch „Das kleine Krokodil und die große Liebe" (Kulot 2003) auch „spezifische Größenbegriffe" des Größenbereichs Länge, wie „lang", „kurz" und „hoch". Größenbegriffe werden in der vorliegenden Studie als „spezifisch" bezeichnet, wenn sie eindeutig nur einem Größenbereich zuzuordnen sind.

Auch im Text des Bilderbuchs „Der kleine Bär und sein kleines Boot" (Bunting 2011) werden die unspezifischen Größenbegriffe „groß" und „klein" verwendet. Diese nutzten einige Kinder in ihren Erzählungen und wählten darüber hinaus auch Variationen dieser Begriffe, wie Tabelle 14 zeigt. Beim Bilderbuch „Der kleine Bär und sein kleines Boot" (Bunting 2011) verwendeten einige Kinder auch den spezifischen Eigenschaftsbegriff „lang".

Im Text des Bilderbuchs „Fünfter sein" (Jandl & Junge 1997) werden keine Größenbegriffe verwendet. In den Lesesitzungen gebrauchten aber einige Kinder trotzdem die spezifischen Größenbegriffe „lang" und „hoch" im Kontext von Längen.

Im Rahmen der Lesesitzungen zum Bilderbuch „Oma Emma Mama" (Pauli 2010) verwendeten einige Kinder die unspezifischen Größenbegriffe „groß" und „klein", wobei der Begriff „groß" auch im Text verwendet wurde, aber der Begriff „klein" nicht.

In den Lesesitzungen zu den Bilderbüchern „Das kleine Krokodil und die große Liebe" (Kulot 2003) und „Der kleine Bär und sein kleines Boot" (Bunting 2011) wurden von einigen Kindern auch vergleichende Begriffe im Kontext von Längen verwendet (vgl. Tabelle 14), welche in Kapitel 5.1.3.2 (Größenvergleiche) genauer betrachtet werden.

5.1.3.1.2 Volumen[10]

Die beiden Größenbereiche *Länge* und *Volumen* stehen in Beziehung zueinander, denn von der Eindimensionalität der Länge über die Zweidimensionalität der Fläche ergibt sich die Dreidimensionalität des Volumens (vgl. Benz et al. 2015, S. 253). Deshalb ist das Volumen auch der komplexeste der drei Größenbereiche Länge, Fläche und Volumen. Zugleich ist das Volumen aber auch der Bereich, indem die Kinder häufig schon vielfältige Erfahrungen durch spielerische Umschüttversuche mit Wasser und Sand gemacht haben (vgl. Benz et al. 2015, S. 254).

Die Bilderbücher „Das kleine Krokodil und die große Liebe" (Kulot 2003), „Der kleine Bär und sein kleines Boot" (Bunting 2011) und „Oma Emma Mama" (Pauli 2010) ermunterten einige Kinder dazu, beschreibende und vergleichende Begriffe bezüglich des Volumens in den Lesesitzungen zu verwenden, wie Tabelle 14 zeigt.

Im Text der Bilderbücher „Das kleine Krokodil und die große Liebe" (Kulot 2003) und „Der kleine Bär und sein kleines Boot" (Bunting 2011) werden häufig die unspezifischen Eigenschaftsbegriffe (vgl. Kapitel 5.1.3.1.1) „groß" und „klein" verwendet, welche von einigen Kindern aufgegriffen und in ihren Erzählungen genutzt wurden, um das Volumen der Protagonisten zu beschreiben.

In den Lesesitzungen zu den Bilderbüchern „Das kleine Krokodil und die große Liebe" (Kulot 2003), „Der kleine Bär und sein kleines Boot" (Bunting 2011) und „Oma Emma Mama" (Pauli 2010) nutzten einige Kinder auch den spezifischen Eigenschaftsbegriff „dick" zur Beschreibung des Volumens, welcher in keinem der Texte verwendet wird. In den Lesesitzungen zu „Der kleine Bär und sein kleines Boot" (Bunting 2011) wurde zusätzlich auch noch der spezifische Eigenschaftsbegriff „breit" von einigen Kindern zur Beschreibung des Volumens verwendet, welcher auch nicht im Text genannt wird, wie folgende Szene aus einer Lesesitzung zum Bilderbuch „Das kleine Krokodil und die große Liebe" (Kulot 2003) mit Noah (3;5) und Lena (3;9) exemplarisch zeigt:

| 128 | I | Ja überleg mal, was meinst du warum passt die da nicht rein' |

---

[10] Im Bilderbuch ist das Volumen über die Fläche repräsentiert, jedoch kann im Rahmen der dialogischen Lesesitzungen durch Abstraktion auch das Volumen wahrgenommen und thematisiert werden.

5.1 Facetten des inhaltsbezogenen mathematischen Denkens

129	Noah	Weil die viel zu dick ist.
130	I	Zu dick'
131	Noah	*(Noah lacht.)* Ja.
132	Lena	Nein.
133	I	Was sagt die Lena'
134	Lena	Nur zu groß.

Noah, Lena und Mia (3;8) betrachten Seite 4 des Bilderbuchs „Das kleine Krokodil und die große Liebe" (Kulot 2003). Nachdem geäußert wurde, dass die Giraffe nicht in das Haus des Krokodils reinpasst, fordert die Interviewerin Noah dazu auf, dies zu begründen (Z. 128). Noah verwendet zur Begründung den qualitativen Eigenschaftsbegriff „dick" (Z. 129) und nimmt somit Bezug auf das Volumen der Giraffe.

Abbildung 11: Illustration aus Daniela Kulot: Das kleine Krokodil und die große Liebe.
© 2003 von Thienemann in der Thienemann-Esslinger Verlag GmbH, Stuttgart

Die Giraffe ist in diesem Bild durch ihre gebückte Haltung sehr kompakt dargestellt, was ein Impuls für eine Bezugnahme auf ihr Körpervolumen sein könnte. Lena findet diesen Begriff jedoch unpassend (Z. 132) und verwendet zur Begründung den qualitativen Eigenschaftsbegriff „groß" (Z. 134), wobei sie sich vermutlich auf die Länge der Giraffe bezieht. Dabei setzt sie die Höhe des Hauses (vgl.

Abbildung 11) und die Länge der Giraffe in Relation und erklärt, dass die Giraffe nicht in das Haus passt, da sie „zu groß" ist (Z. 134).

Dieses Beispiel zeigt exemplarisch die Schwierigkeit der Wahl der Begriffe entsprechend des Größenbereichs, wie sie bereits in Kapitel 5.1.3.1.1 thematisiert wurde, und die Verwendung von vergleichenden Begriffen im Kontext des Größenbereichs Volumen, was in Kapitel 5.1.3.2 genauer betrachtet wird.

5.1.3.1.3 Zeit[11]

Der Größenbereich *Zeit(-spannen)* hat im Vergleich zu den anderen Größenbereichen eine Reihe von Besonderheiten, wobei hier nur einige genannt werden (vgl. z. B. Ruwisch 2007b):

- Zeitempfinden ist situations- und stimmungsabhängig und somit subjektiv (vgl. Ruwisch 2007a, S. 4).
- Ein direkter Vergleich von Zeitspannen ist nicht möglich (vgl. Benz et al. 2015, S. 257).
- Es ist der einzige Größenbereich, der von der dezimalen Struktur abweicht (vgl. ebd., S. 244).

In Anlehnung an Montague-Smith (1997, S. 107) wird in dieser Studie zwischen Begriffen der (1) *zeitlichen Beziehung* und (2) *zeitlichen Reihenfolge* unterschieden. Begriffe der zeitlichen Beziehung beschreiben Zeiträume und Geschwindigkeiten, z. B. lang, kurz, langsam oder schnell, während Begriffe der zeitlichen Reihenfolge zeitliche Abfolgen und Strukturen beschreiben, z. B. nächste, vorher, danach oder dann (vgl. Fthenakis et al. 2009, S. 102, 119; Lorenz 2012, S. 145f; Montague-Smith 1997, S. 116).

Im Rahmen der Lesesitzungen zu den Bilderbüchern „Das kleine Krokodil und die große Liebe" (Kulot 2003), „Fünfter sein" (Jandl & Junge 1997) und „Oma Emma

---

[11] Im Kontext von Größenbereichen müsste es genau genommen „Zeitspannen" heißen. Da in dieser Arbeit aber auch „Zeitpunkte" im Fokus der Betrachtung stehen, wurde hier der übergeordnete Begriff Zeit gewählt.

5.1 Facetten des inhaltsbezogenen mathematischen Denkens

Mama" (Pauli 2010) zeigte sich, dass die Bilderbücher auf einige Kinder dahingehend aktivierend wirkten, Begriffe der zeitlichen Beziehungen und zeitlichen Reihenfolgen zu verwenden (vgl. Tabelle 14).

Beim Einsatz des Bilderbuchs „Das kleine Krokodil und die große Liebe" (Kulot 2003) verwendeten einige Kinder die Begriffe „lang" (zeitliche Beziehung) und „Ende" (zeitliche Reihenfolge), um auf die Dauer des Vorlesens Bezug zu nehmen, wie folgende Äußerungen von Sarah (4;3) und Luisa (3;7) exemplarisch zeigen:

314	Sarah	Das ist aber eine lange Geschichte.
504	Luisa	Die Geschichte ist zu Ende.

Das Bilderbuch „Fünfter sein" (Jandl & Junge 1997) regte einige Kinder besonders dazu an, verschiedene Begriffe der zeitlichen Reihenfolge zu verwenden. Im Text dieses Bilderbuchs wird der Begriff „nächster" verwendet (Jandl & Junge 1997, S. 25), welcher von einigen Kindern sowohl genutzt wurde, bevor er im Text verwendet wurde, als auch nachdem er im Text genannt wurde, um über die zeitliche Reihenfolge der Spielzeugfiguren in der Geschichte zu sprechen. Darüber hinaus nutzten einige Kinder auch eigene Begriffe, wie „Anfang", „letzter" und „dann", um vergangene und zukünftige Ereignisse des Handlungsverlaufs der Geschichte zu beschreiben, wie folgende Äußerungen von Jale (5;3) und Lisa (3;9) exemplarisch zeigen:

194	I	Wer kommt als nächstes dran'
195	Lisa	(Lisa zeigt auf den Bären im Bild.) Der Bär. Und dann der Frosch und dann der Elefant.

436	I	Was hat euch am besten gefallen'
437	Jale	Dass der ähm (Jale zeigt auf Pinocchio im Bild.) als letztes war. Und ähm und ähm der Doktor bei dem war.

Das Bilderbuch „Oma Emma Mama" (Pauli 2010) bot einigen Kindern besonderen Anlass, verschiedene Begriffe der zeitlichen Beziehung zu verwenden, um Geschwindigkeiten oder Zeiträume innerhalb der Handlung zu beschreiben, wie die Äußerungen von Max (5;0) und Finn (5;5) exemplarisch zeigen:

69	Max	Dann haben die den hier so dann eingewickelt und dann klettern die so langsam.
285	Finn	# gleich ist (.) 40. (*Finn beugt sich nach vorne und zeigt auf die 40 im Buch.*)

An den Beispielen zu Begriffen der zeitlichen Beziehung von Sarah, Max und Finn wird deutlich, wie situations- und stimmungsabhängig und deshalb stark subjektiv geprägt das Zeitempfinden sein kann (vgl. Ruwisch 2007a): Sarah vergleicht vielleicht die Dauer des Vorlesens des Bilderbuchs mit den Erfahrungen ihrer bisherigen Vorlesezeiten oder empfindet die Dauer des Vorlesens durch die Dialoge zwischen dem reinen Vorlesen länger als sonst. Max zieht vielleicht seine Erfahrungen mit der Klettergeschwindigkeit von Chamäleons oder verwandten Tieren heran, und Finn erkennt vielleicht, dass auf der Bilderbuchseite (Pauli 2010, S. 15) nur noch drei Zahlen vor der Zahl „40" abgebildet sind oder nutzt seine Kenntnis der Zahlwortreihe für seine Einschätzung.

Beim Bilderbuch „Der kleine Bär und sein kleines Boot" (Bunting 2011) ließen sich im Rahmen der Untersuchung keine zeitlichen Begriffe in den Äußerungen der Kinder identifizieren.

5.1.3.2 Größenvergleiche

Messen heißt vergleichen. Der *direkte Größenvergleich* bezeichnet mit Hilfe des Komparativs („größer") oder anderen vergleichenden Begriffen, wie z. B. „zu groß", die Beziehung zweier Objekte (vgl. Lorenz 2012, S. 145). *Indirektes Vergleichen*, „egal ob dies mit standardisierten oder frei gewählten Einheiten geschieht, bedeutet immer vergleichen mit einer Bezugsgröße" (Kaufmann 2010, S. 115). Untersuchungen zu den Fähigkeiten von Kindern im Bereich „Größen und Messen" deuten darauf hin, dass Kinder bereits vor Schuleintritt beachtliche, aber auch sehr verschiedene Erfahrungen im Größenbereich Längen gesammelt haben und unterschiedliche Kompetenzen in diesem Bereich besitzen (vgl. z. B. Nührenbörger 2002; Schmidt & Weiser 1986). Deshalb wird in dieser Arbeit nicht nur zwischen direktem (5.1.3.2.1) und indirektem Vergleich (5.1.3.2.2) unterschieden, sondern des Weiteren auch zwischen mentalem (5.1.3.2.3) und partiellem Vergleich (5.1.3.2.4).

5.1.3.2.1 Direkter Größenvergleich

Unter einem *direkten Vergleich* wird der Vergleich von zwei Gegenständen verstanden, welche direkt nebeneinandergelegt werden, um z. B. den längeren bzw. kürzeren Gegenstand zu identifizieren (vgl. van den Heuvel-Panhuizen & Buys 2005, S. 16). Dieser Vergleich von zwei Objekten bezüglich ihrer Größe ist die elementarste Form des Messens (vgl. ebd.).

Beim Einsatz der Bilderbücher „Das kleine Krokodil und die große Liebe" (Kulot 2003) und „Der kleine Bär und sein kleines Boot" (Bunting 2011) zeigte sich, dass die Bilderbücher einige Kinder dazu anregten, zwei Objekte direkt miteinander zu vergleichen (siehe auch Tabelle 14 „vergleichende Begriffe"), wie die zwei nachfolgenden Szenen exemplarisch zeigen:

Jakob (4;9) betrachtet Seite 1 des Bilderbuchs „Das kleine Krokodil und die große Liebe" (Kulot 2003) und vergleicht die Länge der beiden Protagonisten miteinander, wie seine Äußerung in Zeile 10 zeigt:

| 9 | I | (I. *schlägt die erste Seite des Bilderbuchs auf*.) Und fällt euch da was auf' |
| 10 | Jakob | Die Giraffe ist größer als das Krokodil. |

Die Szene zeigt deutlich die visuelle Erfassbarkeit von Längen (vgl. Weiher & Ruwisch 2018, S. 77). Der direkte Vergleich ist an dieser Stelle möglich, da die beiden Protagonisten im Bild unmittelbar nebeneinander abgebildet sind (vgl. Abbildung 3). Jakob setzt die Längen der Giraffe und des Krokodils in Relation zueinander, indem er den Komparativ „größer" nutzt.

Marlon (3;2) und Elif (4;8) betrachten die Illustration auf Seite 7 und 8 des Bilderbuchs „Der kleine Bär und sein kleines Boot" (Bunting 2011) und erkennen das unterschiedliche Volumen zwischen dem Bären und dem Boot (vgl. Abbildung 12):

68	I	(*I. blättert weiter auf Seite 7 und 8 des Buchs.*) Was seht ihr hier'
69	Marlon	Die Mama, die Mama.
70	Elif	Und der (*Elif zeigt auf den Bären im rechten Bild.*) versucht auch zu (*Elif macht Ruderbewegungen.*) mit seinem Boot.
71	I	Mhm.
72	Marlon	(..) Aber das ist viel zu klein.
73	I	Genau. Woran siehst du das denn, Marlon, dass das zu klein ist'
74	Marlon	Da [passt] glaube ich nur ein kleiner Bär rein.
75	I	Mhm.

Marlon stellt fest, dass das Boot für den Bären „viel zu klein" ist (Z. 72). Er benutzt hier einen vergleichenden Begriff (vgl. Kapitel 5.1.3.1). Auf die Frage der Interviewerin, woran er das erkennen würde (Z. 73), argumentiert er auf Grundlage der Passung (Z. 74): Ein kleinerer Bär würde in das Boot hineinpassen, d.h. dieser Bär ist zu groß für das Boot. Der Begriff „passt hinein" ist nach Lorenz (2012, S. 145) ein beschreibender Begriff, welcher nicht spezifisch genug für einen Vergleich ist. Jedoch kann aufgrund der vorausgegangenen Äußerung (Z. 72) und der Berücksichtigung der sprachlichen Ausdrucksfähigkeit eines dreijährigen Kindes davon ausgegangen werden, dass es sich hier um einen direkten Vergleich handelt, bei dem beide Objekte nebeneinander abgebildet sind und hinsichtlich ihres Volumens (bzw. ihrer Fläche) verglichen werden.

5.1 Facetten des inhaltsbezogenen mathematischen Denkens 137

Abbildung 12: Illustration aus Eva Bunting und Nancy Carpenter: Der kleine Bär und sein kleines Boot
© 2011 Gerstenberg Verlag, Hildesheim

5.1.3.2.2 Indirekter Größenvergleich

Unter einem *indirekten Vergleich* wird sowohl der Vergleich zweier Objekte mithilfe einer nicht-standardisierten Maßeinheit als auch mit einer standardisierten Maßeinheit durch Messen mit verschiedenen Messgeräten verstanden (vgl. Franke & Ruwisch 2010, S. 184). Der indirekte Vergleich wird erforderlich, wenn ein direkter Vergleich nicht möglich oder zu ungenau ist (vgl. ebd., S. 188).

Das Messen mit standardisierten Maßeinheiten, wurde bereits im Kapitel 5.1.1.4 (Maßzahlaspekt) im Kontext von Maßzahlen kurz skizziert und wird hier nicht näher betrachtet – auch wenn dies ein wesentlicher Teil des indirekten Vergleichs ist.

Wie bereits bei der Verwendung von Maßzahlen, zeigt sich der indirekte Größenvergleich mithilfe nicht-standardisierter Maßeinheiten lediglich beim Einsatz des Bilderbuchs „Das kleine Krokodil und die große Liebe" (Kulot 2003). Das könnte zum einen daran liegen, dass der Aspekt des Messens nur in diesem Bilderbuch zum Tragen kommt (vgl. Kapitel 3) und das Messen mit Maßeinheiten eine praktische Tätigkeit ist, welche im Rahmen von Lesesitzungen, wie sie in dieser Arbeit verstanden werden, kaum Raum findet. Die folgende Szene zeigt einen exemplarischen indirekten Vergleich mit körpereigenen Maßen in einer Lesesitzung mit den Kindergartenkindern Lotta (3;10), Luisa (3;7) und Sarah (4;3) beim Betrachten der ersten Seite des Bilderbuchs:

74	Lotta	Der ist kleiner wie die Giraffe.
75	I	Genau.
76	Luisa	Nein, groß.
77	I	Weißt du auch, wie viel kleiner das ist, das Krokodil' (*I. schaut Lotta an.*)
78	Lotta	(*Lotta hält ihre Hand ausgestreckt horizontal zum Boden in Höhe ihres Oberschenkels.*)
79	Sarah	So. (*Sarah legt ihre Hand so auf das Bild, dass sie zwischen dem Boden und der unteren gestrichelten Linie liegt.*)
80	Luisa	Und die Giraffe ist so groß. (*Luisa streckt den rechten Arm nach oben.*)
81	Lotta	Ja. (*Lotta streckt den linken Arm nach oben.*)

Die Szene beginnt mit einem direkten Vergleich von Lotta (Z. 74): Das Krokodil ist kleiner als die Giraffe. Sie verwendet den Komparativ „kleiner", um die Größenrelation zwischen dem Krokodil und der Giraffe zu benennen. Jedoch verwendet Lotta nicht die Konjunktion „als" bei Ungleichheit nach dem Komparativ, sondern die Konjunktion „wie", welche bei Gleichheit verwendet wird.

In Zeile 76 nimmt Luisa Bezug zu Lottas Äußerung in Zeile 74: Vermutlich entnimmt sie Lottas Äußerung, dass die Giraffe klein sei und stellt mit ihrer Äußerung eine Gegenbehauptung auf, wobei sie sich wahrscheinlich mit dem beschreibenden Begriff „groß" auf die Körperlänge der Giraffe bezieht. Dieses Missverständnis könnte ein Indikator dafür sein, dass Luisa sprachlich noch nicht so weit entwickelt ist, der Komparativ noch nicht zu ihrem Sprachgebrauch gehört und ihr das Verständnis noch dafür fehlt, „dass der Komparativ (größer) nicht auf ein bestimmtes Objekt bezogen ist, sondern immer die Beziehung zweier Objekte bezeichnet" (Kaufmann 2010, S. 114).

Durch den Impuls der Interviewerin in Zeile 77, welcher auf die Größendifferenz zwischen Krokodil und Giraffe abzielt, werden die Kinder dazu angeregt, indirekt zu vergleichen, denn ein direkter Vergleich ist nun nicht mehr möglich. Lotta zeigt am eigenen Körper, dass das Krokodil der Giraffe bis zum Oberschenkel geht und zeigt somit den Längenunterschied an (Z. 78). Die Proportionen bleiben dabei im weiteren Sinne erhalten. Auch Sarah vergleicht mit Hilfe körpereigener Maße indirekt, indem sie ihre Hand auf das Krokodil im Bild legt (Z. 79). Sie bestimmt somit die absolute Größe des Krokodils: Das Krokodil ist genauso lang wie ihre Hand breit. Zudem stellt auch Luisa einen indirekten Vergleich mit körpereigenen Maßen an (Z. 80). Dabei nimmt sie, wie Lotta, Bezug zu ihrem eigenen Körper und stellt im weiteren Sinne dar, dass die Giraffe genauso lang ist, wie die Länge ihres Körpers und nach oben ausgestrecktem Arm zusammen.

Auch wenn hier nicht von vollständig korrekten indirekten Vergleichen gesprochen werden kann, wie man sie vielleicht von Grundschülerinnen und Grundschülern erwartet, betonen Didaktiker, wie z. B. Winter (2001), „wie unersetzlich leibliche Erfahrungen für das Verständnis von Größen sind und wie durch Messungen am menschlichen Körper grundlegende Kenntnisse über Leib und Leben angebahnt werden können".

5.1.3.2.3 Mentaler Größenvergleich

Ein Größenvergleich wird in dieser Arbeit dann als *mental* gesehen, wenn die zwei zu vergleichenden Objekte nicht auf der gleichen Seite abgebildet sind und das Kind Bezug auf ein Objekt auf einer vorherigen Bilderbuchseite oder auf ein fiktives konstruiertes Objekt nimmt, d.h. es findet ein mental konstruierter Vergleich statt. Bei diesem mentalen Größenvergleich muss ein mentales Bild vorhanden sein, welches auf Stützpunktvorstellungen beruht (vgl. Weiher & Ruwisch 2018, S. 80). Da sich die ersten beiden Typen von Größenvergleichen (direkt und indirekt) stets auf konkrete Objekte einer Bilderbuchseite beziehen, schien es für diese Arbeit sinnvoll, diesen Typ zu ergänzen, um auch diesen, vielleicht für das dialogische Lesen von Bilderbüchern, spezifischen Typ genauer zu betrachten. Ein ähnlicher Typ findet sich im Kontext des Schätzens von visuell wahrnehmbaren Größen (vgl. Weiher & Ruwisch 2018).

Beim Einsatz der Bilderbücher „Das kleine Krokodil und die große Liebe" (Kulot 2003) und „Der kleine Bär und sein kleines Boot" (Bunting 2011) zeigte sich, dass die Bilderbücher einigen Kindern Anlass boten, zwei Objekte implizit miteinander zu vergleichen, wie die nachfolgenden vier Beispiele exemplarisch zeigen:

(1) Leo (5;8) betrachtet Seite 12 des Bilderbuchs „Das kleine Krokodil und die große Liebe" (Kulot 2003) und sieht, dass das Krokodil nicht an die Türklinke herankommt, da es zu klein ist. Daraufhin kreiert er das mentale Bild, in dem sich das Krokodil auf einen Hocker stellt und dadurch die Höhe der Türklinke erreicht, wie seine Äußerung in Zeile 328 zeigt:

| 328 | Leo | Da, aber dann holt der, der muss sich 'nen Hocker holen und dann kommt der da dran. |

(2) Moritz (3;9) schaut sich Seite 3 dieses Bilderbuchs an, welche das Krokodil, die Giraffe und das kleine Haus des Krokodils zeigt. Nachdem Pamela (3;4) gesagt hat „Die ist so groß, dass die nicht hier rein kann.", äußert sich Moritz folgendermaßen:

| 87 | Moritz | Aber die kann sich klein machen. |

Moritz konstruiert in seiner Vorstellung das Bild einer Giraffe, die sich so „klein macht", dass sie in das kleine Haus des Krokodils hineinpasst, indem sie sich z. B. hinkniet, den Kopf einzieht und somit eine ähnliche Raumausdehnung wie das Haus bekommt.

(3) Nach der Bildbetrachtung der Seite 9 und 10 des Bilderbuchs „Der kleine Bär und sein kleines Boot" (Bunting 2011) liest die Interviewerin den Text vor: „Bald war er überhaupt kein kleiner Bär mehr. Er war ein großer Bär. Und er passte nicht mehr in sein kleines Boot." Daraufhin äußert sich Elif (4;8) folgendermaßen:

| 85 | Elif | Der muss jetzt [noch] ein größeres Boot haben. |

Elif bezieht sich vermutlich sowohl auf das Bild, welches den Bären in seinem zu kleinen Boot zeigt, als auch auf den Text, der noch einmal unterstreicht, dass der Bär nicht mehr in sein Boot passt. Sie konstruiert mental ein größeres Boot, welches dem Volumen des Bären entsprechen würde.

5.1 Facetten des inhaltsbezogenen mathematischen Denkens

(4) Jamil (3;5) betrachtet die letzte Seite des Bilderbuchs „Der kleine Bär und sein kleines Boot" (Bunting 2011), welche zeigt, wie der Bär sich ein neues großes Boot baut. Auf die Frage der Interviewerin, ob der Bär nun in dieses Boot hineinpasst, antworten alle Kinder mit „Ja.", jedoch wendet Jamil Folgendes ein:

| 392 | Jamil | #Aber wenn der ganz ganz groß wird, dann passt der nicht mehr darein. |

Die Äußerung zeigt, wie sich Jamil einen Wachstumsprozess des Bären vorstellt, in welchem der Bär soweit wächst, dass er größer ist als das Boot auf dem Bild.

Die Beispiele zeigen, dass auch auf der Grundlage von bildlichen Darstellungen mentale Vorstellungsbilder angeregt werden können, die einen Größenvergleich zulassen. Häufig fanden diese Größenvergleiche eher auf der Basis von „passen vs. nicht passen" statt und nicht mithilfe vergleichender Begriffe. Jedoch könnte das daran liegen, dass dies für Kindergartenkinder ein erstes wichtiges Kriterium beim Vergleichen von Raumausdehnung ist. Auch Lorenz (2012, S. 145) gibt in seinem Begriffsnetz für Maße den sprachlichen Begriff „passt hinein" an, welcher jedoch für ihn eher beschreibenden als vergleichenden Charakter hat. Die beispielhafte Äußerung von Jamil zeigt jedoch auf, dass der Begriff auch hinsichtlich eines Größenvergleichs verwendet werden kann.

5.1.3.2.4 Partieller Größenvergleich

„Zu Beginn des Spracherwerbs nehmen Kinder Vergleiche (etwa der Größe) paarweise vor und verwenden dafür begriffliche Kategorien („der große und der kleine Hase") statt der Vergleichsform („der Hase ist größer als der andere")" (Fthenakis et al. 2009, S. 69). Erst im weiteren Verlauf können sie Abstufungen, wie z. B. „ganz klein – klein – mittelgroß – groß – ganz groß", vornehmen, bis sie schließlich relationale Begriffe verwenden und Objekte in eine Reihenfolge bringen können, z. B. vom „kleinsten" zum „größten Hasen" (vgl. Fthenakis et al. 2009, S. 69).

Ein Größenvergleich wird in dieser Arbeit dann als *partiell* gesehen, wenn die sprachliche Äußerung keine eindeutige Identifizierung eines direkten, indirekten oder impliziten Größenvergleichs zulässt, es jedoch Hinweise darauf gibt, dass ein

Ansatz eines Größenvergleichs stattgefunden hat. Diese Kategorie wurde deshalb im Rahmen dieser Arbeit betrachtet, da Größenvergleiche im Kontext des Bilderbuchlesens einige Kompetenzen erfordern und ein vollständig korrekter Größenvergleich – insbesondere sprachlich – eine Herausforderung sein kann. Aus diesem Grund wird in diesem Kapitel eher eine Art prozesshafter Größenvergleich dargestellt.

Im Rahmen der Lesesitzungen zu den Bilderbüchern „Das kleine Krokodil und die große Liebe" (Kulot 2003) und „Der kleine Bär und sein kleines Boot" (Bunting 2011) zeigten sich einige dieser sogenannten partiellen Größenvergleiche, wie die folgende Äußerung von Luisa (3;7) exemplarisch zeigt:

(1) Luisa betrachtet Seite 3 des Bilderbuchs „Das kleine Krokodil und die große Liebe" (Kulot 2003) und äußert:

| 127 | Luisa | Giraffe ist ja viel zu klein. |

Luisa verwendet zwar den vergleichenden Begriff „viel zu klein", jedoch ist das Bezugsobjekt an dieser Stelle unklar. Es ist zu vermuten, dass sie sich auf das kleine Haus des Krokodils bezieht, doch dann wäre der vergleichende Begriff nicht richtig gewählt und müsste durch „viel zu groß" ersetzt werden.

(2) Emilia betrachtet die letzte Seite des Bilderbuchs „Der kleine Bär und sein kleines Boot" (Bunting 2011), welche zeigt, wie der Bär sich ein neues großes Boot baut. Dabei ergibt sich folgende Szene:

269	I	Genau. Meint ihr denn, dass der Bär in das Boot jetzt gut reinpasst'
270	Emilia	Ja.
271	I	Warum meinst du das'
272	Emilia	Weil das so groß ist.

Emilia versucht, den Bären mit dem Boot zu vergleichen und nutzt vermutlich den beschreibenden Begriff „groß" für das Boot (Z. 272). Es gelingt ihr aber nicht, die beiden Objekte sprachlich in Relation zu setzen. An dieser Stelle bleibt offen, ob tatsächlich ein Größenvergleich stattfindet, welcher aufgrund geringer sprachlicher Mittel noch nicht ausgedrückt werden kann, oder ob das Konzept des Größenvergleichs noch nicht ausgebaut ist.

5.1.3.3 Fazit

Insgesamt hat sich im Inhaltsbereich „Größen und Messen" gezeigt, dass die ausgewählten Bilderbücher mindestens in zwei der drei Größenbereiche den Gebrauch von qualitativen Größenbegriffen anregen können und darüber hinaus die Bilderbücher „Das kleine Krokodil und die große Liebe" (Kulot 2003) und „Der kleine Bär und sein kleines Boot" (Bunting 2011) einige Kinder zu verschiedenen Typen von Größenvergleichen unterschiedlicher Art und auf unterschiedlichen Niveaus anregen und die Kinder somit zum numerischen und geometrischen Denken veranlassen können.

Nach Benz et al. (2015, S. 249f) ist ein erster wichtiger Schritt für Kindergartenkinder im Inhaltsbereich „Größen und Messen" das Erlernen des Vokabulars der Größenbereiche (vgl. Kapitel 5.1.3.1), um sich über gemachte Entdeckungen austauschen zu können. Außerdem ist es sinnvoll, Kindergartenkindern ihren Interessen entsprechend Raum für den spielerischen Umgang mit Größen zu bieten (vgl. Kapitel 5.1.3.2). Für beide Aspekte können Bilderbücher einen sogenannten Erlebnis- und Entdeckungsraum bieten.

Es ist jedoch auch festzuhalten – wie bereits in den vorangegangenen Inhaltsbereichen –, dass nicht alle ausgewählten Bilderbücher alle Teilaspekte des identifizierten numerischen und geometrischen Denkens gleichermaßen aktivieren. Welche Charakteristika der jeweiligen Bilderbücher besonderes Potenzial vermuten lassen, wird in Kapitel 5.2 genauer betrachtet.

5.2 Mögliche anregende Charakteristika von Bilderbüchern

In diesem Kapitel wird ein Rückbezug zur theoretischen Analyse der ausgewählten Bilderbücher (Kapitel 3) geschaffen und mit den in Kapitel 5.1 aufgezeigten Facetten mathematischen Denkens in Beziehung gesetzt, um der Forschungsfrage nachgehen zu können „Welche Charakteristika von Bilderbüchern können das inhaltsbezogene mathematische Denken von Kindergartenkindern zwischen 3 und 6 Jahren besonders anregen?"

Da das inhaltsbezogene mathematische Denken im Fokus der Analyse dieser Arbeit steht, werden auch im Folgenden nur die Charakteristika der mathematischen Inhaltsbereiche (vgl. Kapitel 3.3.1) betrachtet.

Dabei wird getrennt nach den Inhaltsbereichen „Zahlen und Operationen", „Raum und Form" sowie „Größen und Messen" betrachtet, welche Charakteristika mathematisches Denken angeregt haben, welche Charakteristika kein mathematisches Denken angeregt haben und an welcher Stelle mathematisches Denken vorliegt, welches nicht auf Charakteristika des Bilderbuchs zurückzuführen ist.

Ziel dieses Kapitels ist es, die Möglichkeiten und Grenzen der jeweiligen Bilderbücher hinsichtlich ihres Potenzials darzustellen, mathematisches Denken anzuregen.

5.2.1 Charakteristika im Inhaltsbereich „Zahlen und Operationen"

Die Bilderbücher „Fünfter sein" (Jandl & Junge 1997) und „Oma Emma Mama" (Pauli 2010) sind schwerpunktmäßig im Inhaltsbereich „Zahlen und Operationen" zu verorten (vgl. Kapitel 3.2). Im Fokus des Bilderbuchs „Fünfter sein" (Jandl & Junge 1997) steht auf sprachlicher Ebene der Ordnungszahlaspekt und im Fokus des Bilderbuchs „Oma Emma Mama" (Pauli 2010) der Zählzahlaspekt. Zusätzlich sprechen beide Bilderbücher auch noch den Kardinalzahlaspekt durch die Repräsentation verschiedener Mengen von Objekten an (vgl. Kapitel 3.3.1). Diese in den beiden Bilderbüchern angelegten Zahlaspekte regten auch bei einigen Kindern der Untersuchung inhaltsbezogenes mathematisches Denken an, wie die Auswertung gezeigt hat (vgl. Kapitel 5.1.1.1 Lesen von Zahlen, 5.1.1.2.1 Unpräzise Mengenbestimmung, 5.1.1.2.2 Präzise Mengenbestimmung, 5.1.1.3.1 Ordnungszahl, 5.1.1.3.2 Zählzahl).

Darüber hinaus thematisiert das Bilderbuch „Fünfter sein" (Jandl & Junge 1997) das Teil-Ganzes-Verhältnis (vgl. Kapitel 3.3.1). Dieser Aspekt wird von den Kindern der Untersuchung nicht explizit aufgegriffen, wie die Auswertung in Kapitel 5 zeigt.

Dagegen wird der Zählzahlaspekt von einigen Kindern im Rahmen von Lesesitzung des Bilderbuchs „Fünfter sein" (Jandl & Junge 1997) aufgegriffen, obwohl dieser nicht explizit im Bilderbuch angelegt ist (vgl. Kapitel 3.3.1). Jedoch liegt hier ein enger Bezug zum Kardinalzahlaspekt vor, welcher im Bilderbuch durch

5.2 Mögliche anregende Charakteristika von Bilderbüchern

die fünf Spielzeugfiguren im Fokus steht. Bei der Anzahlbestimmung finden dann sowohl der Kardinalzahl- als auch der Zählzahlaspekt ihre Berücksichtigung.

Der mathematische Aspekt des Mengenvergleichs, welcher im Rahmen einer Lesesitzung zum Bilderbuch „Oma Emma Mama" mathematisches Denken angeregt hat (vgl. Kapitel 5.1.1.2.3), wird hier nicht berücksichtigt, da diese Szene nicht repräsentativ für die Untersuchung ist.

Die Bilderbücher „Das kleine Krokodil und die große Liebe" (Kulot 2003) und „Der kleine Bär und sein kleines Boot" (Bunting 2011) sind nicht schwerpunktmäßig dem Inhaltsbereich „Zahlen und Operationen" zuzuordnen, enthalten aber gleichwohl Aspekte dieses Inhaltsbereichs (vgl. Kapitel 3.3.1). Der von beiden Bilderbüchern thematisierte Kardinalzahlaspekt (vgl. Kapitel 3.3.1) regte einige Kinder der Untersuchung zum inhaltsbezogenen mathematischen Denken an. Auch der im Bilderbuch „Das kleine Krokodil und die große Liebe" (Kulot 2003) angelegte Maßzahlaspekt wirkte in Bezug auf inhaltsbezogenes mathematisches Denken anregend. Dagegen wurde der in diesem Bilderbuch am Rande angelegte Ordnungszahl- bzw. Kodierungsaspekt („1" auf dem T-Shirt der Giraffe) nicht explizit als solcher von den Kindern aufgegriffen (vgl. Kapitel 5.1.1.3.1). Eine implizite Thematisierung dieses Aspekts hat vermutlich beim Lesen von Zahlen stattgefunden (vgl. Kapitel 5.1.1.1.). Auch die im Bilderbuch angelegten Rechenoperationen (vgl. Kapitel 3.3.1) wurden von den Kindern nicht in den Blick genommen, wie die Auswertung in Kapitel 5 zeigt. Diese haben im Inhaltsbereich „Größen und Messen" ihre Beachtung auf qualitative Weise gefunden (vgl. Kapitel 5.2.3).

5.2.2   Charakteristika im Inhaltsbereich „Raum und Form"

Keines der ausgewählten Bilderbücher wurde schwerpunktmäßig dem Inhaltsbereich „Raum und Form" zugeordnet. Jedoch thematisieren alle Bilderbücher die Raumorientierung durch die räumliche Beziehung der Objekte in den Bildern (vgl. Kapitel 3.3.1). Diese wurden von einigen Kindern in den jeweiligen Lesesitzungen aufgegriffen und führten durch die Verwendung von Begriffen der Raumrichtung (vgl. Kapitel 5.1.2.1.1) und der Raumlage (vgl. Kapitel 5.1.2.1.2) zu geometrischem Denken.

Darüber hinaus zeigen alle Bilderbücher geometrische Formen in ihren Bildern (vgl. Kapitel 3.3.1) und regten einige Kinder in den Lesesitzungen zu den Bilderbüchern „Das kleine Krokodil und die große Liebe" (Kulot 2003), „Fünfter sein" (Jandl & Junge 1997) und „Oma Emma Mama" (Pauli 2010) dazu an, diese zu erkennen und mit Hilfe von Eigenschaftsbegriffen zu beschreiben. Das Bilderbuch „Der kleine Bär und sein kleines Boot" (Bunting 2011) regte die Kinder nicht dazu an, geometrische Formen zu benennen. Das könnte daran liegen, dass in diesem Bilderbuch im Vergleich zu den anderen Bilderbüchern eher wenige geometrische Formen abgebildet sind.

Die Bilderbücher „Der kleine Bär und sein kleines Boot" (Bunting 2011) und „Fünfter sein" (Jandl & Junge 1997) sprechen zusätzlich den Aspekt der geometrischen Abbildung in ihren Bildern an (vgl. Kapitel 3.3.1). Jedes Bilderbuch zeigt eine Lageveränderung eines Objekts, welche durch Drehung entstanden ist. Dieser mathematische Aspekt wird von einigen Kindern in den jeweiligen Lesesitzungen aufgegriffen und regt somit geometrisches Denken an.

Der Aspekt der Symmetrie, welcher in den Bildern des Bilderbuchs „Der kleine Bär und sein kleines Boot" (Bunting 2011) durch Spiegelungen im Wasser angelegt ist, wird von den Kindern nicht explizit thematisiert.

5.2.3 Charakteristika im Inhaltsbereich „Größen und Messen"

Die Bilderbücher „Das kleine Krokodil und die große Liebe" (Kulot 2003) und „Der kleine Bär und sein kleines Boot" (Bunting 2011) sind schwerpunktmäßig im Inhaltsbereich „Größen und Messen" zu verorten (vgl. Kapitel 3.2). Im Fokus des Bilderbuchs „Das kleine Krokodil und die große Liebe" (Kulot 2003) stehen die Größe Länge und ihre Vergleiche, während das Bilderbuch „Der kleine Bär und sein kleines Boot" (Bunting 2011) die Größe Volumen und ihre Vergleiche fokussiert. Zusätzlich werden im Bilderbuch „Das kleine Krokodil und die große Liebe" (Kulot 2003) Maßzahlen und Maßeinheiten verwendet. Diese in den beiden Bilderbüchern angelegten mathematischen Aspekte führten auch bei einigen Kindern der Untersuchung zu inhaltsbezogenem mathematischen Denken, wie die Auswertung gezeigt hat (vgl. Kapitel 5.1.3.1.1 Länge, 5.1.3.1.2 Volumen, 5.1.3.2 Größenvergleiche).

5.2 Mögliche anregende Charakteristika von Bilderbüchern

Darüber hinaus ist auch im Bilderbuch „Das kleine Krokodil und die große Liebe" (Kulot 2003) der Vergleich von Rauminhalten angelegt (vgl. Kapitel 3.3.1), welcher auch von einigen Kindern im Rahmen der Lesesitzungen aufgegriffen wird (vgl. Kapitel 5.1.3.1.2 Volumen, 5.1.3.2 Größenvergleiche). Genauso verhält es sich auch beim Bilderbuch „Der kleine Bär und sein kleines Boot" (Bunting 2011), welches neben dem Größenbereich Volumen auch noch den Größenbereich Länge anspricht. Auch dieser wird von einigen Kindern im Rahmen der Lesesitzungen aufgegriffen und führt zu inhaltsbezogenem mathematischen Denken, wie die Auswertung gezeigt hat (vgl. Kapitel 5.1.3.1.1 Länge, 5.1.3.2 Größenvergleiche).

Obwohl er in den Bilderbüchern „Fünfter sein" (Jandl & Junge 1997) und „Oma Emma Mama" (Pauli 2010) nicht explizit angelegt ist, wird der Größenbereich Länge in den Lesesitzungen zu diesen beiden Büchern von einigen Kindern aufgegriffen (vgl. Kapitel 5.1.3.1.2). Auch der Größenbereich Volumen, welcher nicht explizit im Bilderbuch „Oma Emma Mama" (Pauli 2010) angelegt ist, wird in den entsprechenden Lesesitzungen von einigen Kindern aufgenommen (vgl. Kapitel 5.1.3.1.2).

Der Größenbereich Zeit ist nur im Bilderbuch „Oma Emma Mama" (Pauli 2010) explizit angelegt (vgl. Kapitel 3.3.1). Gleichwohl wird dieser Aspekt auch von einigen Kindern in den Lesesitzungen zu den Bilderbüchern „Das kleine Krokodil und die große Liebe" (Kulot 2003) und „Fünfter sein" (Jandl & Junge 1997) aufgegriffen. An dieser Stelle kann ein Bezug zum Inhaltsbereich „Muster und Strukturen" hergestellt werden, welcher in der theoretischen Analyse der Bilderbücher „Fünfter sein" (Jandl & Junge 1997) ausgemacht werden konnte (vgl. Kapitel 3.3.1). Die klare Folge innerhalb der Geschichte des Bilderbuchs „Fünfter sein" (Jandl & Junge 1997) regt die Verwendung von Begriffen der zeitlichen Reihenfolge an. Auch wenn dieser Inhaltsbereich im Bilderbuch „Das kleine Krokodil und die große Liebe" (Kulot 2003) nicht ausgemacht werden konnte, verwendeten einige Kinder in den Lesesitzungen Begriffe der zeitlichen Beziehung und der zeitlichen Reihenfolge.

Ergänzend ist an dieser Stelle festzuhalten, dass unabhängig von der theoretischen Analyse (vgl. Kapitel 3) in den ausgewählten Bilderbüchern immer Geschichten erzählt werden, welche einem chronologischen Erzählmuster folgen. Es ist also davon auszugehen, dass neben den mathematischen Aspekten auch die Struktur der Geschichte die Kinder dazu animieren kann, Begriffe der zeitlichen Reihenfolge in ihren Äußerungen zu verwenden.

5.2.4 Fazit

Abschließend ist festzuhalten, dass fast alle in den Bilderbüchern angelegten mathematische Aspekte (vgl. Kapitel 3.3.1) von vielen Kindern aufgriffen wurden und mathematisches Denken in dem jeweiligen Bereich angeregt haben. Insbesondere die inhaltlichen Schwerpunkte der Bilderbücher erwiesen sich als besonders anregend.

Über die inhaltlichen Schwerpunkte hinaus hatte der Kardinalzahlaspekt in allen ausgewählten Bilderbüchern besonderes Potenzial, denn er regte mehrere Kinder zur unpräzisen und präzisen Mengenbestimmung und somit zum numerischen Denken an.

Der Bereich der Raumorientierung fand insbesondere bei der Bildbeschreibung seine Relevanz, wenn Positionsbestimmungen und Richtungsangaben gemacht wurden. Dieser Aspekt wird bei allen Bilderbüchern angesprochen und regte bei mehreren Kindern geometrisches Denken an. Jedoch riefen einige Bilderbücher in den Lesesitzungen die Verwendung eines breiteren Spektrums an Begriffen der Raumrichtung und Raumlage hervor, wie z. B. die Auswertung der Lesesitzungen zum Bilderbuch „Das kleine Krokodil und die große Liebe" (Kulot 2003) in diesem Bereich zeigt (vgl. Kapitel 5.1.2.1.1 und 5.1.2.1.2).

Die verschiedenen Größenbereiche Länge, Volumen und Zeit scheinen ein besonderes Potenzial zu haben, denn auch wenn sie nicht explizit in einem Bilderbuch angelegt sind, werden sie von mehreren Kindern aufgegriffen und regen somit mathematisches Denken im Inhaltsbereich „Größen und Messen" an. Konkrete Größenvergleiche finden jedoch nur in den Lesesitzungen zu den Bilderbüchern statt, in denen auch eine Größe explizit durch die Geschichte angelegt ist.

6 Fazit

Diese Arbeit ist der Frage nachgegangen, inwieweit Bilderbücher beim Einsatz in dialogischen Lesesitzungen das Potenzial haben, frühes mathematisches Denken bei Kindergartenkindern anzuregen. Es konnte gezeigt werden, dass Bilderbücher in dialogischen Lesesitzungen Facetten des inhaltsbezogenen mathematischen Denkens bei Kindergartenkindern anregen können (Erkenntnis 1). Darüber hinaus legt auch die Auswahl der Bilderbücher im entscheidenden Maße das Spektrum der möglichen Facetten des inhaltsbezogenen mathematischen Denkens fest (Erkenntnis 2). Diese Erkenntnisse lassen das dialogische Lesen von Bilderbüchern im Kontext der frühen mathematischen Bildung zu einer möglichen Aktivität im Rahmen des integrativen Ansatzes werden. Diese sollten stets durch weitere Aktivitäten ergänzt werden, um den Kindern auch eine konkret handelnde Auseinandersetzung mit Mathematik zu ermöglichen. Denn im Sinne des operativen Prinzips erfolgt der Wissenserwerb sowohl auf der konkreten Ebene und dem Operieren mit konkreten Gegenständen und Material, als auch auf der figuralen und symbolischen Ebene (vgl. Aebli 1961; Wittmann 1985).

Perspektivisch können die Ergebnisse der vorliegenden Arbeit als Grundlage für die Konzeption einer Handreichung zur Aus- und Weiterbildung von pädagogischen Fachkräften dienen (Erkenntnis 3). Hier bedarf es jedoch noch weiterer Forschung, um die organisatorischen und insbesondere die personellen Bedingungen und Bedarfe für einen Einsatz in der Praxis zu evaluieren.

Im Folgenden werden diese drei Erkenntnisse, welche die Möglichkeiten und Grenzen des Einsatzes von Bilderbüchern in dialogischen Lesesitzungen im Kindergarten aufzeigen, detailliert dargestellt.

Erkenntnis 1: *Bilderbücher können in dialogischen Lesesitzungen Facetten des inhaltsbezogenen mathematischen Denkens bei Kindergartenkindern anregen.*

Mithilfe des Modells des (frühen) mathematischen Denkens (vgl. Kapitel 2.3.3.1) konnte das inhaltsbezogene mathematische Denken der Kinder auf Grundlage ihrer Äußerungen in den dialogischen Lesesitzungen rekonstruiert und differenziert in den Inhaltsbereichen „Zahlen und Operationen", „Raum und Form" und „Größen und Messen" analysiert werden.

Die rekonstruierten Facetten des inhaltsbezogenen mathematischen Denkens konnten sowohl auf die mathematischen Aspekte in den ausgewählten Bilderbüchern (vgl. Kapitel 3.3.1) als auch auf die dialogische Interaktion zwischen der interviewenden Person und den Kindergartenkindern der Interviewgruppe bzw. teilweise auch zwischen den Kindern untereinander zurückgeführt werden.

Das in dieser Arbeit gefundene Spektrum des inhaltsbezogenen mathematischen Denkens reicht in Bezug auf die Inhaltsbereiche von „Zahlen und Operationen" über „Raum und Form" bis hin zu „Größen und Messen". Viele Förderprogramme und Materialien im Bereich der frühen mathematischen Bildung bedienen vor allem arithmetische Inhalte oder generell nur einen Inhaltsbereich (vgl. Kapitel 1.1.4). Die ausgewählten Bilderbücher können dahingegen arithmetische und geometrische Inhalte parallel ansprechen und somit näherungsweise ein ganzheitliches Bild der Mathematik als „die Wissenschaft von den Mustern" (Devlin 2002, S. 5) repräsentieren. Stochastisches Denken konnte in den Daten der vorliegenden Arbeit nicht ausgemacht werden. Das liegt vermutlich daran, dass dieser Inhaltsbereich nicht in den ausgewählten Bilderbüchern angelegt ist. Zukünftige Forschung müsste daher überprüfen, ob beim Einsatz eines entsprechenden Bilderbuchs auch stochastisches Denken angeregt werden kann.

Wie Tabelle 15 deutlich macht, zeigten mehrere Kinder im Bereich „Zahlen und Operationen" Facetten numerischen Denkens, die durch verschiedene repräsentierte Zahlaspekte in den Bilderbüchern (Kardinalzahlaspekt, Ordinalzahlaspekt und Maßzahlaspekt, vgl. Kapitel 3.3.1) angeregt wurden (vgl. Kapitel 5.1.1):

6 Fazit

Tabelle 15: Facetten numerischen Denkens im Bereich „Zahlen und Operationen"

Facetten	KL	BB	FS	OEM
Lesen von Zahlen (vgl. Kapitel 5.1.1.1)	+	-	-	+
Unpräzise Mengenbestimmung (vgl. Kapitel 5.1.1.2.1)	+	-	+	+
Präzise Mengenbestimmung (vgl. Kapitel 5.1.1.2.2)	+	+	+	+
Mengenvergleich (vgl. Kapitel 5.1.1.2.3)	-	-	-	(+)[12]
Verwendung von Ordnungszahlen (vgl. Kapitel 5.1.1.3.1)	-	-	+	-
Verwendung von Zählzahlen (vgl. Kapitel 5.1.1.3.2)	-	-	+[13]	+
Verwendung von Maßzahl (vgl. Kapitel 5.1.1.4)	+	-	-	-

Die hohe Anzahl der gezeigten Facetten lässt die Schlussfolgerung zu, dass die Bilderbücher hinsichtlich des numerischen Denkens sehr aktivierend auf die Kindergartenkinder gewirkt haben.

Jedoch ist anzumerken, dass nicht alle in den ausgewählten Bilderbüchern angelegten mathematischen Teilaspekte das numerische Denken der Kinder dahingehend aktivierten: Das Teil-Ganzes-Verhältnis, welches im Bilderbuch „Fünfter sein" (Jandl & Junge 1997) thematisiert wird (vgl. Kapitel 3.3.1), wurde von den Kindern der Untersuchung nicht explizit aufgegriffen (vgl. Kapitel 5). Das könnte damit zusammenhängen, dass die Kindergartenkinder der Untersuchung noch keine oder wenige Zusammenhänge und Beziehungen zwischen Zahlen herstellen und nutzen können. Im Alter von 4 Jahren entwickeln Kinder in der Regel erst ein protoquantitatives Verständnis von Beziehungen zwischen Mengen (vgl. Resnick

---

[12] Nicht repräsentativ für die Stichprobe
[13] Nicht explizit im Bilderbuch angelegt, steht aber in engem Bezug zum im Bilderbuch angelegten Kardinalzahlaspekt

1983). „Beim protoquantitativen Verständnis handelt es sich um nicht-quantifizierte Zusammenhänge zwischen Zahlen (Mengen), wie z. B. die Einsicht, dass ein Ganzes, welches in zwei Teile geteilt wurde, nicht mehr oder weniger geworden ist [...]" (Häsel-Weide 2016, S. 8). Diese Einsicht reicht vermutlich noch nicht für das Erfassen des Teil-Ganzes-Verhältnisses im Bilderbuch „Fünfter sein" (Jandl & Junge 1997). Auch der im Bilderbuch „Das kleine Krokodil und die große Liebe" (Kulot 2003) marginal angelegte Ordnungszahl- bzw. Kodierungsaspekt („1" auf dem T-Shirt der Giraffe) wirkt nicht als solcher auf die Kinder aktivierend. Das könnte daran liegen, dass der Ordnungszahlaspekt in diesem Buch kaum Raum einnimmt und für die Kinder an dieser Stelle nicht im Fokus ihres Interesses liegt. Auch der in diesem Buch angelegte Aspekt der Rechenoperationen in Form der Bestimmung der Differenz des Größenunterschieds der beiden Protagonisten (vgl. Kulot 2003, S. 1) – auch als Subtraktion im Sinne von Ergänzen zu deuten – wirkt sich auf die Kinder der Studie nicht anregend aus. Das könnte daran liegen, dass die Subtraktion mit Dezimalzahlen nicht dem Entwicklungsstand der Kindergartenkinder der Studie entspricht und sie wenig bis keine Erfahrungen in diesem Bereich gesammelt haben, an die sie anschließen könnten.

Tabelle 16 zeigt auf, welche Facetten geometrischen Denkens mehrere Kinder im Bereich „Raum und Form" zeigten, die durch den Aspekt der Raumorientierung und darüber hinaus auch durch die geometrischen Formen, deren Eigenschaften und Abbildungen, welche in den ausgewählten Bilderbüchern angelegt sind (vgl. Kapitel 3.3.1), angeregt wurden (vgl. Kapitel 5.1.2).

Tabelle 16: Facetten geometrischen Denkens im Bereich „Raum und Form"

Facetten	KL	BB	FS	OEM
Verwendung von Begriffen der Raumlage (vgl. Kapitel 5.1.2.1.1)	+	+	+	+
Verwendung von Begriffen der Raumrichtung (vgl. Kapitel 5.1.2.1.2)	+	+	+	+
Erkennen von Formen (vgl. Kapitel 5.1.2.2.1)	+	-	+	+
Operieren mit Formen (Drehung) (vgl. Kapitel 5.1.2.2.2)	-	+	+	-

6 Fazit

Die Anzahl der Facetten geometrischen Denkens, welche die Kindergartenkinder gezeigt haben, ist zwar eher mäßig, jedoch lässt sich schlussfolgern, dass die ausgewählten Bilderbücher durchaus das Potenzial zum geometrischen Denken besitzen. Insbesondere hinsichtlich der Raumorientierung (Raumlage und Raumrichtung) wirkten alle Bilderbücher sehr aktivierend, wie die Darstellung der Ergebnisse in Kapitel 5.1.2 gezeigt hat.

Nicht alle in den ausgewählten Bilderbüchern angelegten mathematischen Teilaspekte aktivierten das geometrische Denken der Kinder: Die geometrischen Formen im Bilderbuch „Der kleine Bär und sein kleines Boot" (Bunting 2011), wie z. B. der kreisförmige Mond (Bunting 2011, S. 13), wurden von den Kindern nicht aufgegriffen. Das kann daran liegen, dass das Bilderbuch eher wenige Formen aufweist und diese somit nicht in den Fokus des Interesses der Kinder gerückt sind. Auch insgesamt wurden – mit Blick auf alle vier Bilderbücher – Formen eher weniger von den Kindern thematisiert. Denn auch wenn Formen Teil der Lebensumwelt sind, ist die Entwicklung des Wissens über Formen wesentlich durch die kindlichen Erfahrungen mit Objekten und deren Eigenschaften bestimmt (vgl. Benz et al. 2015, S. 185). Gründe für das eher geringe geometrische Denken im Bereich Formen könnten also zum einen im Entwicklungsstand der Kinder liegen und zum anderen besteht die Möglichkeit, dass die Schwerpunktthemen der Bilderbücher mehr im Fokus und im Interesse der Kinder standen und Formen eher ein Randthema waren.

Tabelle 17 legt die Facetten numerischen und geometrischen Denkens dar, welche die Kinder im Bereich „Größen und Messen" zeigten und die durch unterschiedliche Größenbereiche und verschiedene Größenvergleiche, welche in den ausgewählten Bilderbüchern identifiziert wurden (vgl. Kapitel 3.3.1), angeregt wurden (vgl. Kapitel 5.1.3).

Tabelle 17: Facetten numerischen und geometrischen Denkens im Bereich „Größen und Messen"

Facetten	KL	BB	FS	OEM
Verwendung von qualitativen Größenbegriffen zur Beschreibung der Länge von Objekten (vgl. Kapitel 5.1.3.1.1)	+	+	+	+
Verwendung von qualitativen Größenbegriffen zur Beschreibung des Volumens von Objekten (vgl. Kapitel 5.1.3.1.2)	+	+	-	+[14]
Verwendung von qualitativen Größenbegriffen zur Beschreibung zeitlicher Beziehungen und Reihenfolgen (vgl. Kapitel 5.1.3.1.3)	+	+	+	+
Direkter Größenvergleich (vgl. Kapitel 5.1.3.1.1)	+	+	-	-
Indirekter Größenvergleich (vgl. Kapitel 5.1.3.1.1)	+	-	-	-
Mentaler Größenvergleich (vgl. Kapitel 5.1.3.1.1)	+	+	-	-
Partieller Größenvergleich (vgl. Kapitel 5.1.3.1.1)	+	+	-	-

Die Vielzahl an Facetten numerischen und geometrischen Denkens im Bereich „Größen und Messen" zeigt, wie sehr insbesondere die Bilderbücher „Das kleine Krokodil und die große Liebe" (Kulot 2003) und „Der kleine Bär und sein kleines Boot" (Bunting 2011) in diesem Bereich aktivierend gewirkt haben.

Es ist anzumerken, dass der Größenbereich Zeit nur im Bilderbuch „Oma Emma Mama" (Pauli 2010) explizit durch den Text angelegt ist. Im Bilderbuch „Fünfter sein" (Jandl & Junge 1997) wird durch die Struktur des Textes auch die zeitliche

---

[14] Nicht explizit angelegt

6 Fazit

Reihenfolge bestimmt – dieser Aspekt wurde in der Analyse in Kapitel 3 dem Inhaltsbereich „Muster und Strukturen" zugeordnet. Bei den anderen beiden Bilderbüchern „Das kleine Krokodil und die große Liebe" (Kulot 2003) und „Der kleine Bär und sein kleines Boot" (Bunting 2011) konnte der Größenbereich Zeit in der Analyse (vgl. Kapitel 3) nicht ausgemacht werden, jedoch wirkten die Bilderbücher im Kontext des dialogischen Lesens vermutlich über ihr chronologisches Erzählmuster dahingehend aktivierend.

Abschließend kann festgehalten werden, dass fast alle der in der Analyse der Bilderbücher ausgemachten mathematischen Aspekte in den drei Inhaltsbereichen die Kinder zum mathematischen Denken anregten und darüber hinaus in den Lesesitzungen auch noch einzelne weitere mathematische Aspekte von den Kindern eingebracht wurden.

Das Ergebnis der vorliegenden Arbeit, dass Bilderbücher in dialogischen Lesesitzungen Facetten des inhaltsbezogenen mathematischen Denkens bei Kindergartenkindern anregen können, ergänzt die Ergebnisse der Interventionsstudie von van den Heuvel-Panhuizen et al. (2016). In dieser Studie konnte im Rahmen eines dreimonatigen Bilderbuchleseprogramms gezeigt werden, dass eine dialogische Art des Bilderbuchlesens einen positiven Effekt auf die Mathematikleistungen von Kindergartenkindern haben kann (vgl. Kapitel 2.3.2.2). Die Studie konnte jedoch noch keinen Aufschluss darüber geben, welche Facetten inhaltsbezogenen mathematischen Denkens in einer dialogischen Lesesitzung genau angeregt werden können. Diese Lücke adressiert die vorliegende Studie und zeigt die oben genannten Facetten inhaltsbezogenen mathematischen Denkens für ausgewählte Bilderbücher auf.

Da die Untersuchung deutlich zeigt, dass ausgewählte Bilderbücher Kindergartenkinder zum inhaltsbezogenen mathematischen Denken anregen können, scheint es sinnvoll, das Lesen von Bilderbüchern im Kontext der frühen mathematischen Bildung im Kindergarten fest zu verankern, um die Entwicklung der mathematischen Kompetenzen von Kindergartenkindern zu unterstützen (vgl. auch van den Heuvel-Panhuizen et al. 2016, S. 339). Das dialogische Lesen eines Bilderbuchs scheint hierfür eine geeignete Methode zu sein, um mathematische Aktivität im Alltag des Kindergartens anzuregen. Dieser sogenannte integrative Ansatz (vgl. Kapitel 1.1.4) entspricht dem aktuellen mathematikdidaktischen Verständnis von früher mathematischer Bildung. Er bezieht sich neben den mathematischen Grundideen des Fachs Mathematik auf das natürliche Interesse des Kindes und auf das

Lernen in sinnvollen Kontexten und stärkt demnach auch die Anschlussfähigkeit im Übergang vom Elementar- zum Primarbereich (vgl. Benz et al. 2017; Gasteiger 2010, 2017). Es müsste nun anschließend erforscht werden, unter welchen Bedingungen das Setting dieser Untersuchung gewinnbringend in die Kindergartenpraxis implementiert werden kann.

Das erste genannte Ergebnis der vorliegenden Studie muss jedoch in Bezug auf seine Generalisierbarkeit im Hinblick auf folgende fünf Einschränkungen betrachtet werden:

(1) Die Stichprobenauswahl und -größe führen dazu, dass sich das Ergebnis nur eingeschränkt generalisieren lässt. Zwar waren die teilnehmenden Kindergärten in unterschiedlichen Einzugsgebieten Bochums lokalisiert und eine heterogene Auswahl der Teilnehmenden ist damit sehr wahrscheinlich, jedoch wurde der sozioökonomische Status nicht erhoben.

(2) Die Vorkenntnisse der Kinder wurden nicht erhoben. Es kann also keine Aussage darüber gemacht werden, ob das mathematische Denken, welches durch die Bilderbücher und den dialogischen Austausch angeregt wurde, zu neuem Wissen führten oder bereits bekanntes Wissen abbildeten. Es handelt sich also lediglich um eine Abbildung des Status quo.

(3) Im Setting der vorliegenden Studie bleibt offen, welchen Einfluss explizit das Bilderbuch und welchen Einfluss die Impulse der interviewenden Person auf das gezeigte inhaltsbezogene mathematische Denken der Kindergartenkinder haben. Deshalb ist diese Erkenntnis der Arbeit dahingehend differenziert zu sehen, dass nicht nur die Auswahl des Bilderbuchs, sondern auch die verbale Lernbegleitung für die Anregung inhaltsbezogenen mathematischen Denkens entscheidend sein kann (vgl. auch Kapitel 2.3.3.2).

(4) Die Teilnahme der Kinder an der Studie war von der Zustimmung ihrer Eltern und der jeweiligen Kindergartenleitung abhängig. Dies könnte möglicherweise zur Folge haben, dass eher engagierte Kindergärten teilnahmen, die vielleicht frühe mathematische Bildung in ihrem Alltag integriert hatten, und dass vermehrt Eltern ihre Zustimmung gaben, welche die Kompetenzen ihres Kindes als durchschnittlich bis hoch einstuften. Da weder das Curriculum der Kindergärten noch die Bildungsaffinität der Eltern untersucht wurde, können keine Zusammenhänge hergestellt werden.

6 Fazit

(5) Das spezifische Setting der Studie ist neben dem Einsatz der Bilderbücher und ihrer Visualisierungen mathematischer Aspekte allein auf die Kommunikation beschränkt. Dieser Austausch, der nur auf Wörtern und Gesten beruht, stellte eine hohe Anforderung an die Sprachkompetenz der Kindergartenkinder (vgl. auch Lorenz 2009, S. 40). Da bei der Analyse der dialogischen Lesesitzungen hauptsächlich die sprachlichen Äußerungen der Kinder und ihre Gestik betrachtet wurden, ist dies bei der Interpretation der Ergebnisse zu berücksichtigen. Für Kinder, die Schwierigkeiten haben, ihre Gedankengänge zu artikulieren, kann es in diesem Setting eine besondere Herausforderung sein, ihr mathematisches Denken zu formulieren. Dies kann die Kommunikation mit anderen einschränken und zu Missverständnissen und Fehlinterpretationen beim Gegenüber führen (vgl. Lorenz 2009, S. 38f). Im Rahmen der Auswertung wurde durch die zusätzliche Berücksichtigung und Analyse von Gesten versucht, dieser Schwierigkeit entgegenzuwirken. Es ist jedoch nicht auszuschließen, dass in einigen Äußerungen aufgrund von sprachlichen Schwierigkeiten der mathematische Gehalt nicht erkennbar war und in der Auswertung unberücksichtigt blieb (vgl. Kapitel 4.2.4.2 & 5).

Abschließend bleibt jedoch festzuhalten, dass die letztgenannte Einschränkung für das Lernen von Mathematik als sehr gewinnbringend gesehen werden kann, wenn der kommunikative Aspekt bewusst eingesetzt und eingefordert wird. Denn die Kommunikation über mathematische Aspekte, die im Setting der vorliegenden Studie wesentlich ist, wird als ein zentraler Bestandteil des mathematischen Kompetenzerwerbs gesehen (vgl. Moschkovich 2002).

Erkenntnis 2: Die Auswahl der Bilderbücher legt im entscheidenden Maße das Spektrum der möglichen Facetten des inhaltsbezogenen mathematischen Denkens fest.

Die vorliegende Arbeit zeigte durch die mathematikdidaktische Analyse und Bewertung der vier ausgewählten Bilderbücher „Das kleine Krokodil und die große Liebe" (Kulot 2003), „Der kleine Bär und sein kleines Boot" (Bunting 2011), „Fünfter sein" (Jandl & Junge 1997) und „Oma Emma Mama" (Pauli 2010) deren theoretisches Potenzial auf, mathematisches Denken anzuregen (vgl. Kapitel 3). In Hinblick auf den Analysefokus des inhaltsbezogenen mathematischen Denkens (vgl. Kapitel 5.1) machte die theoretische Analyse der Bilderbücher sichtbar, dass alle Bilderbücher die Inhaltsbereiche „Zahlen und Operationen" sowie „Raum und Form" thematisieren. Die Bilderbücher „Das kleine Krokodil und die große Liebe" (Kulot 2003), „Der kleine Bär und sein kleines Boot" (Bunting 2011) und „Oma

Emma Mama" (Pauli 2010) thematisieren darüber hinaus auch noch den Inhaltsbereich „Größen und Messen". Von der Gewichtung des Inhalts können die Bilderbücher „Fünfter sein" (Jandl & Junge 1997) und „Oma Emma Mama" (Pauli 2010) schwerpunktmäßig dem Bereich „Zahlen und Operationen" sowie die Bilderbücher „Das kleine Krokodil und die große Liebe" (Kulot 2003) und „Der kleine Bär und sein kleines Boot" (Bunting 2011) dem Bereich „Größen und Messen" (vgl. Kapitel 3) zugeordnet werden.

Der Abgleich zwischen der Analyse der Bilderbücher (vgl. Kapitel 3) einerseits und der Analyse der Lesesitzungen im Hinblick auf Facetten des inhaltsbezogenen mathematischen Denkens (vgl. Kapitel 5.1) andererseits macht deutlich, dass – bis auf wenige Ausnahmen – nur mathematische Aspekte in den Lesesitzungen thematisiert wurden, die auch im Bilderbuch ausgemacht werden konnten (vgl. Kapitel 5.2). Die zusätzlichen Aspekte, die nicht in der Analyse der Bilderbücher (vgl. Kapitel 3) ausgemacht wurden, wie z. B. der Zählzahlaspekt im Bilderbuch „Fünfter sein" (Jandl & Junge 1997) oder das Volumen im Bilderbuch „Oma Emma Mama" (Pauli 2010) weisen jedoch eine Nähe zu anderen mathematischen Aspekten auf und haben aufgrund ihrer sehr geringen inhaltlichen Gewichtung keine weitere Beachtung in der Analyse der Bilderbücher gefunden. Dieses Ergebnis zeigt also, dass das ausgewählte Bilderbuch in ganz entschiedenem Maße das Spektrum festlegt, in dem mathematisches Denken stattfinden kann.

Ergänzend zu den Erkenntnissen des PICO-ma (PIcture books and COncept development MAthematics) Projekts (vgl. van den Heuvel-Panhuizen & Elia 2013; van den Heuvel-Panhuizen et al. 2009) und der Studie von van den Heuvel-Panhuizen und van den Boogaard (2008), zeigt damit auch die vorliegende Studie – mit Rückbezug auf die erste Erkenntnis –, dass die Vielzahl der gezeigten Facetten mathematischen Denkens abhängig von der Auswahl der Bilderbücher ist. Es besteht also ein Zusammenhang zwischen dem gezeigten inhaltsbezogenen mathematischen Denken und dem inhaltlichen Spektrum des Bilderbuchs.

Diese Erkenntnis kann somit von besonderer Bedeutung bei der Auswahl von Bilderbüchern für ihren konkreten Einsatz im Kontext früher mathematischer Bildung sein. Aber diese Erkenntnis zeigt auch Grenzen in der Arbeit mit Bilderbüchern im Kontext frühkindlicher mathematischer Bildung auf: Die Daten deuten darauf hin, dass nicht alle im Kontext früher mathematischer Bildung relevanten Facetten inhaltsbezogenen mathematischen Denkens – wie sie in den Bildungsgrundsätzen (MFKJKS & MSW 2016) angedeutet sind – ausreichend durch Bilderbücher angeregt werden können. Für den Einsatz in der Praxis bedarf es vermutlich der Ergänzungen durch konkrete Handlungserfahrungen für die Kinder, um entsprechende Ideen und Vorstellungen zu dem jeweiligen mathematischen Inhalt aufzubauen. Auch wenn in dieser Arbeit nur vier Bilderbücher eingesetzt wurden, deuten die Ergebnisse darauf hin, dass das dialogische Lesen von Bilderbüchern gewisse Grenzen hat und somit nur als eine mögliche Aktivität im Rahmen des integrativen Ansatzes zur frühen mathematischen Bildung zu sehen ist (vgl. auch Kapitel 1.1.4).

Auch die zweite Erkenntnis der vorliegenden Studie muss im Hinblick auf ihre Generalisierbarkeit eingeschränkt betrachtet werden, da lediglich vier Bilderbücher im Rahmen der Untersuchung analysiert und eingesetzt wurden. Es wäre also durchaus lohnenswert, weitere Bilderbücher ohne mathematikdidaktische Intention im Hinblick auf diese Erkenntnis zu erproben.

Erkenntnis 3: *Die Ergebnisse der vorliegenden Arbeit können perspektivisch als Grundlage für die Konzeption einer Handreichung zur Aus- und Weiterbildung von pädagogischen Fachkräften dienen.*

Nachdem durch Erkenntnis 1 und 2 die Möglichkeiten und Grenzen des Einsatzes von Bilderbüchern zur frühen mathematischen Bildung ausgelotet wurden, bezieht sich die dritte Erkenntnis auf die Implementierung des erprobten Settings in die bestehende Alltagspraxis des Kindergartens im Kontext professioneller Handlungskompetenz pädagogischer Fachkräfte und von Qualitätsentwicklung früher mathematischer Bildung.

Die vorliegende Arbeit generierte erste Erkenntnisse über das Potenzial von Bilderbüchern im Kontext früher mathematischer Bildung, die sich u. a. für die Konzeption von Aus- und Weiterbildungsmaterialien, z. B. in Form von Handreichungen oder Leitfäden, nutzen lassen. Diese Materialien können genutzt werden, um pädagogische Fachkräfte zu befähigen, mathematische Bildung im Kindergarten professionell zu gestalten und zu begleiten (vgl. z. B. Grüßing & Peter-Koop 2007, S. 183; Benz et al. 2015, S. 20f). Auch wenn diese Studie nicht untersucht hat, ob das dialogische Lesen von Bilderbüchern im Kontext früher mathematischer Bildung zum Lernen angeregt hat, gibt es Studien, wie die Interventionsstudie von van den Heuvel-Panhuizen et al. (2016), welche gezeigt haben, dass eine dialogische Art des Bilderbuchlesens einen positiven Effekt auf die Mathematikleistungen von Kindergartenkindern haben kann (vgl. Kapitel 2.3.2.2).

Im Rahmen weiterer Entwicklungsforschung (vgl. Kapitel 1.1.4) könnte das dialogische Lesen von Bilderbüchern als konkretes Handlungskonzept für pädagogische Fachkräfte weiter ausgearbeitet, und für ausgewählte Bilderbücher könnten Leitfäden bereitgestellt werden. Jedoch sollte für die Adaption des genutzten Forschungssettings für die Praxis auch die Disposition der pädagogischen Fachkräfte berücksichtigt werden. So weist die Interviewstudie von McCray und Chen (2012) darauf hin, dass das mathematikdidaktische Wissen der pädagogischen Fachkraft („pedagogical content knowledge") ein starker Prädiktor für die Förderung der mathematischen Kompetenzen der Kinder ist. Um also frühe mathematische Bildung im Kontext des dialogischen Bilderbuchlesens professionell gestalten und begleiten zu können, sind fundiertes Wissen über verschiedene relevante Aspekte der mathematischen frühen Bildung sowie fachliches und didaktisches Hintergrundwissen auf Seiten der pädagogischen Fachkraft notwendig (vgl. Benz et al. 2015, S. 20). Dies sollte in der Konzeption von Aus- und Weiterbildungsmaterialien stets mitgedacht werden, um die pädagogische Fachkraft zu befähigen, die Mathematik in Bilderbüchern zu erkennen (vgl. van den Heuvel-Panhuizen & Elia 2013, S. 248) und im Dialog mit den Kindern deren mathematische Denkweise zu identifizieren sowie die Kinder durch geeignete Impulse zur Reflexion und zum Weiterdenken anzuregen (vgl. Benz et al. 2015, S. 20). Es konnte bereits in einer weiteren Arbeit gezeigt werden, dass der Einsatz eines Leitfadens zum dialogischen Bilderbuchlesen zur kleinschrittigen Auseinandersetzung und zur Vorwegnahme mathematischer Aspekte durch die pädagogische Fachkraft führen und so einem konstruktivistischen Verständnis von Mathematiklernen entgegenstehen kann (vgl. Nesic 2016). Es bedarf also eines Materials, welches pädagogischen Fachkräften eine gute fachliche und fachdidaktische Basis bietet und eher Handlungsprinzipien als ein konkretes Vorgehen beschreibt.

Abschließend ist noch einschränkend zu betonen, dass die vorgestellten Ergebnisse auf dem spezifischen Forschungssetting der vorliegenden Untersuchung basieren und somit nur bedingt auf die bestehende Alltagspraxis übertragbar sein können. Aus dem vorliegenden Datenmaterial und dessen Auswertung sind keine allgemein generalisierenden, sondern nur kontextspezifische Aussagen ableitbar (vgl. Mayring 2007), da die Gestaltung und Durchführung des Forschungssettings # 6 Fazit

durch eine Mathematikdidaktikerin erfolgten, welche sowohl über entsprechende Kompetenzen als auch über zeitliche Ressourcen verfügte. Sehr wohl dienen die Ergebnisse aber der Hypothesenbildung und verdeutlichen Forschungsdesiderate, wie z. B. die Frage: „Welche Voraussetzungen muss eine pädagogische Fachkraft mitbringen, um eine dialogische Bilderbuchlesesitzung professionell gestalten und begleiten zu können?". In einem praxisnahen Forschungsdesign, das eine reflektierte Auseinandersetzung mit pädagogischen Fachkräften mit einbezieht, könnte diese Frage untersucht werden, um damit zukünftig pädagogische Fachkräfte beim Einsatz von Bilderbüchern im Kontext früher mathematischer Bildung entsprechend zu unterstützen.

Wurde zu Beginn dieser Arbeit die Frage aufgeworfen, inwieweit Bilderbücher beim Einsatz in dialogischen Lesesitzungen das Potenzial haben, frühes mathematisches Denken bei Kindergartenkindern anzuregen, so kann abschließend festgehalten werden, dass ein Bilderbuch durchaus ein didaktisches Material darstellt, welches die Kraft besitzt, Kindergartenkinder zu facettenreichem – je nach Bilderbuch differenziert – mathematischen Denken anzuregen. Für den Transfer der Erkenntnisse und die Implementierung dieses Materials in die bestehende Praxis ist jedoch weitere Forschung notwendig und wünschenswert.

Anhang

Transkriptionsregeln

Der Transkription der Interviews lagen folgende Regeln zugrunde:

35	Die einzelnen Wortbeiträge sind durchnummeriert.
I	Interviewerin
,	kurzes Absetzen innerhalb einer Äußerung
(.)	Pause von ca. 1 Sekunde Länge
(..)	Pause von ca. 2 Sekunde Länge
(...)	Pause von ca. 3 Sekunde Länge
(15 sec. Pause)	bei längeren Pausen ist deren Dauer angegeben; z. B.: *(15 sec. Pause)*
was'	Die Stimme geht am Ende des Wortes nach oben.
genau.	Die Stimme wird am Ende des Wortes gesenkt.
Die	Besonders betonte Wörter werden durch Unterstreichung kenntlich gemacht; z. B.: Und dann hab ich die Aufgabe gerechnet.
dreizehn	Besonders lang gezogene Wörter werden durch gestrichelte Unterstreichung kenntlich gemacht.
(unverständlich)	Beitrag bei dem ca. ein Wort völlig unverständlich war.
[bei allen]	Unverständlicher Beitrag in eckigen Klammern, bei dem eine Vermutung über den Inhalt besteht; z.B.: und dass dann [bei allen]

© Springer Fachmedien Wiesbaden GmbH, ein Teil von Springer Nature 2020
A. Vogtländer, *Bilderbücher im Kontext früher mathematischer Bildung*, Essener Beiträge zur Mathematikdidaktik, https://doi.org/10.1007/978-3-658-29552-3

(*Finn klappt die Finger einzeln auf.*)	Handlungen, Ausdruck, Anmerkungen werden in kursiver Schrift wiedergegeben – Klammern aber nicht. Hierbei markiert das Satzzeichen die Gleichzeitigkeit von Handlung und Sprechakt; z.B.:
	Finn: Zuerst hab ich diese Punkte gezählt (*Finn umkreist die obere horizontal verlaufende Punktereihe*). Danach habe ich...
#	Ein Sprecher fällt dem anderen, ohne vorherige Pause ins Wort. Gleichzeitig verlaufende Sprechakte oder auch Handlungen werden mit einer Raute „#" markiert; z.B.:
	Paul: Dann hab ich die hier # zusammengenommen.
	I: # Zeichne das mal ein.
„Der kleine Bär liebte sein kleines Boot."	Das Vorlesen des Textes des Bilderbuchs wird durch Fettdruck in Anführungszeichen kenntlich gemacht.
Mhm	eindeutige Bejahung
Hmhm	eindeutige Verneinung
Hm'	nachfragend
Mmm	überlegend

Literatur

Aebli, H. (1961). *Grundformen des Lehrens. Ein Beitrag zur psychologischen Grundlegung der Unterrichtsmethode.* Stuttgart: Klett.

Abraham, U. & Knopf, J. (2014). *Bilderbücher: Theorie.* Baltmannsweiler: Schneider Hohengehren.

Alexander, P. A., White, C. S. & Daugherty, M. (1997). Analogical reasoning and early mathematics learning. In L. D. English (Hrsg.), *Studies in mathematical thinking and learning. Mathematical reasoning: Analogies, metaphors, and images* (S. 117-147). Mahwah, NJ: Lawrence Erlbaum Associates.

American Association for the Advancement of Science [AAAS] (Hrsg.). (1993). *Benchmarks for science literacy. Project 2061.* New York: Oxford University Press.

Anderson, A., Anderson, J. & Shapiro, J. (2005). Supporting multiple literacies: parents' and children's mathematical talk within storybook reading. *Mathematics education research journal, 16(2)*, 5-26.

Arnold, D. S. & Whitehurst, G. J. (1994). Accelerating language development through picture book reading: A summary of dialogic reading and its effects. In D. K. Dickinson (Hrsg.), *Bridges to literacy: Children, families, and school* (S. 103-128). Cambridge: Blackwell.

Baroody, A. J. (2004). The role of psychological research in the development of early childhood mathematics standards. In D. H. Clements & J. Sarama (Hrsg.), *Engaging young children in mathematics – Standards for early childhood mathematics education* (S. 149-172). Mahwah/New Jersey: Lawrence Erlbaum Associates.

Battista, M. T. (2006). Understanding the development of students' thinking about length. *Teaching children mathematics, 13(3)*, 140-146.

Becker, J. (1989). Preschoolers' use of number words to denote one-to-one correspondence. *Child Development, 60(5)*, 1147-1157.

Benz, C., Peter-Koop, A. & Grüßing, M. (2015). *Frühe mathematische Bildung – Mathematiklernen der Drei- bis Achtjährigen.* Berlin [u. a.]: Spektrum.

Benz, C., Grüßing, M., Lorenz, J. H., Reiss, K., Selter, C. & Wollring, B. (2017). *Frühe mathematische Bildung – Ziele und Gelingensbedingungen für den Elementar- und Primarbereich.* Opladen [u. a.]: Barbara Budrich.

Blaut, J. M. & Stea, D. (1974). Mapping at the age of three. *Journal of Geography, 73(7),* 5-9.

Bönig, D. (2010). Mit Kindern Mathematik entdecken – Aspekte der mathematischen Frühförderung. In D. Bönig, B. Schlag & J. Streit-Lehmann (Hrsg.), *Bildungsjournal Frühe Kindheit – Mathematik, Naturwissenschaften & Technik* (S. 7-13). Berlin: Cornelsen.

Bönig, D. & Thöne, B. (2017). Integrierte Förderung von Mathematik und Sprache in Kita und Familie. In S. Schuler, C. Streit & G. Wittmann (Hrsg.), *Perspektiven mathematischer Bildung im Übergang vom Kindergarten zur Grundschule.* (S. 27-40). Wiesbaden: Springer.

Bönig, D., Hering, J. & Thöne, B. (2014). Frühförderung in Kita und Familie. Kinder entern Sprache und Mathematik mit der Schatzkiste. *Impulse aus der Forschung – das Autorenmagazin der Universität Bremen, (1),* 6-9.

Bruner, J. (1966). *Toward a Theory of Instruction.* Cambridge, MA: Harvard University Press.

Bruns, J. (2014). *Adaptive Förderung in der elementarpädagogischen Praxis. Eine empirische Studie zum didaktischen Handeln von Erzieherinnen und Erziehern im Bereich Mathematik.* Münster: Waxmann.

Bunting, E. (2011). *Der kleine Bär und sein kleines Boot.* Hildesheim: Gerstenberg Verlag.

Bussmann, D. (2013). *Entwicklung eines Kategoriensystems zur Analyse mathematischer Regelspiele zum Erwerb des Zahlbegriffs und der damit verbundenen mathematischen Handlungen – Eine Untersuchung in der Kita* (Studienabschlussarbeit). Weingarten: Pädagogische Hochschule Weingarten.

Caluori, F. (2004). *Die numerische Kompetenz von Vorschulkindern. Theoretische Modelle und empirische Befunde.* Hamburg: Dr. Kovac.

Clarke, B., Clarke, D., Grüßing, M. & Peter-Koop, A. (2008). Mathematische Kompetenzen von Vorschulkindern: Ergebnisse eines Ländervergleichs zwischen Australien und Deutschland. *Journal für Mathematik-Didaktik, 29(3/4),* 259-286.

Clements, D. H. (2004). Geometric and spatial thinking in early childhood education. In D. H. Clements & J. Sarama (Hrsg.), *Engaging young children in mathematics – Standards for early childhood mathematics education* (S. 267-297). Mahwah, New Jersey: Lawrence Erlbaum Associates.

Clements, D. H. & Sarama, J. (2007). Early childhood mathematics learning. In F. K. Lester (Hrsg.), *Second handbook of research on mathematics teaching and learning* (S. 461-555). Charlotte, NC: Information Age.

Clements, D. H. & Stephan, M. (2004). Measurement in Pre-K to Grade 2 Mathematics. In D. H. Clements & J. Sarama (Hrsg.), *Engaging young children in mathematics – Standards for early childhood mathematics education* (S. 299-317). Mahwah, New Jersey: Lawrence Erlbaum Associates.

Clements, D. H., Battista, M. T., Sarama, J. & Swaminathan, S. (1997). Development of students' spatial thinking in a unit on geometric motions and area. *The Elementary School Journal, 98(2)*, 171-186.

Columba, L., Kim, C. Y. & Moe, A. J. (2005). *The power of picture books in teaching math and social science. Grades PreK-8*. Scottsdale, AZ: Holcomb Hathaway.

Conaway, B. & Midkiff, R. B. (1994). Connecting literature, language, and fractions. *Arithmetic Teacher, 41(8)*, 430-434.

Curry, H. B. (1970). *Outlines of a Formalist Philosophy of Mathematics*. Amsterdam [u. a.]: North-Holland.

Dehaene, S. (1992). Varieties of numerical abilities. *Cognition, 44(1/2)*, 1-42.

Davis, P. J. & Hersh, R. (1985). *Erfahrung Mathematik*. Basel [u. a.]: Birkhäuser.

Dinkelaker, J. & Herrle, M. (2009). *Erziehungswissenschaftliche Videographie: Eine Einführung*. Wiesbaden: VS.

De Boer, H. (2017). Dialogische Unterrichtsgespräche führen. *Grundschule aktuell, (139)*, 3-6.

Devlin, K. (2002). *Muster der Mathematik: Ordnungsgesetze des Geistes und der Natur*. Heidelberg: Spektrum.

Donaldson, M. (1978). *Children's minds*. Glasgow: Collins.

Dornheim, D. (2008). *Prädiktion von Rechenleistung und Rechenschwäche.* Berlin: Logos.

Eichler, K.-P. (2004). Geometrische Vorerfahrungen von Schulanfängern. *Praxis Grundschule, 27(2),* 12-20.

Eichler, K.-P. (2007). Ziele hinsichtlich vorschulischer geometrischer Erfahrungen. In J. H. Lorenz & W. Schipper (Hrsg.), *Hendrik Radatz – Impulse für den Mathematikunterricht* (S. 176–185). Braunschweig: Schroedel.

Elia, I., van den Heuvel-Panhuizen, M. & Georgiou, A. (2010). The role of pictures in picture books on children's cognitive engagement with mathematics. *European early childhood education research journal, 18(3),* 125-147.

Ernest, P. (1997). Popularization: Myths, massmedia and modernism. In A. J. Bishop, K. Clements, C. Keitel, J. Kilpatrick & C. Laborde (Hrsg.), *International handbook of mathematics education: Part 2* (S. 785-817). Dordrecht: Kluwer Academic Publishers.

Fischer, R. & Malle, G. (1985). *Mensch und Mathematik. Eine Einführung in didaktisches Denken und Handeln.* Mannheim [u. a.]: BI.

Fletcher, K. L., Perez, A., Hooper, C. & Claussen, A. H. (2004). Responsiveness and attention during picture-book reading in 18-month-old to 24-month-old toddlers at risk. *Early Child Development and Care, 175(1),* 63-83.

Flick, U. (2017). *Qualitative Sozialforschung – Eine Einführung.* Reinbek bei Hamburg: Rowohlt.

Franke, M. & Reinhold, S. (2016). *Didaktik der Geometrie – In der Grundschule.* Berlin [u. a.]: Springer Spektrum.

Franke, M. & Ruwisch, S. (2010). *Didaktik des Sachrechnens in der Grundschule.* Heidelberg: Spektrum.

Franz, K. & Lange, G. (2005). *Bilderbuch und Illustration in der Kinder- und Jugendliteratur.* Baltmannsweiler: Schneider.

Freudenthal, H. (1982). Mathematik – eine Geisteshaltung. *Grundschule, 14(4),* 140-142.

Friedrich, G. & de Galgóczy, V. (2004). *Komm mit ins Zahlenland. Eine spielerische Entdeckungsreise in die Welt der Mathematik.* Freiburg: Christophorus.

Fritzlar, T. (2013). Mathematische Begabungen (im jungen Schulalter). In G. Greefrath, F. Käpnick & M. Stein (Hrsg.), *Beiträge zum Mathematikunterricht* (S. 45-52). Münster: WTM.

Fthenakis, W. E., Schmitt, A., Daut, M. Eitel, A. & Wendell, A. (2009). *Natur-Wissen schaffen. Band 2: Frühe mathematische Bildung*. Troisdorf: Bildungsverlag EINS.

Funke, J. (2003). *Problemlösendes Denken*. Stuttgart: Kohlhammer.

Fuson, K. C. (1988). *Children's counting and concept of number*. New York: Springer.

Fuson, K. C. & Murray, C. (1978). The haptic-visual perception, construction and drawing of geometric shapes by children aged two to five: A Piagetian extension. In R. Lesh & D. Mierkiewicz (Hrsg.), *Recent research concerning the development of spatial and geometric concepts* (S. 49-83). Columbus, OH: ERIC Clearinghouse for Science, Mathematics and Environmental Education.

Gaidoschik, M. (2009). *Rechenschwäche verstehen – Kinder gezielt fördern: Ein Leitfaden für die Unterrichtspraxis*. Buxtehude: Persen.

Gailey, S. K. (1993). The mathematics – children's literature connection. *Arithmetic Teacher, 40(5)*, 258-261.

Gasteiger, H. (2010). *Elementare mathematische Bildung im Alltag der Kindertagesstätte – Grundlegung und Evaluation eines kompetenzorientierten Förderansatzes*. Münster: Waxmann.

Gasteiger, H. (2017). Frühe mathematische Bildung – sachgerecht, kindgemäß, anschlussfähig In S. Schuler, C. Streit & G. Wittmann (Hrsg.), *Perspektiven mathematischer Bildung im Übergang vom Kindergarten zur Grundschule* (S. 9-26). Wiesbaden: Springer Spektrum.

Gasteiger, H. & Benz, C. (2012). Mathematiklernen im Übergang – kindgemäß, sachgemäß und anschlussfähig. In S. Pohlmann-Rother & U. Franz (Hrsg.), *Kooperation von KiTa und Grundschule. Eine Herausforderung für das pädagogische Personal* (S. 104-120). Köln: Carl Link.

Gelman, R. & Gallistel, C. R. (1986). *The child's understanding of number*. Cambridge, MA: Harvard University Press.

Gerlach, M. & Fritz, A. (2011). *Mina und der Maulwurf. Frühförderbox Mathematik*. Berlin: Cornelsen.

Gerlach, M., Fritz, A. & Leutner, D. (2013). *MARKO-T. Trainingsverfahren für mathematische und rechnerische Konzepte im Vorschulalter*. Göttingen: Hogrefe.

Ginsburg, H. P. & Baroody, A. J. (1983). *Test of early mathematical ability*. Austin, TX: PRO-ED.

Ginsburg, H. P., Cannon, J., Eisenband, J. & Pappas, S. (2009). Mathematical Thinking and Learning. In K. McCartney & D. Phillips (Hrsg.), *Handbook on Early Childhood Development* (S. 208-229). Malden [u. a.]: Blackwell.

Ginsburg, H. P., Kossan, N., Schwartz, R. & Swanson, D. (1983). Protocol Methods in Research on Mathematical Thinking. In H. P. Ginsburg (Hrsg.), *The Development of Mathematical Thinking* (S. 7-47). New York: Academic Press.

Grassmann, M. (1996). Geometrische Fähigkeiten der Schulanfänger. *Grundschulunterricht, 43(5)*, 25-27.

Grassmann, M., Mirwald, E., Klunter, M. & Veith, U. (1995). Arithmetische Kompetenzen von Schulanfängern – Schlussfolgerungen für die Gestaltung des Anfangsunterrichts. *Sachunterricht und Mathematik in der Primarstufe, 23(7)*, 302-321.

Grassmann, M., Klunter, M., Köhler, E., Mirwald, E., Raudies, M. & Thiel, O. (2002). *Mathematische Kompetenzen von Schulanfängern. Teil 1: Kinderleistungen – Lehrererwartungen*. Universität Potsdam: Potsdamer Studien zur Grundschulforschung, Heft 30.

Greefrath, G., Kaiser, G., Blum, W. & Borromeo Ferri, R. (2013). Mathematisches Modellieren – Eine Einführung in theoretische und didaktische Hintergründe. In R. Borromeo Ferri, G. Greefrath & G. Kaiser (Hrsg.), *Mathematisches Modellieren für Schule und Hochschule – Theoretische und didaktische Hintergründe* (S. 11-37). Wiesbaden: Springer.

Griffiths, R. & Clyne, M. (1988). *Books you can count on: Linking mathematics and literature*. Melbourne: Thomas Nelson Australia.

Griffiths, R. & Clyne, M. (1991). The power of story: Its role in learning mathematics. *Mathematics teaching, (135)*, 42–45.

Grüßing, M. & Peter-Koop, A. (2007). Mathematische Frühförderung. Inhalte, Aktivitäten und diagnostische Beobachtungen. In C. Brokmann-Nooren, I. Gereke, H. Kiper & W. Renneberg (Hrsg.), *Bildung und Lernen der Drei- bis Achtjährigen* (S. 168-184). Bad Heilbrunn: Klinkhardt.

Halpern, P. A. (1996). Communicating the mathematics in children's trade books using mathematical annotations. In P. C. Elliot & M.-J. Kenney (Hrsg.), *Communication in mathematics. K-12 and beyond* (S. 54-59). Reston, VA: National Council of Teachers of Mathematics.

Hardy, I. & Steffensky, M. (2014). Prozessqualität im Kindergarten: Eine domänenspezifische Perspektive. *Unterrichtswissenschaft, 42(2)*, 101-116.

Hargrave, A. C. & Sénéchal, M. (2000). A book reading intervention with preschool children who have limited vocabularies: the benefits of regular reading and dialogic reading. *Early childhood research quarterly, 15(1)*, 75-90.

Häsel-Weide, U. (2016). *Vom Zählen zum Rechnen. Struktur-fokussierende Deutungen in kooperativen Lernumgebungen*. Wiesbaden: Springer.

Hasemann, K. (1983). *Mathematische Lernprozesse: Analysen mit kognitionstheoretischen Modellen*. Braunschweig [u. a.]: Vieweg.

Hasemann, K. (2003). Ordnen, Zählen, Experimentieren. Mathematische Bildung im Kindergarten. In S. Weber (Hrsg.), *Die Bildungsbereiche im Kindergarten – Basiswissen für Ausbildung und Praxis* (S. 181-205). Freiburg [u. a.]: Herder.

Hasemann, K. & Gasteiger, H. (2014). *Anfangsunterricht Mathematik*. Heidelberg: Spektrum.

Hasse, H. (1953). Mathematik als Geisteswissenschaft und Denkmittel der exakten Naturwissenschaften. *Studium Generale, 6*, 392-398.

Heinzel, F. (2012a). Qualitative Methoden in der Kindheitsforschung – Ein Überblick. In F. Heinzel (Hrsg.), *Methoden der Kindheitsforschung – Ein Überblick über Forschungszugänge zur kindlichen Perspektive* (S. 22-23). Weinheim/Basel: Beltz Juventa.

Heinzel, F. (2012b). Gruppendiskussion und Kreisgespräch. In F. Heinzel (Hrsg.), *Methoden der Kindheitsforschung – Ein Überblick über Forschungszugänge zur kindlichen Perspektive* (S. 104-115). Weinheim/Basel: Beltz Juventa.

Hengartner, E. & Röthlisberger, H. (1995). Rechenfertigkeiten von Schulanfängern. In H. Brügelmann, H. Balhorn & I. Füssenich (Hrsg.), *Am Rande der Schrift – Zwischen Sprachvielfalt und Analphabetismus* (S. 66-85). Lengwil: Libelle.

Hering, J. (2016). *Kinder brauchen Bilderbücher – Erzählförderung in Kita und Familie.* Seelze: Kallmeyer.

Höglinger, S. & Senftleben H.-G. (1997). Schulanfänger lösen geometrische Aufgaben. *Grundschulunterricht, 44(5)*, 36-39.

Hoenisch, N. & Niggemeyer, E. (2004). *Mathe-Kings. Junge Kinder fassen Mathematik an.* Weimar/Berlin: Das Netz.

Hong, H. (1996). Effects of mathematics learning through children's literature on math achievement and dispositional outcomes. *Early childhood research quarterly, 11(4)*, 477-494.

Hong, H. (1999). Using storybooks to help young children make sense of mathematics. In J. Copley (Hrsg.), *Mathematics in the early years* (S. 162-168). Reston, VA: National Council of Teachers of Mathematics.

Hopf, C. (2013). Qualitative Interviews – ein Überblick. In U. Flick, E. von Kardorff & I. Steinke (Hrsg.), *Qualitative Forschung – Ein Handbuch* (S. 349-360). Reinbek: Rowohlt.

Hughes, M. (1986). *Children and number: Difficulties in learning mathematics.* Oxford: Basil Blackwell.

Hurrelmann, B. (2010). Bilder. Bücher. – Bilderbücher! Geistige Nahrung und Grundlegung literarischer Kompetenz. *Grundschule, 42(11)*, 6-10.

Hüttel, C. & Rathgeb-Schnierer, E. (2014). Lernprozessgestaltung in mathematischen Bildungsangeboten. In D. Kucharz, K. Mackowiak, S. Ziroli, A. Kauertz, E. Rathgeb-Schnierer & M. Dieck (Hrsg.), *Professionelles Handeln im Elementarbereich (PRIMEL). Eine deutsch-schweizerische Videostudie* (S. 145-166). Münster: Waxmann.

Jandl, E. (1970). *Der künstliche Baum.* Neuwied: Luchterhand.

Jandl, E. & Junge, N. (1997). *Fünfter sein.* Weinheim/Basel: Beltz.

Jandl, E. & Junge, N. (2000). *Vijfde zijn.* Amsterdam: Ploegsma.

Janssen, R. (2010). *Die Ausbildung frühpädagogischer Fachkräfte an Berufsfachschulen und Fachschulen. Eine Analyse im Ländervergleich. Expertise für das Projekt Weiterbildungsinitiative Frühpädagogischer Fachkräfte (WiFF)*. München: DJI.

Jenner, D. M. (2002). Experiencing and understanding mathematics in the midst of a story. *Teaching Children Mathematics, 9(3),* 167-171.

Jennings, C. M., Jennings, J. E., Richey, J. & Dixon-Krauss, L. (1992). Increasing interest and achievement in mathematics through children's literature. *Early childhood research quarterly, 7(2)*, 263-276.

Jugendministerkonferenz und Kultusministerkonferenz [JMK & KMK] (Hrsg.). (2004). *Gemeinsamer Rahmen der Länder für die frühe Bildung in Kindertageseinrichtungen*. Abgerufen am 06.03.2017 von http://www.kmk.org/fileadmin/Dateien/veroeffentlichungen_beschluesse/2004/2004_06_03-Fruehe-Bildung-Kindertageseinrichtungen.pdf

Käpnick, F. (1998). *Mathematisch begabte Kinder. Modelle, empirische Studien und Förderungsprojekte für das Grundschulalter*. Frankfurt am Main: Peter Lang.

Kaufmann, L., Nuerk, H. C., Graf, M., Krinzinger, H., Delazer, M. & Willmes, K. (2009). *TEDI-MATH: Test zur Erfassung numerisch-rechnerischer Fertigkeiten von Kindergartenkindern bis zur 3. Klasse*. Bern: Huber.

Kaufmann, S. (2010). *Handbuch für die frühe mathematische Bildung*. Braunschweig: Schroedel.

Kaufmann, S. & Lorenz, J. H. (2009). *Elementar – Erste Grundlagen in Mathematik*. Braunschweig: Westermann.

KEDI (1989). *The learning readiness test*. Seoul/Korea: KEDI.

Kirsch, I. (1995). Literacy performance on three scales: Definitions and results. In Literacy, Economy and Society (Hrsg.), *Results of the first international adult literacy survey* (S. 27-53). Paris, Ottawa: OECD, Statistics Canada.

Klein, A., Starkey, P. & Wakeley, A. (1999). *Enhancing pre-kindergarten children's readiness for school mathematics*. Montreal: Paper presented at the Annual Meeting of the American Educational Research Association.

Klenz, S. & Jantzen, C. (2014). Einleitung. In C. Jantzen & S. Klenz (Hrsg.), *Text und Bild – Bild und Text: Bilderbücher im Deutschunterricht* (S. 7-12). Stuttgart: Klett.

Krajewski, K. & Ennemoser, M. (2013). Entwicklung und Diagnostik der Zahl-Größen-Verknüpfung zwischen 3 und 8 Jahren. In M. Hasselhorn, A. Heinze, W. Schneider & U. Trautwein (Hrsg.), *Diagnostik mathematischer Kompetenzen. Tests & Trends N.F. 11* (S. 41-65). Göttingen [u.a.]: Hogrefe.

Krajewski, K. & Schneider, W. (2006). Mathematische Vorläuferfähigkeiten im Vorschulalter und ihre Vorhersagekraft für die Mathematikleistungen bis zum Ende der Grundschulzeit. *Psychologie in Erziehung und Unterricht, 53(4)*, 246-262.

Krajewski, K., Grüßing, M. & Peter-Koop, A. (2009). Die Entwicklung mathematischer Kompetenzen bis zum Beginn der Grundschulzeit. In A. Heinze & M. Grüßing (Hrsg.), *Mathematiklernen vom Kindergarten bis zum Studium. Kontinuität und Kohärenz als Herausforderung für den Mathematikunterricht* (S. 17-34). Münster: Waxmann.

Krajewski, K., Nieding, G. & Schneider, W. (2007). *Mengen, zählen, Zahlen. Die Welt der Mathematik verstehen.* Berlin: Cornelsen.

Krammer, K. (2017). Die Bedeutung der Lernbegleitung im Kindergarten und am Anfang der Grundschule Wie können frühe mathematische Lernprozesse unterstützt werden? In S. Schuler, C. Streit & G. Wittmann (Hrsg.), *Perspektiven mathematischer Bildung im Übergang vom Kindergarten zur Grundschule* (S. 107-123). Wiesbaden: Springer Spektrum.

Kraus, K. (2008). *Beobachtungsstudie über Vorlesen in Kindergärten.* Saarbrücken: VDM.

Krauthausen, G. (2018). *Einführung in die Mathematikdidaktik – Grundschule.* Berlin [u. a.]: Springer.

Krauthausen, G. & Scherer, P. (2008). *Einführung in die Mathematikdidaktik.* Heidelberg: Spektrum.

Krauthausen, G. & Scherer, P. (2014). *Natürliche Differenzierung im Mathematikunterricht – Konzepte und Praxisbeispiele aus der Grundschule.* Seelze: Klett.

Krebs, N. (2008). *Evolutionäre Ursprünge des mathematischen Denkens*. Berlin: Logos.

Krutetskii, V. A. (1976). *The Psychology of Mathematical Abilities in Schoolchildren*. Chicago/London: The University of Chicago Press.

Kucharz, D., Mackowiak, K., Ziroli, S., Kauertz, A., Rathgeb-Schnierer, E. & Dieck, M. (Hrsg.). (2014). *Professionelles Handeln im Elementarbereich (PRIMEL). Eine deutsch-schweizerische Videostudie*. Münster: Waxmann.

Kuckartz, U. (2012). *Qualitative Inhaltsanalyse. Methoden, Praxis, Computerunterstützung*. Weinheim/Basel: Beltz.

Kulot, D. (2003). *Das kleine Krokodil und die große Liebe*. Stuttgart/Wien: Thienemann Verlag.

Kultusministerkonferenz [KMK] (Hrsg.). (2005). *Bildungsstandards im Fach Mathematik für den Primarbereich. Beschluss vom 15.10.2004*. München: Luchterhand.

Kowal, S. & O'Connell, D. C. (2013). Zur Transkription von Gesprächen. In U. Flick, E. von Kardorff & I. Steinke (Hrsg.), *Qualitative Forschung – Ein Handbuch* (S. 437-447). Reinbek: Rowohlt.

Lamnek, S. (2010). *Qualitative Sozialforschung*. Weinheim: Beltz.

Lean, G. & Clements, M. A. (1981). Spatial ability, visual imagery and mathematical performance. *Educational Studies in Mathematics, 12(3)*, 267-299.

Lee, K. (2010). *Kinder erfinden Mathematik. Gestaltendes Tätigsein mit gleichem Material in großer Menge*. Weimar/Berlin: Das Netz.

Lee, K. H. (1995). *The effects of the block-play activity program on young children's mathematics achievement* (Nicht veröffentlichte Dissertation). Hyosung Women's University, Taegu, KORBA.

Lesh, R., Post, T. R. & Behr, M. J. (1987). Representations and translations among representations in mathematics learning and problem solving. In C. Janvier (Hrsg.), *Problems of representation in teaching and learning of mathematics* (S. 33-40). Hillsdale: Erlbaum Associates.

Leuchter, M. & Saalbach, H. (2014). Verbale Unterstützungsmaßnahmen im Rahmen eines naturwissenschaftlichen Lernangebots in Kindergarten und Grundschule. *Unterrichtswissenschaft, 42(2)*, 117-131.

Leuders, T. (2007). Fachdidaktik und Unterrichtsqualität im Bereich Mathematik. In K.-H. Arnold & B. Schmidt (Hrsg.), *Unterrichtsqualität und Fachdidaktik* (S. 206-234). Bad Heilbrunn: Klinkhardt.

Leuders, T. & Holzäpfel, L. (2011). Kognitive Aktivierung im Mathematikunterricht. *Unterrichtswissenschaft, 39(3)*, 213-230.

Lewis, B. A., Long, R. & Mackay, M. (1993). Fostering communication in mathematics using children's literature. *Arithmetic Teacher, 40*, 470-473.

Lionni, L. (1963). *Swimmy*. New York: Pantheon.

Lionni, L. (1992). *Mr. McMouse*. New York: Knopf.

Lompscher, J. (1997). Selbstständiges Lernen anleiten – Ein Widerspruch in sich? *Friedrich Jahresheft XV: Lernmethoden, Lehrmethoden. Wege zur Selbstständigkeit*, 46-49.

Lonigan, C. J. & Whitehurst, G. J. (1998). Relative efficacy of parent and teacher involvement in a shared-reading intervention for preschool children from low-income backgrounds. *Early Childhood Research Quarterly, 13(2)*, 263-290.

Lorenz, J. H. (2009). Ist 9 größer als elfundzwanzig? Sprache und Mathematiklernen. *Grundschule, (4)*, 38-41.

Lorenz, J. H. (2012). *Kinder begreifen Mathematik. Frühe mathematische Bildung und Förderung*. Stuttgart: Kohlhammer.

Maier, P. H. (1999). *Räumliches Vorstellungsvermögen – ein theoretischer Abriss des Phänomens räumliches Vorstellungsvermögen. Mit didaktischen Hinweisen für den Unterricht*. Donauwörth: Auer.

Maier, A. S. & Benz, C. (2014). Children's constructions in the domain of geometric competencies in two different instructional settings. In U. Kortenkamp, B. Brandt, C. Benz, G. Krummheuer, S. Ladel & R. Vogel (Hrsg.), *Early Mathematics Learning. Selected Papers of the POEM 2012 Conference* (S. 173-188). New York, NY: Springer.

Mayring, P. (2010). *Qualitative Inhaltsanalyse: Grundlagen und Techniken*. Wiesbaden: Beltz.

McCray, J. & Chen, J. (2012). Pedagogical content knowledge for preschool mathematics: Construct validity of a new teacher interview. *Journal of Research in Childhood Education, 26(3)*, 291-307.

McDuffie, A. M. R. & Young, T. A. (2003). Promoting mathematical discourse through children's literature. *Teaching Children Mathematics, 9,* 385-389.

McLaughlin, M., McGrath, D. J., Burian-Fitzgerald, M. A., Lanahan, L., Scotchmer, M., Enyeart, C. & Salganik, L. (2005). *Student content engagement as a construct for the measurement of effective classroom instruction and teacher knowledge.* Washington, DC: American Institutes for Research.

Midkiff, R. B. & Cramer, M. M. (1993). Stepping stones to mathematical understanding. *Arithmetic Teacher, 40,* 303-305.

Ministerium für Familie, Kinder, Jugend, Kultur und Sport des Landes Nordrhein-Westfalen [MFKJKS], & Ministerium für Schule und Weiterbildung des Landes Nordrhein-Westfalen [MSW] (Hrsg.). (2016). *Bildungsgrundsätze: Mehr Chancen durch Bildung von Anfang an – Grundsätze zur Bildungsförderung für Kinder von 0 bis 10 Jahren in Kindertagesbetreuung und Schulen im Primarbereich in Nordrhein-Westfalen.* Freiburg: Herder.

Ministerium für Schule und Weiterbildung Nordrhein-Westfalens [MSW] (Hrsg.). (2008). *Lehrplan für die Grundschulen des Landes Nordrhein-Westfalen.* Frechen: Ritterbach.

Misoch, S. (2015). *Qualitative Interviews.* Berlin [u.a.]: De Gruyter Oldenbourg.

Montague-Smith, A. (1997). *Mathematics in nursery education.* London: David Fulton Publishers.

Moschkovich, J. (2002). A situated and sociocultural perspective on bilingual mathematics learners. *Mathematical Thinking and Learning, 4(2-3),* 189-212.

Moser Opitz, E. (2002). *Zählen, Zahlbegriff, Rechnen. Theoretische Grundlagen und eine empirische Untersuchung zum mathematischen Erstunterricht in Sonderklassen.* Bern [u. a.]: Haupt.

Moyer, P. S. (2000). Communicating mathematically: Children's literature as a natural connection. *Reading Teacher, 54(3),* 246-255.

Müller, A. (2013). Entwicklung logisch-mathematischen Denkens – Ein Integratives Modell für die Fortbildung. *Der mathematische und naturwissenschaftliche Unterricht, 66(5)*, 260-264.

National Council of Teachers of Mathematics [NCTM]. (2000). *Principles and standards for mathematics*. Reston: NCTM.

Nentwig-Gesemann, I. (2010). Regelgeleitete, habituelle und aktionistische Spielpraxis. Die Analyse von Kinderspielkultur mit Hilfe videogestützter Gruppendiskussionen. In R. Bohnsack, A. Przyborski & B. Schäfer (Hrsg.), *Das Gruppendiskussionsverfahren in der Forschungspraxis* (S. 25-44). Opladen [u. a.]: Barbara Budrich.

Nesic, S. (2016). *Der Einsatz des Bilderbuchs „Fünfter sein" im Elementarbereich – Erprobung eines Leitfadens für Erzieherinnen und Erzieher*. Masterarbeit: Universität Duisburg-Essen.

Nikolajeva, M. (2006). Picture Books. In J. Zipes (Hrsg.), *The oxford encyclopedia of children's literature* (Bd. 3) (S. 247-250). New York: Oxford University Press.

Nührenbörger, M. (2002). *Denk- und Lernwege von Kindern beim Messen von Längen. Theoretische Grundlegungen und Fallstudien kindlicher Längenkonzepte im Laufe des 2. Schuljahrs*. Hildesheim: Franzbecker.

Nunes, T. & Bryant, P. (1996). *Children doing mathematics*. Oxford: Blackwell.

Oetken, M. (2007). Neuere Ansätze in der Bilderbuchillustration. *kjl&m, 1(7)*, 19-27.

O'Leary, J. (2005). *Watch out in the jungle!* London: Tango.

Otte, M. & Steinbring, H. (1977). Probleme der Begriffsentwicklung – Zum Stetigkeitsbegriff. *Didaktik der Mathematik, (5)*, 16-25.

Padberg, F. & Benz, C. (2011). *Didaktik der Arithmetik – Für Lehrerausbildung und Lehrerfortbildung*. Heidelberg: Spektrum.

Pauli, L. (2010). *Oma Emma Mama*. Zürich: Atlantis Verlag.

Perkins, M. (2001). Picture books and maths: Weaving the strands in early childhood. *Talespinner, (12)*, 4-7.

Peter-Koop, A. & Grüßing, M. (2018). *Elementarmathematisches Basisinterview (EMBI). KiGa.* Offenburg: Mildenberger.

Peter-Koop, A., Wollring, B., Spindeler, B. & Grüßing, M. (2007). *Elementarmathematisches Basisinterview (EMBI). Zahlen und Operationen.* Offenburg: Mildenberger.

Piaget, J. & Inhelder, B. (1975). *Die Entwicklung des räumlichen Denkens beim Kinde.* Stuttgart: Klett.

PISA-Konsortium Deutschland (2004). *PISA 2003. Der Bildungsstand der Jugendlichen in Deutschland – Ergebnisse des zweiten internationalen Vergleichs.* Münster [u. a.]: Waxmann.

Prediger, S. (2010). Zur Rolle der Sprache beim Mathematiklernen – Herausforderungen von Mehrsprachigkeit aus Sicht einer Fachdidaktik. In R. S. Baur & D. Scholten-Akoun (Hrsg.), *Deutsch als Zweitsprache in der Lehrerausbildung. Bedarf – Umsetzung – Perspektiven* (S. 172-181). Essen: Stiftung Mercator.

Prediger, S. (2013). Darstellungen, Register und mentale Konstruktionen von Bedeutungen und Beziehungen – mathematikspezifische sprachliche Herausforderungen identifizieren und bearbeiten. In M. Becker-Mrotzek, K. Schramm, E. Thürmann & H. J. Vollmer (Hrsg.), *Sprache im Fach – Sprachlichkeit und fachliches Lernen* (S. 167-183). Münster: Waxmann.

Prediger, S., Wilhelm, N., Büchter, A., Gürsoy, E. & Benholz, C. (2015). Sprachkompetenz und Mathematikleistung – Empirische Untersuchung sprachlich bedingter Hürden in den Zentralen Prüfungen 10. *Journal für Mathematik-Didaktik, 36(1),* 77-104.

Preiß, G. (2006). *Guten Morgen, liebe Zahlen. Eine Einführung in die „Entdeckungen im Zahlenland".* Kirchzarten: Klein Druck.

Preiß, G. (2007). *Leitfaden Zahlenland 1. Verlaufspläne für die Lerneinheit 1 bis 10 der „Entdeckungen im Zahlenland".* Kirchzarten: Klein Druck.

Prenzel, M., Drechsel, B., Carstensen, C. H. & Ramm, G. (2004). PISA 2003 – eine Einführung. In PISA-Konsortium Deutschland (Hrsg.), *PISA 2003. Der Bildungsstand der Jugendlichen in Deutschland – Ergebnisse des zweiten internationalen Vergleichs* (S. 273-282). Münster [u. a.]: Waxmann.

Przyborski, A. & Wohlrab-Sahr, M. (2014). *Qualitative Sozialforschung – ein Arbeitsbuch*. München: Oldenbourg.

Radatz, H. & Schipper, W. (1983). *Handbuch für den Mathematikunterricht an Grundschulen*. Hannover: Schroedel.

Rathgeb-Schnierer, E. (2012). Mathematische Bildung. In D. Kucharz (Hrsg.), *Elementarbildung* (S. 50-58). Weinheim: Beltz.

Resnick, L. B. (1983). A developmental theory of number understanding. In H. P. Ginsburg (Hrsg.), *The development of mathematical thinking* (S. 109-151). New York: Academic Press.

Reyes-Santander, P. & Soto-Andrade, J. (2011). Mathematisches Denken – Grundvorstellungen und Metaphern. In R. Haug & L. Holzäpfel (Hrsg.), *Beiträge zum Mathematikunterricht* (S. 683-686). Münster: WTM.

Rogers, H. (1967). *Theory of Recursive Functions and Effective Computability*. New York [u. a.]: McGraw-Hill.

Rosser, R. A., Ensing, S. S., Glider, P. J. & Lane, S. (1984). An information-processing analysis of children's accuracy in predicting the appearance of rotated stimuli. *Child Development, 55(6)*, 2204-2211.

Roth, J. & Wittmann, G. (2018). Ebene Figuren und Körper. In H.-G. Weigand, A. Filler, R. Hölzl, S. Kuntze, M. Ludwig, J. Roth, B. Schmidt-Thieme & G. Wittmann (Hrsg.), *Didaktik der Geometrie für die Sekundarstufe I* (S. 107-148). Berlin: Springer.

Royar, T. & Streit, C. (2010). *MATHElino. Kinder begleiten auf mathematischen Entdeckungsreisen*. Seelze: Klett Kallmeyer.

Ruwisch, S. (2007a). Die Zeichen der Zeit erkennen. *Grundschule Mathematik, (13)*, 4-7.

Ruwisch, S. (2007b). Das Außergewöhnliche der Zeit. *Grundschule Mathematik, (13)*, 42-43.

Ruwisch, S. (2015). Wie die Zahlen im Kopf wirksam werden. Merkmale tragfähiger Zahlvorstellungen. *Grundschule Mathematik, (44)*, 4-5.

Scherer, P., van den Heuvel-Panhuizen, M. & van den Boogaard, S. (2007). Einsatz des Bilderbuchs ‚Fünfter sein' bei Kindergartenkindern – Erste Ergebnisse eines internationalen Vergleichs. In I. Lehmann (Hrsg.), *Beiträge zum Mathematikunterricht 2007* (S. 921-924). Hildesheim: Franzbecker.

Schipper, W. (2002). „Schulanfänger verfügen über hohe mathematische Kompetenzen." Eine Auseinandersetzung mit dem Mythos. In A. Peter-Koop (Hrsg.), *Das besondere Kind im Mathematikunterricht der Grundschule* (S. 119-140). Offenburg: Mildenberger.

Schlinkert, H. (2004). Zur Methodik der Bilderbuchbetrachtung. In M. R. Textor (Hrsg.), *Kindergartenpädagogik – Online Handbuch*. Abgerufen am 14.07.2014 von http://www.kindergartenpaedagogik.de/513.html

Schmidt, R. (1982a). Die Zählfähigkeit der Schulanfänger. Ergebnisse einer Untersuchung. *Sachunterricht und Mathematik der Primarstufe, 12(10)*, 371-376.

Schmidt, R. (1982b). Ziffernkenntnis und Ziffernverständnis der Schulanfänger. *Grundschule, 14*, 166–167.

Schmidt, S. & Weiser, W. (1982). Zählen und Zahlverständnis von Schulanfängern. *Journal für Mathematik-Didaktik, 3(3/4)*, 227-263.

Schmidt, S. & Weiser, W. (1986). Zum Maßzahlverständnis von Schulanfängern. *Journal für Mathematik-Didaktik, 7(2/3)*, 121-154.

Schmitt, A. (2009). Mathematik und Naturwissenschaften im Elementarbereich. In F. Becker-Stoll & B. Nagel (Hrsg.), *Bildung und Erziehung in Deutschland – Pädagogik für Kinder von 0-10 Jahren* (S. 76-84). Berlin [u.a.]: Cornelsen.

Schmitt, A. & Schwentesius, A. (2017). Wie konzipieren ErzieherInnen frühe mathematische Bildung? Eine Analyse von Praxisberichten berufsbegleitend Studierender. In S. Schuler, C. Streit & G. Wittmann (Hrsg.), *Perspektiven mathematischer Bildung im Übergang vom Kindergarten zur Grundschule* (S. 269-284). Wiesbaden: Springer Spektrum.

Schneider, W., Küspert, P. & Krajewski, K. (2013). *Die Entwicklung mathematischer Kompetenzen*. Paderborn: Schöningh.

Schönauer-Schneider, W. (2012). Sprachförderung durch dialogisches Bilderbuchlesen. In H. Günter & W. R. Bindel (Hrsg.), *Deutsche Sprache in Kindergarten und Vorschule* (S. 238-266). Baltmannsweiler: Schneider Hohengehren.

Schuler, S. (2013). *Mathematische Bildung in formal offenen Situationen – Eine Untersuchung am Beispiel von Spielen zum Erwerb des Zahlbegriffs.* Münster: Waxmann.

Schuler, S. & Wittmann, G. (2009). Forschung zur frühen mathematischen Bildung – Bestandsaufnahme und Konsequenzen. In M. Neubrand (Hrsg.), *Beiträge zum Mathematikunterricht* (S. 383-386). Münster: WTM.

Schuler, S., Streit, C. & Wittmann, G. (2017). Einführung. In S. Schuler, C. Streit & G. Wittmann (Hrsg.), *Perspektiven mathematischer Bildung im Übergang vom Kindergarten zur Grundschule* (S. 1-6). Wiesbaden: Springer Spektrum.

Schulz, P. & Tracy, R. (2011). LiSe-DaZ. Linguistische Sprachstandserhebung – Deutsch als Zweitsprache. Göttingen: Hogrefe.

Schwentesius, A., Mey, G., Schmitt, A. & Wolf, S. (2014). Mathematik und Naturwissenschaften anschlussfähig gestalten – Möglichkeiten und Herausforderungen der Kooperation von Kita und Grundschule. In A. Schmitt, G. Mey, A. Schwentesius & R. Vock (Hrsg.), *Mathematik und Naturwissenschaften anschlussfähig gestalten – Konzepte, Erfahrungen und Herausforderungen der Kooperation von Kita und Schule* (S. 43-57). Kronach: Carl Link.

Selter, C. (1990). Klinische Interviews in der Lehrerausbildung. In K. P. Müller (Hrsg.), *Beiträge zum Mathematikunterricht* (S. 261-264), Hildesheim: Franzbecker.

Selter, C. (1994). *Eigenproduktionen im Arithmetikunterricht der Grundschule. Grundsätzliche Überlegungen und Realisierungen in einem Unterrichtsversuch zum multiplikativen Rechnen im zweiten Schuljahr.* Wiesbaden: Deutscher Universitätsverlag.

Selter, C. (1995). Zur Fiktivität der „Stunde Null" im arithmetischen Anfangsunterricht. *Mathematische Unterrichtspraxis, 16(2)*, 11-19.

Selter, C. & Spiegel, H. (1997). *Wie Kinder rechnen.* Leipzig: Klett.

Senftleben, H.-G. (1996). Zahlenkenntnisse der Schulanfänger. *Grundschulunterricht, 43(5)*, 21-23.

Siraj-Blatchford, I. & Manni, L. (2008). „Would you like to tidy up now?" An analysis of adult questioning in the English Foundation Stage. *Early Years, 28(1)*, 5-22.

Siraj-Blatchford, I., Sylva, K., Muttock, R., Gilden, R. & Bell, D. (2002). *Researching effective pedagogy in the early years. Research Brief No. 356.* London: Department for Education and Skills.

Siraj-Blatchford, I., Sylva, K., Taggart, B., Melhuish, E., Sammons, P. & Elliot, K. (2006). Was kennzeichnet qualitativ gute Vorschulbildung? Ergebnisse von Einzelfallstudien in britischen Vorschuleinrichtungen. In K. Steinhardt, C. Büttner & B. Müller (Hrsg.), *Kinder zwischen drei und sechs: Bildungsprozesse & psychoanalytische Pädagogik im Vorschulalter* (S. 127-138). Gießen: Psychosozial-Verlag.

Smith, C., Carey, S. & Wiser, M. (1985). On differentiation: a case study of the development of the concepts of size, weight and density. *Cognition, 21(3)*, 177-237.

Sophian, C. & Crosby, M. E. (1998). *Ratios that even young children understand: The case of spatial proportions.* Presented to the Cognitive Science Society of Ireland, Dublin.

Spiegel, H. (1992). Was und wie Kinder zu Schulbeginn schon rechnen können – Ein Bericht über Interviews mit Schulanfängern. *Grundschulunterricht, 39(11)*, 21-23.

Spinner, K. H. (1992). Schreiben zu Bilderbüchern – Unterrichtsanregungen. *Praxis Deutsch, (113)*, 17-20.

Stangl, W. (2018). Stichwort: '*schlussfolgerndes Denken'*. Online Lexikon für Psychologie und Pädagogik. Abgerufen am 22.06.2018 von http://lexikon.stangl.eu/7533/schlussfolgerndes-denken/

Steinbring, H. (1994). Die Verwendung strukturierter Diagramme im Arithmetikunterricht der Grundschule – Zum Unterschied zwischen empirischer und theoretischer Mehrdeutigkeit mathematischer Zeichen. *Mathematische Unterrichtspraxis, 15(4)*, 7-19.

Steinbring, H. (2000). Mathematische Bedeutung als eine soziale Konstruktion – Grundzüge der epistemologisch orientierten mathematischen Interaktionsforschung. *Journal für Mathematik-Didaktik, 21(1)*, 28-49.

Steinweg, A. S. (2007). Mathematisches Lernen. In Stiftung Bildungspakt Bayern (Hrsg.), *Das KIDZHandbuch. Grundlagen, Konzepte und Praxisbeispiele aus dem Modellversuch „KIDZ – Kindergarten der Zukunft in Bayern"* (S. 136-203). Köln: Wolters Kluwer.

Steinweg, A. S. (2008). Zwischen Kindergarten und Schule: Mathematische Basiskompetenzen im Übergang. In F. Hellmich & H. Köster (Hrsg.), *Vorschulische Bildungsprozesse in Mathematik und in den Naturwissenschaften* (S. 143-159). Bad Heilbrunn: Klinkhardt.

Strauss, A. L., Corbin, J. M. & Niewiarra, S. (1996). *Grounded Theory: Grundlagen qualitativer Sozialforschung*. Weinheim: Beltz.

Streit, C. (2014). Frühe mathematische Bildung. In R. Braches-Chyrek, C. Röhner, H. Sünker & M. Hopf (Hrsg.), *Handbuch frühe Kindheit* (S. 659-669). Berlin, Toronto: Barbara Budrich.

Terhart, E. (1999). Konstruktivismus und Unterricht: Gibt es einen neuen Ansatz in der allgemeinen Didaktik? *Zeitschrift für Pädagogik, 45(5)*, 629-647.

Thatcher, D. H. (2001). Reading in the math class: Selecting and using picture books for math investigations. *Young Children, 56(4)*, 20-26.

Thiele, J. (2003). *Das Bilderbuch: Ästhetik – Theorie – Analyse – Didaktik – Rezeption*. Oldenburg: Isensee.

Tiedemann, K. (2012). *Mathematik in der Familie. Zur familialen Unterstützung früher mathematischer Lernprozesse in Vorlese- und Spielsituationen*. Münster: Waxmann.

Tiedemann, K. (2017). Mathematiklernen in der Familie – Zu familialen Support-Systemen für das Mathematiklernen von Vorschulkindern in alltäglichen Vorlese- und Spielsituationen. *Journal für Mathematik-Didaktik, 38(1)*, 1-27.

Ulm, V. (2010). *Mathematische Begabungen fördern*. Berlin: Cornelsen.

Van den Heuvel-Panhuizen, M. & Buys, K. (Hrsg.). (2005). *Young Children Learn Measurements and Geometry. A Learning-Teaching Trajectory with Intermediate Attainment Targets for the Lower Grades in Primary School*. Utrecht: Freudenthal Institut.

Van den Heuvel-Panhuizen, M. & Elia, I. (2012). Developing a framework for the evaluation of picture books that support kindergartners' learning of mathematics. *Research in mathematics education, 14(1)*, 17-47.

Van den Heuvel-Panhuizen, M. & Elia, I. (2013). The role of picture books in young children's mathematics learning. In L. D. English & J. T. Mulligan (Hrsg.), *Reconceptualising early mathematics learning* (S. 227-251). Dordrecht: Springer.

Van den Heuvel-Panhuizen, M. & van den Boogaard, S. (2008). Picture books as an impetus for kindergartners' mathematical thinking. *Mathematical Thinking and Learning, 10(4)*, 341-373.

Van den Heuvel-Panhuizen, M., van den Boogaard, S. & Doig, B. (2009). Picture books stimulate the learning of mathematics. *Australian journal of early childhood, 34(3)*, 30-39.

Van den Heuvel-Panhuizen, M., Elia, I. & Robitzsch, A. (2016). Effects of reading picture books on kindergartners' mathematics performance. *Educational Psychology, 36(2)*, 323-346.

Van de Rijt, B. A. M. (1996). *Voorbereidende rekenvaardigheid bij kleuters* [Early mathematical competence in young children]. Doetinchem: Graviant.

Van de Rijt, B. A. M., Van Luit, J. E. H. & Pennings, A. H. (1994). Diagnostiek en behandeling van achterblijvende voorwaardelijke rekenvaardigheden bij kleuters [Assessment and treatment of children with retardations in the development of early mathematical skills]. *Nederlands Tijdschrift voor Opvoeding, Vorming en Onderwijs, (10)*, 13-26.

Van de Rijt, B. A. M., Van Luit, J. E. H. & Hasemann, K. (2000). Zur Messung der frühen Zahlenbegriffsentwicklung. *Zeitschrift für Entwicklungspsychologie und Pädagogische Psychologie, 32(1)*, 14-24.

Van Luit, J. E., van de Rijt, B. A. M. & Hasemann, K. (2001). *Osnabrücker Test zur Zahlbegriffsentwicklung (OTZ)*. Göttingen: Hogrefe.

Van Oers, B. (2004). Mathematisches Denken bei Vorschulkindern. In W. E. Fthenakis & P. Oberhuemer (Hrsg.), *Frühpädagogik international – Bildungsqualität im Blickpunkt* (S. 313-330). Wiesbaden: VS.

Vollrath, H.-J. (1984). *Methodik des Begriffslehrens im Mathematikunterricht*. Stuttgart: Klett.

Von Aster, M. G., Bzufka, M. W. & Horn, R. R. (2009). *Zareki-K. Neuropsychologische Testbatterie für Zahlverarbeitung und Rechnen bei Kindern – Kindergartenversion*. Frankfurt: Pearson.

Vygotskij, L. (1964). *Denken und Sprechen*. Berlin: Akademie-Verlag.

Vygotskij, L. (1987). *Ausgewählte Schriften. Band 2: Arbeiten zur psychischen Entwicklung der Persönlichkeit*. Köln: Pahl-Rugenstein.

Wagner-Willi, M. (2010). Handlungspraxis im Fokus: die dokumentarische Videointerpretation sozialer Situationen in der Grundschule. In F. Heinzel & A. Panagiotopoulou (Hrsg.), *Qualitative Bildungsforschung im Elementar- und Primarbereich. Bedingungen und Kontexte kindlicher Lern- und Entwicklungsprozesse* (S. 43-59). Baltmannsweiler: Schneider Verlag Hohengehren.

Weiher, D. F. & Ruwisch, S. (2018). Kognitives Schätzen aus Sicht der Mathematikdidaktik: Schätzen von visuell erfassbaren Größen und dazu erforderliche Fähigkeiten. *mathematica didactica, 41(1)*, 77-103.

Weinert, F. E. & Helmke, A. (Hrsg.). (1997). *Entwicklung im Grundschulalter*. Weinheim: Psychologie Verlags Union.

Whitehurst, G. J., Falco, F. L., Lonigan, C. J., Fischel, J. E., DeBaryshe, B. D., Valdez-Menchaca, M. C. & Caulfield, M. (1988). Accelerating language development through picture book reading. *Developmental Psychology, 24(4)*, 552-559.

Whitehurst, G. J., Zevenbergen, A. A., Crone, D. A., Schultz, M. D., Velting, O. N. & Fischel, J. E. (1999). Outcomes of an emergent literacy intervention from head start through second grade. *Journal of Educational Psychology, 91(2)*, 261-272.

Whitin, D. J. & Wilde, S. (1992). *Read any good math lately? Children's books for mathematics learning, K-6*. Portsmouth, NH: Heinemann.

Winter, H. (1975). Allgemeine Lernziele für den Mathematikunterricht? *Zentralblatt für Didaktik der Mathematik, 7(3)*, 106-116.

Winter, H. (2001). Mensch und Maß – ein kurzes Kapitel leiblicher Mathematik. *Die Grundschulzeitschrift, 15(141)*, 46-49.

Winter, H. & Walther, G. (2006). *SINUS-Transfer Grundschule Mathematik Modul G 6: Fächerübergreifend und fächerverbindend unterrichten*. Kiel: IPN.

Literatur

Wittenberg, A. I. (1957). *Vom Denken in Begriffen.* Basel: Birkenhäuser.

Wittmann, E. Ch. (1981). *Grundfragen des Mathematikunterrichts.* Braunschweig: Vieweg.

Wittmann, E. Ch. (1982). *Mathematisches Denken bei Vor- und Grundschulkindern – Eine Einführung in psychologisch-didaktische Experimente.* Braunschweig: Vieweg.

Wittmann, E. Ch. (1985). Objekte – Operationen - Wirkungen: Das operative Prinzip in der Mathematikdidaktik. *Mathematik lehren, 11*, 7-11.

Wittmann, E. Ch. (2004). Design von Lernumwelten zur mathematischen Frühförderung. In G. Faust, M. Götz, H. Hacker & H.-G. Roßbach (Hrsg.), *Anschlussfähige Bildungsprozesse im Elementar- und Primarbereich* (S. 49-63). Bad Heilbrunn: Klinkhardt.

Wittmann, E. Ch. (2006). Mathematische Bildung. In L. Fried & S. Roux (Hrsg.), *Pädagogik der frühen Kindheit – Handbuch und Nachschlagewerk* (S. 205-211). Weinheim/Basel: Beltz.

Wittmann, E. Ch. & Müller, G. N. (2004). *Das Zahlenbuch 1 – Lehrerband.* Leipzig: Klett.

Wittmann, E. Ch. & Müller, G. N. (2007). Muster und Strukturen als Grundkonzept. In G. Walter, M. van den Heuvel-Panhuizen, D. Granzer & O. Köller (Hrsg.), *Bildungsstandards für die Grundschule: Mathematik konkret* (S. 42-65). Berlin: Cornelsen.

Wittmann, E. Ch. & Müller, G. N. (2009a). *Das Zahlenbuch. Frühförderprogramm.* Stuttgart: Klett.

Wittmann, E. Ch. & Müller, G. N. (2009b). *Das Zahlenbuch. Handbuch zum Frühförderprogramm.* Stuttgart: Klett.

Wittmann, E. Ch. & Müller G. N (2012). Grundkonzeption des Zahlenbuchs. In E. Ch. Wittmann & G. N. Müller (Hrsg.), *Das Zahlenbuch 1. Begleitband* (S. 158-173). Leipzig: Klett.

Wollring, B. & Rinkens, H.-D. (2008). Raum und Form. In G. Walther, M. van den Heuvel-Panhuizen, D. Granzer & O. Köller (Hrsg.), *Bildungsstandards für die Grundschule: Mathematik konkret* (S. 87-115). Berlin: Cornelsen Scriptor.

Wollring, B., Peter-Koop, A., Haberzettl, N., Becker, N. & Spindeler, B. (2011). *Elementarmathematisches Basisinterview (EMBI). Größen und Messen, Raum und Form.* Offenburg: Mildenberger.

Young-Loveridge, J. M. (2004). Effects on early numeracy of a program using number books and games. *Early childhood research quarterly, 19(1),* 82-98.

Zech, F. (2002). *Grundkurs Mathematikdidaktik – Theoretische und praktische Anleitung für das Lehren und Lernen von Mathematik.* Weinheim: Beltz.

Zevenbergen, A. A. & Whitehurst, G. J. (2003). Dialogic Reading – A shared picture book reading intervention for preschoolers. In A. van Kleeck, S. A. Stahl & E. B. Bauer (Hrsg.), *On Reading Books to children – Parents and Teachers* (S. 177-200). Mahwah: Lawrence Erlbaum Associates.

Zucker, V. & Leuchter, M. (2016). Kognitiv aktivieren im naturwissenschaftlichen Grundschulunterricht. *Die Grundschulzeitschrift, 30(295),* 31-33.

CPSIA information can be obtained
at www.ICGtesting.com
Printed in the USA
LVHW090229240220
647977LV00001B/93